Söz Uçar, Yazı Kalır

▌▌▌

**Das Gesprochene verfliegt,
das Geschriebene bleibt**

D1695601

Söz Uçar, Yazı Kalır

▌▌▌

Das Gesprochene verfliegt, das Geschriebene bleibt

Öyküler
Erzählungen

Gefördert durch   Stadt Duisburg, Der Oberbürgermeister
                    Referat für Integration

Gesamtbetreuung   **Forum**derKulturen
                    Eine Initiative des Referates für Integration der Stadt Duisburg

Bibliographische Information der Deutschen Bibliothek Die Deutsche Bibliothek verzeichnet diese Publikation in der
Deutschen Nationalbibliographie; detailliert bibliographische Daten sind im Internet über http://dnb.ddb.de abrufbar.

Herausgeber Literaturcafé Fakir Baykurt-Duisburg
Umschlagbild Mehmet Güler-Freude am Blau(Detail) www.mehmetgueler.de
Übersetzung Monika Carbe unter der Mitwirkung von Sevgi Gürez
Lektorat Cemil Fuat Hendek ▌ Martina Kofer

ISBN **978-3-9812594-2-1**

Dialog Edition
Dialog e.V., Friedenstr. 5, 47053 Duisburg

Vertrieb und Auslieferung
Dost Kitabevi - Türkische Buchhandlung
Münster Str. 17/19
D-44145 Dortmund
Tel.: +49 (0) 231 8634941 Fax: +49 (0) 231 8634942
www.dostkitap.com
info@dostkitap.com

Edebiyat işliğimizin kurucusu, Fakir Baykurt'u
ölümünün 10. yılında saygıyla anıyor,
bu kitabı onun unutulmaz anısına armağan ediyoruz.
Fakir Baykurt Edebiyat Kahvesi

In Fakir Baykurts zehntem Todesjahr
erinnern wir mit Respekt an den Dichter und Schriftsteller,
den Gründer des Literaturcafés,
und widmen dieses Buch seinem Gedenken.
Literaturcafé Fakir Baykurt

İÇİNDEKİLER / INHALTSVERZEICHNIS

Seiten in Türkisch 7- 83
Seiten in Deutsch 85-174

Duisburg Fakir Baykurt Edebiyat İşliği

Duisburg Edebiyat Kahvesi, 1 Haziran 1992'de ünlü Türk yazarı Fakir Baykurt tarafından, Halk Yüksek Okulu çatısı altında edebiyata ilgi duyan Türkiyelileri bir araya getirmek amacıyla kuruldu. Zamanla "Edebiyat İşliği"ne dönüşen grubumuz, değerli hocamızı 1999'da yitirdikten sonra çalışmalarını Mevlüt Âsar'ın yönetiminde sürdürmeye karar verdi.

Edebiyat işliğimizin temel amacı, Fakir Baykurt'un bıraktığı yazınsal ve eğitsel mirasa sahip çıkarak, Almanya'da daha yetkin ve düzeyli bir edebiyatın üretilmesine katkıda bulunmak, bu edebiyatın yerli ve göçmen okuyuculara ulaşması için gerekli çabayı göstermektir. Bu bağlamda grubumuz hedefi, göçmenlerle yerli halk arasında bir tür "edebiyat köprüsü" oluşturmaktır. Bunun için de yayınlarının iki dilde olmasına önem vermektedir.

Fakir Baykurt Edebiyat Kahvesi

███

"Literaturcafé Fakir Baykurt" in Duisburg

Das "Literaturcafé" Fakir Baykurt wurde 1992 von Fakir Baykurt als Arbeitskreis im Internationalen Zentrum der VHS-Duisburg gegründet. Mit der Zeit wurde daraus eine Literaturwerkstatt, deren Ergebnisse in drei Gedichtbänden veröffentlicht wurden. Nach dem Tod seines Gründers wurde das Literaturcafé in "Literaturcafé Fakir Baykurt" umbenannt und unter der Leitung von Mevlüt Âsar fortgesetzt.

"Das Hauptziel unserer Literaturwerkstatt besteht darin, für das schriftstellerische und pädagogische Erbe, das Fakir Baykurt hinterlassen hat, einzutreten und einen Beitrag zur Literatur in Deutschland zu leisten. Wir bemühen uns darum, einheimische und eingewanderte Leser und Leserinnen zu erreichen und zwischen denen eine Art "Literaturbrücke" zu bilden. Von daher legen wir besonderen Wert darauf, dass die Veröffentlichungen zweisprachig erscheinen.

Literaturcafé Fakir Baykurt

SUNUŞ

"Edebiyat Kahvesi"nin çalışmalarına ilk katıldığım günü anımsıyorum. O zamanlar çalışmaları sevgili Fakir Baykurt yönetiyordu. Onunla olan dostluğumuzun verdiği rahatlıkla söz alarak "Edebiyatını anladık da, kahvesi nerede bunun?" diyerek katılanları güldürmüştüm. Sonraları, kahveli pastalı ikramların yapıldığı toplantılara da katıldım. Bazen edebiyatın çekici derinliğine dalınarak çaylar kahveler unutulurdu. Dilimizde "Gönül ne kahve ister ne kahvehane, gönül muhabbet ister,kahve bahane" diye bir söz vardır. Evet ama gönlün başka istekleri de vardır. Yazmak, resim yapmak, türkü söylemek ve benzeri etkinliklerde kendini kanıtlamak isteği...Bu isteğe "gönlün beğenilme isteği" de denebilir. Edebiyat ürünlerinin bu dürtü sayesinde yaratıldığı söylenir. "Edebiyat Kahvesi" ya da Edebiyat İşliği'nin işlevi, adında belirtildiği gibi yazınsal çalışmalar yapmak, işliğe katılanların yeteneklerini geliştirmek ve yapıt üretmektir.

Ayrıca -yabancı bir ülkede olmaları gereği- bir görevleri daha var; onu da kısaca belirtmek isterim. Fazıl Hüsnü Dağlarca bir şiirinde "Türkçem benim ses bayrağım" diyor. Edebiyat Kahvesi üyelerinin bir görevi de bu bayrağı bulundukları ülkede dalgalandırmaktır. Burada, Fakir Baykurt'un Edebiyat Kahvesi çalışmaları üzerine yazdığı birkaç satırı aktarmak isterim: "Amacımız okullardaki gibi ders yapmak, birbirimize ders vermek değil, yazmanın, yaratmanın iklimini oluşturmak; birbirimizi kırmadan eleştirerek ve yeteneği olanın kendini geliştirmesine ortam hazırlamak isteğidir. Buradan kalkarak, yıllar boyu sürecek arkadaşlıklara, dostluklara varmak."

Edebiyat Kahvesi, Fakir Baykurt'tan sonra Mevlüt Âsar'ın yönetiminde başlangıçtaki ilkeler doğrultusunda etkinliklerini başarıyla sürdürmektedir. Edebiyat çevreleri ve kurumlarında ilgi görmeye, önem kazanmaya başlamıştır. Almanya'da, Türkiye'de hatta Türklerin yaşadığı başka ülkelerde de çalışmaları ilgi ile izlenmektedir.

"Fakir Baykurt Edebiyat Kahvesi"nin ilk ürünleri şiir dalında olmuştur: "Ren'e Akan Şiirler", "Aydınlığa Akan Şiirler" ve "Dostluğa Akan Şiirler". Fakir Baykurt, "Halk ananın söylediği gibi, oyun üçtür," demişti. Bu üç tamamlanmış, sıra öykülere gelmişti.

Fakir Baykurt, bu kitabı da eline alabilseydi gözleri parlar, sevinçle, övünçle gülümserdi. İddiasız, sade, samimi bir eser. Onların, sizin, bizim öykülerimiz. Okunduğunuzda daha kimlerin -acılı, neşeli, güldüren, düşündüren- öyküleri olduğunu göreceksiniz.

Bir dil uzmanı "insanın gerçek yurdu dilidir" diyor. Anadilinizde konuşup yazdığınız sürece hem burada, hem yurdunuzda yaşamış olursunuz. Dil, ait olduğu kültürün taşıyıcısı ve temsilcisidir. Dilin kaybolması kültürün de yok olması demektir. Edebiyat Kahvesi yazarları içinden geldikleri bir kültürü koruma çabası içindeler. Bu kitaba konusu yaşanan ülkede, yani Almanya'da geçen öyküler seçilmiştir. Bizim burada göre göre alıştığımız, belki doğal saydığımız olayların Türkiye'deki okurlara da ilginç geleceğine inanıyorum.

Kitapta öyküsü olan yazarları kutlar, yeni çalışmalarında başarılar dilerim.

Yolları açık olsun.

FAKİR BAYKURT

Çocukluğu

Fakir Baykurt (asıl adı Tahir'dir) Burdur'un Yeşilova ilçesine bağlı Akçaköy'de doğdu, Doğum tarihi kesin olarak bilinmemekle beraber, şu sözleri ile 1929 yılında Haziran ortası olduğu varsayılmaktadır; "1929 doğumlu olduğum doğru. Ay, gün bilinmiyordu. Anamla konuştuk. Köyde orak mevsimi. Tarlada sancılanıp eve gelmiş. Haziran ortasıdır..." Tahir Baykurt'un annesinin adı Elif ve babasının adı Veli'dir. Doğduğunda ona savaşlarda vurulup geri dönmeyen amcasının adı olan Tahir adı verilir. Tahir 1936 yılında Akçaköy İlkokulu'na başlar ve iki yıl sonra babasını kaybeder. Babasının ölümünden sonra, dayısı Osman Erdoğuş tarafından Aydın iline bağlı Burhaniye köyüne götürülür ve orada dayısının yanında dokumacılık yapmaya başlar. II. Dünya Savaşı'nın başlaması ile dayısı askere alınır ve Tahir, Akçaköy'e dönerek okula devam etme imkanı bulur. 1942 yılında ağır bir sıtma geçirir. Bu dönem, aynı zamanda şiir yazmaya başladığı dönemdir.

Köy Enstitüsü yılları

İlkokulu bitirdikten sonra Isparta Gönen Köy Enstitüsü'ne yazılır. Köy Enstitüsü yıllarında özellikle şiire olan ilgisi artar. Kendini okumaya verir. Bu dönemde özellikle Türkçe'ye çevrilen klasikleri okur. Fakir Baykurt, Köy Enstitüsündeki yıllarını ve kendisine kazandırdıklarını şu şekilde anlatmıştır:

"...Köy Enstitüsü benim için olağanüstü bir fırsat oldu. İlkokulu bitirdikten sonra gidebileceğim başka hiçbir okul yoktu. Ailemin gücü yetmezdi. Ben okumak istiyordum. Enstitü benim gibi köy çocuklarını çağırıyordu...".

"...Klasiklerin en iyi okuru enstitülü gençlerdi. Ceplerimizi ona göre yaptırırdık, kitap sığsın. Kız arkadaşlarımız, biz koyun kuzu gütmeye giderken, torbaya azıkla birlikte kitap da katardı..."

Bu yıllarda Bursa Cezaevi'nde olan Nâzım Hikmet'in şiirleri ise gizli gizli yayılmaktadır. Tahir Baykurt da Nâzım Hikmet'in şiirlerini bulur ve gizli gizli okumaya başlar.

"...Kitaplıkta Nazım Hikmet'in kitapları yoktu. Yasaklandığını öğrenince Civril'in bir köyüne gidip onları buldum. Nâzım'ın yedi kitabını kendi yaptığım defterlere kitap harfleri ile yazıp defalarca okudum."

Köy Enstitüsü yıllarında ilk şiiri "Fesleğen Kolum ", Eskişehir'de çıkan, Türke Doğru dergisinde çıkar. Edebiyata olan ilgisinden dolayı enstitüde de kitaplığın yönetimine seçilir ve daha fazla okuma fırsatı bulur. 1947 yılında Köy Enstitüleri ve Kaynak Dergisi'nde şiirleri çıkar ve bu yıllarda önce şiirlerinde, daha sonra tüm yazılarında Fakir Baykurt adını kullanmaya başlar. Köy Enstitüleri üzerindeki baskıların artması ile birlikte tüm enstitülere daha baskıcı yönetimler atanmaya başlar. Bu dönemde enstitüler daha önceki bir çok özelliğini yitirmeye başlarken, eski öğrencilerin yaşam alışkanlıkları da bu yeni yönetimlerce sorun olmaya başlar. Fakir

Baykurt da yeni atanan müdürle sorunlar yaşar ve defalarca kovuşturmaya maruz kalır. Ancak 1947 yılında Köy Enstitüsü'nü başarı ile bitirir ve Yeşilova'nın Kavacık Köyü'ne öğretmen olarak atanır.

Öğretmenlik ve yazarlık yılları

1951 yılında, ölene kadar birlikte olacağı Muzaffer Hanım'la evlenir. Bu yıl ayrıca körbağırsağı patlar ve iki kez ameliyat olur. Öğretmenliği Dereköy'e aktarılır. Üzerindeki baskılar devam eder, savcılıkça evine baskın yapılır ve koğuşturma geçirir. 1953 yılında Ankara Gazi Eğitim Enstitüsü Edebiyat Bölümü'ne girer ve bir sene sonra, bu sefer Gayret Dergisi'nde çıkan bir yazısı nedeni ile yargılanır. 1955 yılında Gazi Enstitüsü'nü de başarı ile bitirirerek Hafik'te açılan ortaokula atanır. Aynı yıl ilk kitabı olan "Çilli" yayınlanır. 1957 yılında askere alınır ve Ankara Piyade Yedek Subay Ortaokulu'na öğretmen olarak atanır. İlk kızı Işık da bu yıl dünyaya gelir. 1958 yılında ilk romanı "Yılanların Öcü", Cumhuriyet Gazetesi'nin açtığı Yunus Nadi Roman Ödülü'nde birinci olur. Ancak roman nedeni ile hem Baykurt hem Cumhuriyet koğuşturma geçirir. Baykurt bu dönemden sonra Cumhuriyet Gazetesi'nde yazmaya başlar.

Askerlikten sonra Şavşat Ortaokulu'na öğretmen olarak atanır ve ikinci kızı Sönmez dünyaya gelir. "Yılanların Öcü" adlı romanı da Remzi Kitabevi tarafından basılır. Ardından, Köy ve Eğitim Yayınları tarafından "Efendilik Savaşı" adlı kitabı yayınlanır. Cumhuriyet'teki bazı yazıları yüzünden öğretmenlikten alınıp Ankara'da Milli Eğitim Bakanlığı Yapı İşleri Bölümü'nde görevlendirilir. Sürüp giden yazıları ve "Yılanların Öcü" romanı yüzünden Bakanlık buyruğuna alınarak cezalandırılır. Altı ay açıkta kaldıktan sonra 27 Mayıs 1960'da Ankara İlköğretim Müfettişliği'ne atanır ve aynı yıl "Efkar Tepesi" adlı kitabı basılır.

1961 yılında yazarın Yılanların Öcü adlı romanı tiyatroya ve filme uyarlanır. Tiyatro gösterimi yasaklanır, film ise ancak Cumhurbaşkanı Cemal Gürsel'in konuya el koyması ile gösterime girer, ancak filmin gösterimi sırasında olaylar çıkar. Bu yıl ayrıca yazarın "Onuncu Köy", "Karın Ağrısı", "Irazca'nın Dirliği" kitapları yayımlanır. Bir sene sonra oğlu Tonguç dünyaya gelir. Baykurt Amerika'ya giderek, Bloomington'daki Indiana Üniversitesi'nde görsel-işitsel ders araçları ve yetişkinler için yazma öğrenimi görür. 1963 yılında yurda dönerek Ankara ilköğretim müfettişliği görevini sürdürür. "Onuncu Köy" Bulgarca'ya çevrilir ve kitapları Bulgaristan'da Türkçe olarak da basılır. "Yılanların Öcü" ile "Irazca'nın Dirliği" de Almanya'da, "Die Rache der Schlangen" adıyla yayınlanır. "Yılanların Öcü" Rusça'ya çevrilir.

Türkiye Öğretmenler Sendikası

1965 yılında TÖS'ün kuruluşuna katılır ve genel başkan seçilir. 1966 yılında ilköğretim müfettişliğinden uzaklaştırılarak yeni kurulan Milli Folklor Enstitüsü'nde uzman olarak atanır. "Kaplumbağalar" ve "Amerikan Sargısı" romanları yayımlanır. 1967 yılında "Onuncu Köy" adlı eseri de Rusça'ya çevrilir. Yazıları ve TÖS'teki çalışmaları yüzünden sık sık koğuşturma geçiren Baykurt, Gaziantep'in Fevzipaşa bucağına sürülür. TÖS "Devrimci Eğitim Şurası"nı düzenler. Ertesi yıl TÖS'ün "Büyük Eğitim Yürüyüşü" nü, bir sene sonra da "Genel Öğretmen Boykotu"nu düzenler. Bu faaliyetlerinden sonra tekrar görevden uzaklaştırılarak bakanlık emrine alınır. Ancak Danıştay kararı ile görevine geri döner. 1970 yılında Fevzipaşa'dan Ankara'ya Ortadoğu Teknik Üniversitesi Halkla İlişkiler ve Yayın Müdürlüğü görevine getirilir. "Anadolu Garajı" ve "Tırpan" kitapları yayımlanır. "Tırpan" ve "Sınırdaki Ölü" ile TRT Ödülleri'ni kazanır. Ardından "Onbinlerce Kağnı" adlı kitabı yayımlanır.

Sıkıyönetim yılları

1971'de ordunun yönetime el koyması ile başlayan sıkıyönetim döneminde Baykurt iki kere gözaltına alınır ve TÖS Davası'nda yargılanır. Aynı yıl "Tırpan" ile Türk Dil Kurumu Ödülü'nü kazanır. Kitaplarının yeni basımları yapılırken, yazar askeri tutukevinden Ankara Merkez Cezaevi'ne aktarılır. 1973 yılında "Can Parası" ve "Köygöçüren" basılır. Baykurt'un yurt dışına çıkışı da yasaklanmıştır. 1974 yılında "İçerdeki Oğul" basılır. "Keklik" romanını yazar. "Can Parası" ile Sait Faik Ödülü'nü kazanır. Askeri Yargıtay'da TÖS Davası'ndan beraat eder. "Sınırdaki Ölü" ve "Keklik" kitap olarak basılır. 1976 yılında "Sakarca" basılır.

Emeklilik ve Almanya Yılları

Sosyal Sigortalar Kurumu'ndan emekli olan Baykurt, Madaralı Roman Ödülü'nün kuruluşuna yardımcı olur. 1977 yılında İsveç'te öğretmen yetiştirme çalışmalarına katılır ve "Yayla" romanı basılır. Frankfurt Uluslararası Kitap Fuarı'na katılır ve Almanya, Hollanda ve İsviçre'ye geziler yapar, göçmen işçilerle iletişim kurar. 1978 Yılında "Sakarca" sahneye uyarlanarak İstanbul Şehir Tiyatroları'nca oynanır. "Kara Ahmet Destanı" ile Orhan Kemal Ödülü'nü kazanır ve Kültür Bakanlığı'na danışman olur. 1979 yılında "Tırpan" adlı eseri de tiyatroya uyarlanır. Devlet Tiyatrosu tarafından İzmir, Ankara ve Antalya'da oynanır.

Baykurt, aynı yıl göçmen işçi konusunu incelemek üzere tekrar Almanya'ya gider. Duisburg şehrinde yaşamaya başlar. "Yandım Ali" kitap olarak basılır. Bu dönemde ODTÜ'de öğrenci olan oğlu Tonguç da tutuklanır. 1980 yılında "Tırpan" İstanbul Şehir Tiyatroları'nca da sahneye konulur ve iki mevsim oynanır. Tırpan'dan ötürü Baykurt ve Taner Barlas, "Avni Dilligil En Başarılı Yazar" ödülü kazanırlar. Suna Pekuysal da "En Başarılı Oyuncu" seçilir. Ruhr Havzası'nda göçmen işçi çocukları için başlatılan RAA projesinde görev alır ve bir İngiltere gezisi yapar. Kızı Işık da bu yıl tutuklanır. Baykurt, Taner Barlas ve oyunda rol alan sanatçılar "İsmet Küntay Ödülü" kazanırlar. Tırpan'daki oyunu nedeniyle Suna Pekuysal "Ulvi Uraz Ödülü"nü kazanır.

1981'de "Sakarca", İsveç'te çizgi film yapılır ve Macarcaya da çevrilir. DDR'de bir inceleme gezisi yapar. Öyküleri Gürcistan'da da kitap olarak basılır.

"Kaplumbağalar" filminin senaryo çalışmalarına katılmak üzere İsviçre'nin Neuchatel şehrine gider. Almanya'daki göçmen işçilerin yaşamını konu alan öyküleri "Gece Vardiyası" adıyla basılır. İşçi çocuklarının yaşamını dile getiren öyküleri de "Barış Çöreği" adıyla basılır. Kitaptan yapılan seçmeler Almanya ve Hollanda'da iki dilli olarak yayımlanır. 1983 yılında "Yüksek Fırınlar" kitap olarak basılır. Oğlu Tonguç'la birlikte Sovyetler Birliği gezisi yapar. Moskova, Bakü, Batum ve Leningrad şehirlerine ve Yasnaya Poliana'ya giderek Tolstoy'un Yurtluğu'nu ziyaret eder.

1984 yılında Berlin Senatosu Çocuk Yazını Ödülü'nü kazanır. "Gece Vardiyası" ve "Kara Ahmet Destanı" Almanca, "Yılanların Öcü" ile "Irazca'nın Dirliği" Bulgarca basılır. Türkiye'de "Barış Derneği İkinci Davası"nda sanık olarak aranır. 1985 yılında "Gece Vardiyası" ile Alman Endüstri Birliği (BDI)'nin Yazın Ödülü'nü alır. "Dünya Güzeli" ve "Saka Kuşları" adlı kitapları Türkçe ve Almanca olarak basılır.

1986 yılında Duisburg'ta öğretmenliğe başlar ve yurt dışında oluşan Türkiye Aydınlarıyla Dayanışma Girişimi'nin yönetiminde görev alır. Kuzey Ren Vestfalya Türkiyeli Yazarlar Çalışma Gurubu'nun kurulmasına öncülük eder. Genç yazarların bireysel gelişimine ön-ayak olduğu seminerler, geziler ve yazar değişim programları ile katkıda bulunur. "Duisburg Treni" adlı eseri basılır. Kopenhag'da Dünya Barış Kongresi'ne katılır aynı yıl "Koca Ren" basılır.

1987 yılında "Keklik" romanı 20 öyküsüyle birlikte Rusça'ya çevrilip basılır. Londra'ya bir gezi yaparak Highgate'te Karl Marks'ın gömütünü ziyaret eder. Aynı yıl aralarında bir çok yabancı dile çevrilen kitabının da bulunduğu 19 kitabı Yaşar Kemal, Orhan Kemal, Aziz Nesin, Halikarnas Balıkçısı, Şolohov, Hemingway, Gonçorov, Tolstoy, Gogol, Panait Istrati gibi yazarlarla beraber gerekçe göstermeden yasaklanır. "Sakarca" adlı eseri de Hollandaca ve Almanca olarak basılır. Türkiye - Yunanistan Dostluk Gelişimi'nin Avrupa'da kuruluşunda görev alır. Tiflis'te İlaya Cavcavadze'nin 150'nci doğum yıldönümü konferansına katılır.

1988 yılında İçerdeki Oğul'u oyun olarak tekrar yazar. A. Çetinkaya ile birlikte Fridan Halvaşi'nin şiirlerini Türkçe'ye çevirir; Kitap "Eninde Sonunda" adıyla Almanya'da basılır. 1989 yılında "Yarım Ekmek" romanını yazar. "İçerdeki Oğul", Amersfoort Halk Tiyatrosu'nda oynanır. Şiirleri de "Bir Uzun Yol" adıyla basılır. Moskova'ya yeni bir gezi yaparak Nâzım Hikmet'in evinde ve arşivinde çalışır.

Baykurt ders vermeyi Pestalozzi Okulu'nda sürdürür. Şiirleri Hollanda'da "Vuurdoorns - Ateşdikenleri" adıyla basılır. 1991 yılında Ortaokul öğrencileri için, "KALEM - Schreiber" dergisini çıkarmaya başlar. Aynı yıl boynundan bir ameliyat geçirir. 1992 yılında "Bir Uzun Yol"un Almancası "Ein langer Weg" adıyla çıkar. Duisburg Halk Yüksek Okulu'na bağlı olarak "Türkçe Edebiyat Kahvesi" çalışmasını başlatır. Aynı yıl içinde Çin'e, ertesi yıl ise Avustralya'ya gezileri yapar.

1995 yılında Almanya'da öğretmenlik yaptığı Pestalozzi Okulu'ndan emekliye ayrılır. Öykü Kitabı "Bizim İnce Kızlar" basılır ve 7 kitaptan oluşan "Özyaşam

Öyküleri"ni bitirir.

10 Mart'ta Devlet Tiyatroları Opera ve Balesi Yardımlaşma Vakfı tarafından "Fakir Baykurt'a Saygı Gecesi" düzenlenir. "Yarım Ekmek" romanı da yayımlanır.

1998 yılında "Telli Yol" öykü kitabı ile birlikte, "Özyaşam" dizisinin ilk cildi "Özüm Çocuktur" yayınlanır. Gezi yazılarının bir bölümünü "Dünyanın Öte Ucu" (Avustralya Gezi İzlenimleri) adıyla yayınlar. "Benli Yazılar" deneme kitabıyla birlikte "Özyaşam" dizisinin ikinci ve üçüncü ciltleri, "Köy Enstitülü Delikanlı", "Kavacık Köyün'ün Öğretmeni" çıkar.

Nisan genel seçimlerinde Özgürlük ve Dayanışma Partisi İzmir Milletvekili Adayı olur. 11 Ekim Pazartesi günü, 6 Ekim'den beri tedavi gördüğü Essen Üniversitesi Kliniği'nde yaşama veda eder.

(Wikipedia'dan alınmıştır)

Monica

Olimpia Yazı Makineleri Fabrikası'nda çalışan Çorumlu Hüsniye Cantürk, sancıları peş peşe gelmeğe başlayınca, kalktı Elisabeth Hastanesi'ne gitti. Gebeliğini anladığı günden beri gelip gittiği doktora teslim olacaktı. Başka doktorlara karnını, göbeğini elletmek istemiyordu. Hele doğumda, Aman Allah! temelli rezillik olurdu. Geldiği zamanki kafasına kalsa, gavur doktorlarına sadece karnını göstermek biçimindeki muayeneleri bile yaptırmazdı. Nitekim arada bir hastalandığı zaman hemen doktora gitmiyordu. Ama doğum başkaydı. Üstelik bu ilkiydi. Çok korkuyordu.

Hastanenin kapısında birkaç sözcükle anlattılar: Doğumu çok yaklaşanları kalemde, kayıtta, yarım saat, bir saat bekletmezlermiş. O yüzden Acil'e aldılar, gık diyemedi. Çünkü daha kapıdan girerken sancıları yeniden geldi. Adamakıllı kıvrandırdı Hüsniye'yi. Ama sıktı dişlerini. Oflayıp inleyip herkesi kendine baktırmak istemiyordu. Yazıcı kıza, ille eski doktoruna teslim olmak istediğini söyleyecekti. Sancıları yeniden gelince vazgeçti. "Iınh! Mınh!.." diyerek çöktü. Kırık dökük bir Almanca'yla ve iniltiyle doğurmak üzere olduğunu söyledi.

Hastanede iyi işleyen bir iç haberleşme düzeni vardı. Düğmelere basıp bir şey söylediler mi, karşıdakiler duyup gerekeni yapıyorlardı. Elisabeth Hastanesi'nin disiplini de fena değildi. Hemen iki hastabakıcı bir sedye koşturup getirdiler. Yatırdılar Hüsniye'yi üstüne. Asansörle üçüncü kattaki Doğum Bölümü'ne çıkardılar. Aah, şimdi kocası Kara Cemal başında olacaktı! Acı bir telgraf geldi Alaca'dan. Anası çok ağırmış. Beş gün önce bir bilet bulup uçtu. Kara Zehracık öldü herhal. Ya da ölmek üzere. Dönüp gelemedi.

Bereket versin, Hamzalı'dan İbrahim Turaç ağabey gececiydi. Kapıda oynaşan çocuklardan biriyle Sultan yengeye haber yolladı. İnsanlıklı adam, hem candan ilgilenir, hem de başını kaldırıp eğri bakmaz. Koşup geldi, arabadır, taksidir, hepsini bulup çattı. Kara Cemal inşaal-lah dönüp gelsin, bütün bunları bir bir anlatacak: "İlk sıpamı başımda sen yokken kunladım! Bu da benim şansımdanmış hey adam!.." diyecek.

Şimdi iyice sararmıştı yüzü. Bir yerleri kopacak, yırtılacak gibi acı duyuyordu. Bereket sancılar birazcık ara verdi. Ama terlemişti iyice. Bembeyaz çarşaflı, uzunca bir masaya yatırdılar. Kulaklıklarını takmış tombulca bir bayan: "Açın şunun karnını, bir bakalım önce!.." dedi. Tombulca bayanın doktor olduğunu anlayınca sevincinden uçtu.

On yedi yaşında gelmişti Almanya'ya. Kara Cemal'le Almanya'da evlenmişti. Şimdi 24 yaşındaydı. Ve de az çok yeni düşünüşlüydü. Doktora "namahrem" olmadığını biliyordu. Ama bilincinde, bilinçaltında yılların ters öğretimleri o kadar birikmişti ki, duyguları aklını dinlemiyordu. Gavur mavur, doğumunu Bayan Doktor yaptıracak diye uçtu: "Hiç eğri büğrü laf yok, kaymak gibi şansım varmış! Bin bin maşaallah!.." dedi, bıraktı kendini.

Hemşireler karnını açtılar. Bayan Doktor önce elleriyle yoklayarak, sonra kulaklıklarıyla dinleyerek bir muayene etti. Arada birtakım araçlar da kullanıyordu, ne olduklarını bilmiyordu Hüsniye. Kadın olduğu halde Doktor biliyordu. Tuhaf değil mi, erkeklerin saçları gibi dökülüp gidiyordu kadın doktorların da saçları. Kimbilir kaç yıl okuyorlardı? Kimbilir ne zor sınavlardan geçiyorlardı?

Gerçekte göğsü acıma dolu bir insandı Hüsniye. Kocası Kara Cemal'e de acıyordu şimdi. Anacığı Kara Zehra öldüyse, üzgün bozgun dönüp gelecek onca yolu! Aah, doğum üstü olmasaydı, bu hallerde olmasaydı, sever okşar, alırdı acılarını. "Doğuracak zamanı çok iyi seçtin kancık!.." dedi kendi kendine. Acının, sanemin içinde gülümsemeğe çalıştı.

Bayan Doktor sordu:

"Türksün değil mi? Niçin hep böyle geç kalırsınız? Türkler çok yavaş! Vaktinde gelsen her hazırlığın yapılırdı! Hem de kendi doktorun yapardı doğumunu! Analık Karneni getirdin mi bari?" Gözlerini arkaya devirerek getirmediğini anlattı:

"Çok iyiler, hoşlar! Ama her işte bizi ille suçlu çıkaracaklar! Ha ne olur karne gelmese? Birkaç gün sonra gelse? Bir doğum oluyor, candan can kopuyor! Bir kadın yaşamında ilk kez anne oluyor! Önündeki işe baksana sen!.." O da Kara Cemal gibi kara kaş, kara gözdü. Hem de Sarımbey elması gibi iri iriydi gözleri.

"Analık Karnemi alayım diyordum, unuttum! Bir iki de bez ayırmıştım. Bir de roman... Acılardan aklım başımda mı kaldı? Bir yandan da Cemal'in merakları! Sokakta adam vuruyorlar şimdi! Bilirler mi onun anasının hastalığına gittiğini? Ve de karısının şu anda Almanya'da doğum yaptığını? Hem de kazalar, belalar uçaklarda! Bir haftadır Köln Radyosu söyleyip duruyordu: DC-10'ların yapımında "çelik yorgunluğu" diye bir bozukluk olduğunu, yorgun çeliğin havada hiçbir neden yokken ansızın koptuğunu, 350-400 insanın ta 9000 metrelerden lapır lapır döküldüğünü... yah!

Bayan Doktor, eliyle tıp tıp tıp vurdu Hüsniye'nin karnına. "Çıkarın üstünde ne varsa!" dedi ivediyle. "Ameliyat Odası'na alın! Narkoz verin!.." Hüsniye'nin hiç anlamadığı değişik bir Almanca'yla, Tıp Almancası'yla söyledi bunları. Sonra da burun kıvırdı belli belirsiz: "Bir zamanlar çok hızlıydınız! Ok gibi ta Viyana'lara kadar gelmiştiniz! Ama şimdi akünüz bitmiş, yürümeğe korkuyorsunuz!" Tekerlekli sedyenin üstünde giden Hüsniye'ye baktı: "Bebek ters geliyor! Ayaklardan! Ne olurdu bir hafta önce gelseydin? Faslılar bir, siz iki! Tıpsal öğütleri dinlemiyorsunuz! Tam bıçaklık olunca geliyorsunuz! Yada kendi kendinize doğurmağa kalkıp bebeği de, kendinizi de sakatlıyorsunuz! Ölüyorsunuz hatta! Tanrı sizi akıllandırsın! Vede uyarsın biraz! Hiç şu zamanda doğumdan insan ölür mü? Doğum kadınlığın en doğal olayı!.." Kendisi bir tanecik doğurmuştu, biliyordu. Dipli, derin, bütün tatlardan apayrı bir tat duyuyordu insan! Zor olanı, acı vereni işte buydu: "Sezeryen!.." Bayan Doktor elini çabuk tuttu. Yürüdü Ameliyat Odası'nın kapısına. Hastanenin şefi, erkek arkadaşlardan Fritz Neumann'ı görevlendirmişti. Eldivenli, takkeli, çıkıp geldi. Konuştular. "Daha iyi be!.." diye güldü Doktor Neumann. "Doğum ameliyatlarından kolay ne var!" Yardımcıları, Hüsniye'nin narkozunu vermeğe başladılar. "Hiçbir testi, analizi yok elimizde! Ama bunlar bin canlı. Vede çok iyi olur bıçakla doğanlar! Yetkim olsa hepsini böyle doğurturum! Baş, sıkıntı tünelinden geçmiyor. Bilinçaltına hiçbir kompleks itilmiyor. Ruhsal sistemde dengesizlik, bozukluk olmuyor. Belki bir gün tüm buna gelecek insanlık..."

Doktor Neumann kendi kendine konuşmayı bırakıp işe başladı. Çoktan geçip gitmişti Hüsniye Cantürk. Yatıyordu ameliyat masasında. Üstüne yeşil bir çarşaf örtmüşlerdi. Çıkardıklarını da keseye tıkmışlar, bir plastere adını yazıp yapıştırmışlardı. Geçip gitmişti çoktan...

Şu anda Çorum'un Harhar köyünde mi, yoksa Almanya treninde mi olduğunu bilemiyordu. Değişik, acayip bir serüvenin içindeydi. İş bulma işlemlerini yaptırmadan önceydi galiba. Güya "turist" gelmişti. Oradan oraya giderek, sinerek, saklanarak. Alacalı Kara Cemal'i bulmuştu. Şimdi Cemal'e sorarsan, "Ben seni buldum!" der o. Dünyanın çilesini çekerek ermişti bu mutluluğa. Olimpia Yazı Makineleri Fabrikasi'ndaki işi de ölüp ölüp dirilerek bulabilmişti. Şimdiye top top perçemli, sırma sırma saçlı bir dizi çocuğu olurdu. Ama Kara Cemal, "Bak! Benim ilerici bir kafa yapım var, hemen çocuk istemiyorum Hüsniye! Hap kullan! Ve bak, fazla çocuk ayakbağıdır bize!.." diye tutturmuştu. Kör olmayasının huyları acayipti. Civata fabrikasındaki işi de zordu onun. Ama ne kadar zor olsa, Türkiye'deki gibi on altı saat çalışmak yoktu ki Almanya'da!.."

İyice dalıp gitmişti. Nerede olduğunu, ne yaptığını hiç bilmiyordu. "Anam, asıl benim işim zor! Bandın başında vırt zırt gelip duran yazı makinelerine durma yapıştır, sorma yapıştır marka etiketlerini metal tutkalla, fırçayla, fırr..." Yazı makineleri, suları yeşil yeşil akan bir ırmaktan çıkıyordu sanki, ipince bir ırmaktı. İki yanında nergisler, su naneleri ve ince çayırlar bitmişti. Dibinde çakıllar görünüyordu, içinde balıklar oynuyordu. Hoş bir görünüşü vardı ırmağın. Irmak, yeryüzünde böyle arı, duru kalabilmiş son bir mutluluk suyu gibi yeşil yeşil akıyordu. Ama onun da üstüne yazı makinelerini yüklemişlerdi. Yükü ağırdı, yükü ağırdı ırmağın, ırmağın, ırrr...

Bir süre sonra Doktor Neumann, bebeği çekip aldı, kaldırdı havaya: "Gut!.." diye bağırdı. "Hoşgeldin Sayın Gençbayan! Yıllardır yolunu gözlüyorduk! iyi ki doğdun, hoşgeldin!.."

Doktorun yardımcıları yeni doğanı alıp götürdüler hemen. Bir adlığa "Cantürk" yazıp geçirdiler bileğine. "Madem babası burada değilmiş, adını da anası ayılınca yazarız, herhalde düşünmüşlerdir bir şey!.." dediler.

Bebeği koydular cam bölmede yeni doğanlar sürüsünün içine. Hemşireler sevip okşayıp burunlarını sıkıyorlardı: "Fare yüzlü! Şunlara bakın kaç tane! Günde

kaç tane! İlkin böyle biraz sevimsiz oluyorlar da, sonra kaşık kaşık ballaşıyorlar!.."
Bir uçtan da ilk işlemlerini yaptılar. Bezlerini pamuklarını sardılar. Müziksiz, notasız ağlamaları çoktan başlamıştı. Olimpia Yazı Makineleri Fabrikası'ndaki bandın başında yarım saatcik yok. Hayvanın teki! Odasına çıplak kız resimlerini asmış! Gelir sulanır, gider sulanır. Her kuşun eti yenir sanıyor serseri. Bereket Selanikli Tina birazcık Türkçe biliyor. Hem de sarı bir suna. İncecik dudaklı, yeşilce gözlü. Çok güzel bir kız. Neyse ki Cemal'in tipi değil. Türk asıllı Yugoslav Saliha da var. Çantasından doksan feniklik çikolatalardan bir tane çıkarıp, yarısını bölüyor, Tina'nın, Hüsniye'nin ağızlarına birer parça tutuyor. Kalanını kendi yiyor. Saliha dalga da geçse hoşgörüyor. Doğrusu hoş da bir kız. Böyle balık etli, bakır tenli, sırım, sırma bir kızı kim hoşgörmez? Ben biraz karaya çalarım. "Karanın tadı başka!" der Cemal. Aah Kara Cemal!.. Anam, bu olacak da sık sık benim başımda bitiyor! Daha o altıda bir çikolata parçasını yutmadan kinli kinli bağırmağa başlıyor:

"Bak Frau Santürk! Band tıkanma yapacak! Bak, metal tutkalı az sürüyorsun! Bak, çok sürüp taşırıyorsun! Bak, Frau Santürk!.."

"Hay dilini eşekarısı soksun, Hans mısın, Heinz mısın! Yıllar oldu, bir adımı doğru düzgün söyleyemiyorsun! Bak güzel güzel sürüyorum! Bak, her gelene yapıştırıyorum! Monica... Monica... Monica... Olimpia Fabrikası'nın Monica yazı makineleri, bitip tükenecek gibi mi? Kara band oluk gibi! Oluktan gibi! Alman'ın kan oluktan gibi! Tina sarı bir suna, Saliha kırmızı üzüm gibi!.."

Hüsniye Cantürk daha da terliyordu. Başucundaki hemşire siliyordu ıslak bezle. Sosyal görevli bayan da gelip gidip soruyordu:

"Hay Allah! Ayılmadı mı daha şu? Ayılsa da bebeğin adını öğrensek! Nöbetim bitiyor! Listeyi kapatıp versem!.."

Her hastanede böyle bir iki vardı. Boş gezenlerin boş kalfaları! Hastalarla, daha çok da dil ağız bilmez yabancı hastalarla ilgilenecekleri yerde, kendi kendileriyle ilgileniyorlardı. Şef, yeni doğanların adlarını sorup yazma görevini ona yüklemişti, angarya diye kızıyordu. Hüsniye'nin başucunda beklerken, ara sıra elindeki yazı altlığını sallayıp serinlik yapıyordu. Serinlik yaparsa Hüsniye'nin biraz çabuk ayılacağını sanıyordu. Genellikle sarışın Alman kızlarının aksine martı gibi karaçıldı. Paydostan sonra bir grup arkadaşıyla Pazar Caddesi'ne bira içmeğe gideceklerdi. Onun için evip söylenip duruyordu sosyal görevli Anita:

"Hay Allah! Ayılmadı şu! Hay Allah!.." Hüsniye Cantürk mırıldanıyor, sayıklıyordu:

"Mo ni ca... Mo ni ca... Moo nii caa..." Anita, Hüsniye'nin ağzından çıkan "Monica"lardan birini kaptığı gibi fırladı. III-16.00.4278-24' ün adını da "Monica" diye yazıp listesini kapattı.

Ertesi gün Monica Cantürk'ün doğumu, bilgisayarla belki bin yere işlendi Almanya'da. Doğduğu gün, saat, yıl, ay, uzunluğu, ağırlığı, ana adı, baba adı her yere yazıldı. Bileğine de daha o gün bandlandı soyadı, adı. Şimdi uyuyor, arada bir uyanıp "ingaa! ingaa!.." diye ağlıyordu.

Kara Cemal üç gün sonra dönüp geldi. Ana acısı koca bedenini silindir gibi ezip geçmişti. Kolu kanadı kırıktı. Neyse ki son kez görmüş, görüşmüş, ellerini uzun uzun öpmüş, helallaşmıştı. Onun ilerici kafa yapısına göre, dinsel törenlerin bir yararı, gereği yoktu. Ama anasına öyle bağlı, öyle düşkündü ki, hepsini yaptı, yaptırdı. Kardeşlerine de bir gider düşürmedi.

On yılı doldurmuştu Almanya'da. Tam on mark verdi, pembeli beyazlı güllerden aldı. Yürüdü Elisabeth Hastanesi'ne. Alnından öptü karısını. Gülleri kucağına verdi. Sonra gitti, "Cantürk Cantürk!.." dedi ivedi ivedi. Hemşireler kızını camdan gösterdiler. "Kız olduğu iyi! Anamın adını veririz..." diye düşündü orada.

Aylar önce, karı koca konuşup anlaşmışlardı: Çocuk, oğlan olursa adını Hüsniye koyacaktı, kız olursa Cemal kendi... Şanslı bir baba olduğunu düşünüp mutlandı. Dönüp geldi usulca: "Anacığım sana ömürler oldu Hüsniye..." dedi sesi titreyerek. Elini karısının saçlarında gezdirdi. Hüsniye kocasının parmaklarını tuttu: "Nur içinde yatsın kaynanam! Görmek kısmet olmadı yüzünü..." dedi.

"Kavlimizi unutup kıza kendin ad koymadın değil mi?"

"Deli! Kor muyum? Sen koyacaksın! Ama bak, ben de kabul edeceğim! Şöyle güzel, uygun bir ad olsun..."

"Deli kendinsin, kafamı bozma! Nasıl anlaşmıştık? Bebek kız oldu, ben koyacağım!.." Eğildi, yeniden öptü karısının alnını.

Hüsniye, "İstersen ananın adını veririz! Zehra Cantürk olur kızımız..." dedi, öptü kocasının parmaklarını.

Kara Cemal doldu kabardı. Neredeyse ağlayacaktı, "Ulan, sana diyorum da inanmıyorsun, bitiyorum sana! Senin insanlığına, sıcaklığına..."

Oda hemşiresi gülleri vazoya koymuş, getirdi.

Kara Cemal, uzattı sağ kolunu ileri:

"Meine name ist Zehra olacak!" dedi.

Oda hemşiresi, şaşırmış şaşırmış baktı karı kocanın yüzlerine. Sordu: "Konmadı mı bebeğin adı?"

Kara Cemal, Harhar köyünde oluşmuş kırsal bir Türkçe'yle, keyifli keyifli, "Gonmadı gonmadı!" dedi, bıyıklarını hafiften hafiften burdu. Sonra oda hemşiresiyle birlikte çıkıp gittiler. Baktılar, bebeğin bileğinde "Monica", soyadı da "Cantürk", ivedi ivedi dönüp geldiler.

Kara Cemal sordu:

"Ulan Hüsniye! Monica takmışlar bizim sıpanın bileğine! Bu ad nereden çıktı? Yoksa karıştırdılar mı ötekilerle? Soyadına bakarsan doğru. Yüzü de seni beni andırıyor, dosdoğru! Ama adı Alman kancıklarının adından! Bu nasıl iş?.."

Hüsniye'nin, bandta ırmaktan akar gibi durmadan dinlenmeden gelen, akıp çıkıp gelen yazı makinelerine, beş yıldır ve günde sekizer saat, durmadan, durmadan yapıştırdığı "Monica" yazı makinelerini sayıklamasından bu işin böyle olduğu, uzun zaman anlaşılamadı. Sonra o günkü sosyal görevliyi buldular. Anita, son derece soğukkanlı, "Annesine sordum öyle söyledi, ben de öyle yazdım!" dedi, her zamanki martı ciddiliğiyle sustu.

Kara Cemal bağırdı:

"Silin çabuk! Zehra koyun! Anamın adı Zehra'dır!.."

"Olanaksız!.." dedi sosyal görevli Anita. "Olanaklı ama çok zor! Ad değişimi mahkemeyle olur Almanya'da. Geçerli bir neden bulacaksınız. Tanıklar bulacaksınız. Bir sürü harç ve gider yatıracaksınız. Biz her yere bildirdik. Doğum protokolü Türkiye Başkonsolosluğu'na da gitti. Uluslararası sözleşmelere göre bunu hemen yapmamız gerekiyordu..."

Kara Cemal "Tıpkı Almanlar gibi" dedi. "Hemen yarın açıyorum davayı! Asla bırakamam bu adı kızımın üstünde!.."

Dediği gibi hemen ertesi gün davayı... açamadı. "Yarın açıyorum... Bugün kaldı, yarın kesin olarak açıyorum..." deyip duruyordu. Sekiz gün sonra Elisabeth Hastanesinden çıkıp anasıyla birlikte eve gelen kızını, "Monikam!.. Monikamız!.." diye sevmeğe başladı. Karısına da sık sık, "Eee Monika'nın anası! Nasılsın bakalım? İyi misin? Sana bir çay yapayım mı Monika'nın anası?.." diye takıldı.

İster inanın, ister inanmayın, araya başka işler, üşengeçlikler girdi, "yeni dünyalı"nın adı "Monika" kaldı.

Kara Cemal, "Monika Cantürk bize Almanya'nın bir anmalığıdır!" diyordu. Ne var, mis gibi bir ad hem de!.. Eğer kısmet olur da yurda dönersek, Çorum'da, Harhar köyünde akrabalar, komşular, 'Gıı Monika!.. Aaa Monika!..' diye çağırırlar, severler..." deyip boşverdi mahkemeye başvurmayı.

(Baykurt Ailesi'nin izniyle Fakir Baykurt'un "Gece Vardiyası"adlı öykü kitabından alınarak yayınlanmıştır.)

BİRSEN SAMANCI

1936 yılında İstanbul'da doğdu. Babasının memuriyeti dolayısıyla çocukluğu, ilk ve orta öğrenim hayatı Türkiyen'nin çeşitli illerinde geçti. Edirne Kız Öğretmen Okulu'nu bitirip Adapazarı, Bolu, İstanbul illerinde on beş yıl öğretmenlik yaptı. 1972 yılında Almanya'ya montaj işçisi olarak geldi. Yedi yıl çeşitli firmalarda akort çalıştıktan sonra 1980 yılında Türkçe öğretmeni olarak görev aldı. 1997'de emekli oldu.

Edebiyat İşliği'nin, "Aydınlığa Akan" adlı kitabına şiirleri ile katılan Birsen Samancı'nın, "Günlerden Bir Gün" adlı bir de öykü kitabı var.

Yılbaşı

Nonnenmühle, Değirmenağzı, Köprübaşı, Dağdibi gibi isimler verilen, insanların pek az uğradığı yerlere benzer bir yerdir. Köy desen değildir, çünkü, orada ikişer katlı dört beş binadan başka ev yoktur. Şehirden uzakta, orman içinde ve küçük bir dereciğin kenarındadır. Yazı tatlı serin, kışı kuru soğuktur. Mevsimin ilk günlerinde yağan kar, düştüğü yere yapışır kalır. Onu oradan koparabilecek bahar sıcaklığını aylarca bekler. Cılız çalıların dallarını bile incecik kar tabakası kaplar. Ulu çamlar yüklendikleri beyazlığı sırtlarından silkelemek için huysuzca kımıldanırlar, ama karlar sımsıkı sarılmışlardır, ayrılmak istemezler. Bir zamanlar yılbaşı kartpostallarında gördüğüm ve gerçek olduğunu düşünemediğim manzaradır karşımdaki. Ancak harika bir yer insanlara hem kışını, hem yazını sevdirebilir. İşte böyle bir yerdir Nonnenmühle.

Bu gece yılbaşı. Gökyüzü yıldızlarla dolu. Dolunay ve ayaz var. Ay ışığı karlı dünyayı öylesine aydınlatıyor ki, iğneye iplik geçirilebilir. Duru, mavimsi aydınlıkta kitap bile okuyabilir insan. Bu ışık yaşama sevinci yanında bana ürküntü de veriyor. Bizim memlekette, geceyarısı dolunayı bir aynanın içine düşürürsen ve yalnız olursan, ayın aynaya yansıyan gölgeli ve esrarlı görüntüsünde evleneceğin erkeği görürsün, derlerdi. Burada da olur mu acaba? Buranın kızları da evlenecekleri erkeği merak ederler mi? Burada kızlar kendileri evlenme teklifi yapabilirlermiş. Eğer doğruysa, ne güzel. Ben beğendiğime bakamadım bile, evlenme teklif etmek nerede kaldı? Hem bizim erkekler öyle şeyi sevmez ki. İlle evlenecekleri kadını önce kendileri beğenecekler. Burada "Kızlık meselesi de yok." Diyorlar. Erkekler öyle şeye bakmazlarmış. İnanayım mı? Bakire kız bulamadıklarından mı bakmazlar yoksa?

Bu gece yılbaşı. Bir yıl oldu Almanya'ya geleli. Ne umdum? Ne buldum? Bir yıl nasıl geçti? Yorulmaktan hoşlanmayan ben, makine başında ne çok hırpalandım, ne çok yoruldum. Tiksindim, usandım, yaşamaktan bile bıktım. Hastayım, üzgünüm, ümitsizim. Artık ne istediğimi bilemeyecek kadar kararsızım. Türkiye'ye döneyim mi? Kalayım mı? Çünkü Nonnenmühle'de son günlerimi geçiriyorum. Bizi buraya ilk yerleştirdiklerinde arkadaşlarla birbirimizden hiç ayrılmayacağımızı sanıyordum. Ama bu arada bana uzun süren hastalığım nedeniyle firmadan çıkış verdiler. Oysa, on dört ocakta bir yıllık sözleşmem bitiyor. Biraz anlayış gösterip o güne kadar bekleseler ne iyi olurdu. Gerçekten de çalışacak gücüm yok. En az üç ay iş aramayacağım. Goethe Enstitüsü'ne gideceğim. Almanca öğreneceğim. On beş gün için alacağım para epey işime yarayabilir...

Haym'da (yurtta) on kadın kalmışız. Yılbaşı tatili diye bir çoğu dağılmış. Yurt sorumlusu (Heim-Meister) karısıyla bir olup, oturma odasının bir köşesine yılbaşı çamı diktiler. Üstünü süslediler. Ne kadar iyi bu insanlar. (Bu, Almanlar üzerinde ilk olumlu yorumumdu.) Bizim için koskoca bir pasta bile yaptılar. Evimizden uzağız diye, bize acıyor olmalılar. Haym'ın birinci katında duvara gömülü, etrafı çinili taşlardan yapılmış büyük bir gaz sobası var. Ancak birinci katı ısıtabiliyor, üst katlardaki odalar soğuk kalıyor. Ümran, hastalığımı düşünerek sobanın yanına bir yatak yerleştirdi. Divan gibi oldu. Bize memleketteki oturma odalarını anımsattı. Bütün gün orada oturup yatıyorum.

Bu gece yılbaşı. Geçen yıl nerede, kimlerle eğlenmiştim? Bu gün burada yabancı on kadın eğleneceğiz. Masanın üzerini yiyecek, içecek doldurduk ve çiçeklerle süsledik. Bilmiyorum, gerçekten neşeli miyiz? Yüksek sesle şarkılar söyleyip gülüşüyoruz. Geçmiş yılbaşı gecelerinde neler yaptığımızı birbirimize aktarıyoruz. O günlerde yaşadığımız mutlu olayları vurguluyoruz. "Geçmiş zaman olur ki hayali cihan değer". İçkiler açılıp içilince çoğumuz ağlamaya başlayacak. Neye, niçin ağlayacağız? Kimsesizliğimize, yaban ellere atılmış gibi olduğumuza, sevişmek isteğimize, erkeksizliğimize. Birbirimize belli etmeden "anam, babam, kardeşim, çocuğum" diyerek için için ağlayacağız...

Bu gece yılbaşı. Geçen yılbaşından onaltı gün sonra gelmiştik buralara. Ne kalabalıktık o zamanlar? Ne kadar azaldık! Bizim grubu ve sonradan gelenleri hesaplarsak, seksen kadın yerleştirildi bu Haym'a. Bir kısmının kocası geldi, birlikte gittiler; bir kısmı birer arkadaş buldu, ayrıldı. Kimi, "İsviçre'ye gidiyorum," diyerek bizi terketti. Kimi de, "Uzakta akrabam var. Onu ziyaret edeceğim," deyip bir daha görünmez oldu.

En son Muallâ'yı yollamıştık. On sekiz yaşında bir genç kızdı Muallâ. Orta boylu, kumral, dalgalı saçlı, içi gülen iri siyah gözlü, çalışkan, güçlü kuvvetli, neşeli, canlı. Hani temiz ve gerçek anlamında, "buz gibi kız" derler ya, işte öyleydi. Bir bakışta gerçek bir "kız" olduğuna inanırdın.

Birisi ters bir şey söylese, hemen cevap verip kavgaya kalkışmazdı. Kavgayı körükleyecek bir şey söylemezdi. Biraz çekingendi. Hepimizin ortak ümitleri onda da vardı: Çok para kazanmak, "Bundan bir tane de ben istiyorum." dediğimiz bir yığın eşyayı almak. Gezmek, rahat yaşamak. En önemlisi de, memlekette bıraktığımız insanlara bir gün kendimizi beğendirmek. Onlara üstünlük sağlayabilmek. Muallâ sanki biraz geri zekalı gibiydi ama olsun. Nişanlı olduğunu söylüyordu, inanıyorduk. Neden olmasın? Buraya gelmeden Ankara'da Gima'da tezgahtar olarak çalıştığını söylüyordu, işte buna inanmıyorduk. İlkokul diplomalıydı, yanımıza pek yakıştıramıyorduk. Bir kaç kez nişanlısından mektup aldı biliyorum, ama onu ne kadar kısa zamanda unuttu bilemiyorum.

"Bütün düşmüş kadınlar birbirine benzer, ama her birinin ayrı düşme nedeni vardır." demişler. Çok doğru. O da bir cuma akşamı, iki kilometre uzaktaki köye, "Ekmek almaya gidiyorum." diye gitti ve bizi üç gün ekmek bekletip perişan bir halde İsviçre'den çıkageldi. Dağ yolunda rastladığı kadınlardan biri "kaynım" dediği arkadaşının arkadaşına, bir çırpıda ayarlamıştı Muallâ'yı. Arabaya binme sevdası ve gezme isteği de bunu körüklemiş olabilir. Böylece hiç beklenmedik bir anda düştü Muallâ. Adam bir süre sonra nedense kendini doymuş hissetti ve onu bıraktı. Ya da başka birine devretti, kim bilir? Daha sonra Haym'da çıkan bir kavgada, onun o gün beş yüz Mark'a satıldığını öğrendik. Asiye Hanım bu işin sorumluluğunu Adalet'e yükleyince, Adalet:

"Bana pezevenk, orospu diyeni ben bıçaklarım be! Nerde bıçak?" diyerek mutfağa koştu. Bıçak bulamayınca masanın üzerinde Zakire'nin hamur açmak için hazırladığı oklavayı kaptı, kılıç gibi havaya kaldırıp salona koştu. Herkes "Bıçakla geliyor!" diye bağrışıp odalarına saklandı.

Ödü kopan Asiye Hanım kapısının kilidini üç kez çevirip önüne dolabı çekti. Odası ikinci katta olmasına rağmen penceresini sıkıca kapatıp sürmeledi, yatağına büzülerek yorganı kafasına çekti. Adalet, Asiye Hanım'ın korkup kaçtığını görünce, suçluyu bulduğuna sevinerek daha beter kabardı ve kapısını yumruklayarak, "Çık dışarı!" diyerek ter ter tepindi.

Kan kokan kavganın heyecanından, Hüsniye on yıl sonra büyük ümitler bağlayarak ana rahminde taşıdığı üç aylık bebeğini düşürdü. Can kurtaranla hastaneye zor yetiştirildi. Bir kez daha hamile kalabilmesi için kocasını Almanya'ya getirmesi ve iki yıl beklemesi gerekecekti. Muallâ ise elleri kucağında, bacakları ayrık, ağzı açık, karyolasının kenarına oturmuş, bön gözlerle etrafına bakınıyordu. O unutulmuştu. Sanki kavgası edilen kişi o değildi. Kimse ona "Kimin tarafından aldatıldığını sen söyle." demiyordu.

Daha sonraki günler bu konu çok konuşuldu. Adamın işi bitince, Muallâ'yı bacaklarından kanlar akarak odada dolaştırdığını ve eserinden gurur duyduğunu söylediler.

İş ne kadar utanç verici olursa olsun, insan bir kaç kez yapınca kanıksıyor demek ki! Çünkü Muallâ başına gelenlerden, benim kendisine üzüldüğüm kadar bile üzülmüş görünmüyordu. Yalnız biraz daha aptallaşmıştı. Hoplaya hoplaya yürüyor, yüksek sesle konuşuyor, haftada bir adam değiştiriyor, olur olmaz sözler ediyordu. İki de bir "Kes sesini be!" demek zorunda kalıyorduk.

Bize gıkı çıkmasa da, kendine eş tuttukları ile ancak hafta sonları fırsat bulabildiği saç saça, baş başa dövüşler ediyordu. Kavga anında kendi gibi yaşayan daha başkalarını da ele veriyordu.

"Senin de adın çıktı."

"Sen çocuk düşürmedin mi?"

"O adam önce bana bakmıştı. Artanı köpeğe atarlar, ben de attım. Kim alırsa alsın diye. Sen aldın."

İş dönüşü Haym'a gelişlerini üç saat geçe almıştı. Çıktığı adamları bize, hâlâ bir yerlerinde utanma duygusu kaldığı için "Akrabam. Teyzemin kaynı." diyerek, sözde yutturuyordu. Yutmadığımızı ifade için, "Hovardalarını buraya kadar getirip insanı sinir etme. Defol başka yerlerde buluş!" diyorduk. Akıl edip de, "Burası sizin babanızın evi mi?" demiyordu.

Bir kez dış kapıyı sürgüleyip, kış günü sabaha kadar kapı dibinde kalmasını sağladık. Günlerce gripten yattı. Vücudu sık sık mor lekelerle doluydu. Kendine sorsan allerjiydi, fakat sevişme lekeleri de değil, bayağı dayak izleriydi bunlar. Artık Muallâ'yı görünce o kadınların hepsini görmüş gibi oluyorduk. Bütün özelliklerini üzerinde toplamıştı. Boyanması, giyimi, ses tonu bile değişmişti.

Erkeklerin, İş ve İşçi Bulma Kurumu yoluyla Almanya'ya gelebilme şanslarının kapandığı bu dönemde en çıkar yol, orada çalışan bir kadınla evlenmekti. Birdenbire "kızlık meselesi" önemini yitirmiş, "anlayışlı" bayanlar, bilhassa çocuksuzlar rağbet görmeye başlamıştı. Bu usül hala tazeliğini koruyorsa da, o yıllarda evlenir evlenmez gelebilme ve iş bulma şansı çok büyüktü. Böyle biriydi Muallâ'ya evlenme teklifi eden. Muallâ'ya sorarsan, onu görmüş, çok beğenmiş.

"İlle bu kızla evlenmek istiyorum." diyen, ağabeyisinin yanına turist gelmiş biriydi. Aslında buraya kalmağa gelmemişti, ama gönlüne söz geçiremiyordu. Muallâ'yla evlenecek ve Almanya'da kalacaktı.

EVLENMEK! Dinlerin evlilik bağı olmadan bir erkekle bir kızın yatmasını, "şeytana uymak." saydığı şu devirde bile, Muallâ'nın yüzünün karasını temizleyeceği bir çıkar yoldu. Nikâh dediğin deterjanlı su gibiydi. Kadınların namusunu temizliyordu. Kadın önce evlenme denilen işlemi yapıp yatınca, sonradan ayrılsa da "namus"undan olmuyordu. Ama evlenmeden yatarsa, o zaman başkaydı. Çünkü yapılan iş farklıydı. Birincisinde herkese çalgılı, köçekli, "Biz bu gece yatmaya başlıyoruz!" diye duyuruyordun. İkincisinde ise işi sadece kendin biliyordun. Aradaki ayrım buydu işte.

Muallâ'nın bulduğu adam sözde: "Benden öncekiler beni ilgilendirmez. Bundan sonra iyi olsun," demişti.

Elalemin namusundan bize ne? Barışçı insanlarız biz. Adam böyle söylerse biz niçin geçmişin hesabını soralım? Tabii ki Muallâ'yı üstümüze görevmiş gibi affettik. Bir hafta sonra onu süsleyip püsleyip, temizlenmek üzere adamın peşine taktık. Temizlensindi bakalım.

"Artık yanımıza sık sık gelmeyeceksin, bizimle kalamayacaksın." diye de biraz ağlattık. Adeta kına gecesi yaptık.

Kediler bir acayip hayvandır. Sahiplerine değil evlerine bağlıdırlar. İlk alıştıkları evlerinden başka bir yere götürülürlerse, götürülürken eğer yolu görebilmişlerse, yıllar geçse de geri dönerler. Bizim mart kedimiz de çok sürmeden geri geldi. Onu yılbaşı gecesinin sabahı yatağımda kıvrılmış yatar bulduğumda, gideli henüz üç gün olmuştu. Onu yatağın üzerinden çarşafla birlikte silkeleyip attığımızda sadece: "Ne olur yatsaydım." diyebildi. Üç gün önce kendisini affetmiş olmamıza, gösterdiğimiz anlayışa güvenmiş olmalıydı. Sallana sallana soğuk odalarda, boş bir yatak bulmağa gitti. Giderken çantasını unuttu. Çantasını karıştırdığımızda, yaptığı işe karşılık aldığı paradan kalan bir elli Mark ve ona önceden imzalattırıldığı anlaşılan boşanma kağıtlarının kopyalarını bulduk.

Ah Muallâ ah! Gerçekten o adamın seni kendisine eş edeceğini mi sandın? Yoksa bizi mi kandırdın? Ya da temizlendin mi şimdi?

GÜLŞEN AKBULUT

1965 yılında Dersim'in (Tunceli) Pülümür kazasında doğdu. İlk ve orta okulu Dersim'de okudu. 1980'de Almanya'ya geldi. Münih'de biçki ve dikiş öğrendi. 1988'de Duisbug'a yerleşti. Çeşitli firmalarda çalıştı. 2000 yılında "Arayış" adlı bir şiir kitabı yayınladı. Fakir Baykurt Edebiyat İşliği'nin çıkardığı "Dostluğa Akan Şiirler" adlı seçkiye şiirleri ile katıldı.

Önce Dövülüp Sövülen Misafir

Annem, ağabeyim Kemal'i çağırdı: "Kemal, Çökme'ye, kahveci Mesut'a git de sor bakalım, babandan mektup var mı? Varsa hemen al gel, bir yerde oyalanma!" Ağabeyim işten yeni gelmiş, çok yorgundu, ama bir şey diyemedi! Kalktı. Giderken, annem arkasından bağırdı: "Bir kilo çayla, bir kilo şeker almayı da unutmayasın ha!" Bir yandan da babama kızıyordu:

"İnsan biraz çoluk çocuğunu, ailesini düşünür. Eskiden ayda bir mektubu gelirdi, şimdi aylar geçti hala ses seda yok! O mutlaka bir Alman bulmuştur! Hadi beni unuttu diyelim, ya çocuklar? Dokuz çocukla beni damın deliğinde bırakıp git, sonra da bir Alman'la ha! Sen eskiden böyle bir adam mıydın? Yemez yedirir, giymez giydirirdin!"

Gidiş o gidiş, ağabeyim bir daha ortalıkta görünmedi. Annem daha da kötüleşip hastalandı. Dedemle dayım onun hastalandığını duyunca çıkıp geldiler. Annem eşikte oturmuş, puşuyla sıkı sıkıya sarılı başı avuçlarının arasında, sızlanıp duruyordu! Dedem onu böyle görünce sinirlendi:

" Kızım yeter artık! Aylardır sızlanıp duruyorsun, kendini yedin bitirdin, sızlanman hâlâ bitmedi!"

Annem dedemi duymazdan gelerek:

"Kız Sibel, gel hele gel! Yüreğim yanıyor! Sen hele o türküyü bir daha söyle!"

"Hangi türküyü istiyorsun anne?"

"Almanya acı vatan var ya, işte o türküyü!"

Sibel ablamın çok yanık bir sesi vardı. O adeta bizim ailenin ses sanatçısıydı.

"Almanya acı vatan / Adama hiç gülmeyi / Nedendir bilinmiyor / Bazıları dönmeyi! / Üç kız iki oğlan / Kime bırakıp gittin / Böyle güzel yuvayı / Ateşe yakıp gittin!" diye yanık yanık tutturunca, annem kendini iyice koyuverdi!

"He bacım, he! Senin beş, benim dokuz çocuğum ortalarda kaldı!" diyerek yeniden dertlenip ağlamaya başlayınca, dayım Sibel ablama bir tokat yapıştırdı!

Anneme de, "Yeter artık, senin yapacak başka işin gücün yok mu? Oğlun

Kemal gideli saatler olmuş, hala dönmedi! Sen onu merak edeceğine!"

Bunun üzerine annemde yeni bir telaş başladı!

Dayıma, "Ne olursun sen beni bırak da, şu çocuğu bir araştır bakalım. Nerelerde kaldı?"

Annemin ağıtları üzerine komşular da etrafımıza toplanmıştı.

Biz annemin bu haline hem üzülüyor, hem de mahalleye rezil oluyoruz diye çok utanıyorduk.

Tam da o anda sarı bir minibüsün köye doğru yaklaştığını gördük. Biz, "Acaba nereye gidecek?" diye merak ederken, minibüs döndü, dolaştı, bizim kapının önüne gelip duruverdi. Biz çocuklar hemen minibüsün yanına koştuk. Minibüsten, önce ince uzun boylu, sarışın, uzun saçlı güzel bir bayan, arkasından da babam indi. Anneme müjdeyi benden önce davranan bir arkadaşım verdi.

Annem, "Şükürler olsun sana Tanrım, çok şükürler" le karışık, sevinç çığlıkları atarak babama doğru koştu. Bense olduğum yerde şaşkın, çakılı kalakalmıştım. "Bu sarışın bayan da kim ola acaba?" diyordum. Yoksa annem gerçekten haklı mıydı? Babamın Alman karısı mıydı bu sarışın? Utanmadan yanına takıp, bir de köye gelmiş! Hem de dedem, dayım evdeyken! Annem heyecandan henüz babamın yanındaki genç kadını fark etmemişti. Önce eğilip hasret ve saygıyla babamın ellerinden sonra da, boynuna sarılıp yüzünden, gözünden öpmeye başladı.

O ana kadar her şey yolunda gitmişti. Bir ara sarışın bayan, babama adıyla seslenip Almanca birşeyler söyleyince, annem gayri ihtiyari o tarafa dönüp baktı ve işte o zaman sarışın bayanı fark etti! Ardından da bastı yaygarayı. Şimdi ağzına ne gelirse söylüyordu babama. Bununla yetinse ne âlâ! Ardından odunluğa koşup, oradan kaptığı kocaman bir sopayla ortaya çıkmaz mı?

Babam ve sarışın bayan neye uğradıklarını şaşırdılar. Onlar önde, annem kocaman sopa elinde, arkalarından köy meydanına doğru bir kovalamaca başladı. Hepimiz beklenmedik bu curcuna karşısında şok olmuştuk.

Annem tutturmuştu:

"O rezil herife eşikten içeri adımını attırmam!"

Komşular anneme hak verdiklerinden, bu kepazeliğe önce seyirci kaldılar.

"Öyle ya. Hıdır yaşını başını almış bir adam, nasıl olur da böyle halt işlerdi," diye mırıldanıyorlardı.

Babam baktı ki, anneme laf anlatamıyor. Yanındaki ile birlikte, komşumuz Mehmet Emmiler'in evine kaçtılar. Mehmet Emmi köyün yaşlılarından ve hatırı sayılan birisiydi. O da, babama bozuk atıyordu: "Hıdır bu senin yaptığını gavur bile yapmaz! Kadın aylardır, iki gözü iki çeşme yolunu beklerken sen kalkmış, bir Alman karısıyla!"

Babam: "Ne karısı be Mehmet Ağa?"

"Hıdır, oğlum, bu yanındaki kadın değil mi? Onun ne işi var yanında?"

"Bak Mehmet emmi, ben inşaatta çalışırken düştüm. Aylarca hastahelerde yattım. Senin sandığın gibi değil! Bu kadın hastahane hemşiresi. Alman devleti bunu yanıma kattı ki, köyde de yarım kalan tedavime devam etsin. Biraz tebdili hava iyi gelir, diye çıkıp geldik. Senin anlayacağın koca Alman devleti bu kadına bana baksın diye para ödüyor. Çıkıp geldik de, ne oldu? Pişmiş tavuğun başına gelmeyen, bizim başımıza geldi. Bizim karı sopayı kaptığı gibi... Hadi ben neyse, ya bu zavallı? Şimdi ona durumu nasıl anlatacağız?"

Mehmet Emmi, hanımını yanına çağırdı. Onun kulağına bir şeyler fısıldadı. Bunun üzerine Binnaz Teyze de gelinini, kızlarını çağırdı. Onlara acele acele bir yığın talimat yağdırdı. Melek Teyze bitişikteki komşuya geçti, duyduklarını anlatmaya başladı:

"Kız biliyor musun? Hıdır Almanya'da çok büyük bir kaza geçirmiş. Aylarca hastahanelerde yatmış. İşte bu yüzden de evi arayıp soramamış. Yanındaki kadın var ya! O da hemşireymiş. Şu Alman devletine sen bir bak. Hıdır'a baksın diye yanına bir de hemşire kadın takmışlar."

Binnaz Teyze bunları, annemin duyması için bilerek yüksek sesle bağıra çağıra anlatıyordu.

Akşam olmuş, Mehmet Emmiler'in büyük odasına kocaman bir yer sofrası kurulmuştu. Sofrada bir tek kuş sütü eksikti. Sofranın en baş köşesine Alman hemşire, bir yanına annem, diğer yanına da babam kurulmuşlardı. Olayın iç yüzünü anlayan annem, çok utanmış. Özür üzerine özür dileyince Alman kadınla sarmaş dolaş olmuşlar ve böylece iş tatlıya bağlanmıştı. Birlikte yenilen lezzetli yemeklerden sonra köy meydanındaki tiyatro çoktan unutulmuş, ortalık süt liman olmuştu.

NURGÜL EREN *10.10.1971, Devrek-Zonguldak doğumlu. Öğrenimine Örmeci Köyü İlkokulu'nda başladı daha sonra Kilimli Ortaokulu'na, Aydınlık Evler Lisesi'ne devam etti ve Eskişehir Anadolu Üniversitesi'nin Halkla İlişkiler Bölümü'nü bitirdi. 1989'da evlenerek Almanya'ya geldi. Hâlen Essen'de oturmaktadır.*

Yazıları çeşitli gazetelerde ve dergilerde yayınlanan Nurgül Eren, Avrupalı Türklerin Edebiyat Yarışması'nda "Yaratılışın Sırrı" adlı şiiriyle birincilik, "Kafes" adlı romanıyla da ikincilik ödülü aldı.

Bir Akşam

İnce bir yağmur yağıyordu çisil çisil. Suslu puslu boz bulutları dağıtmaya gücü yetmiyor gibiydi güneşin. Dışarıya bakıldığında; sabah mı, öğle mi, akşam mı, belli değildi. Ne yeşil yeşildi. Ne mavi maviydi. Sadece griydi gözü dolduran.

İçindeki sıkıntı da bu yüzdendi belki de. Elleri ceplerinde, balkon camından oğlunun yolunu gözlüyordu. Karısının arada bir mutfağa gidip gelmesini fırsat biliyor, usulca tül perdeyi kaldırıp daha bir dikkatle bakıyordu etrafa. Merakını ve endişesini göstermek istemiyordu.

Oysa karısı ezbere bilirdi onun içini dışını. İyi kötü paylaşılan koca bir ömrün küçük mükâfatıydı bu. Daha fazla da dayanamadı zaten: "Yeter be adam! Dikilip kaldın orada. Sanki oğlan ilk defa bir iş görüşmesine gidiyor!"

Yakalanmışlığın verdiği mahcubiyetini bastırmak istercesine cevap verdi adam: "Sinir etme beni kadın! Belimin ağrısından oturabiliyor muyum? Kendin duydun doktoru; ayakta duracaksın demedi mi?"

"Yani sen şimdi orada oğlanı gözlemiyor musun?"

"Neyini gözleyeceğim be! Akşam olmuş hâlâ gelmemişse… Belli işte; görüşme iyi geçmedi."

"Hıh! Hemen de bilir zaten…"

Gerçekten de bilmişti. Oğlanın, bir yıl içinde dördüncü kez gittiği bu iş görüşmesinden de bir şey çıkmayacağı önceden belliydi. Oğlan için ise asıl mesele evde bekleyen meraklılara hesap vermekti. Birbiri ardına sorulan sorular… Yapılan yorumlar. Ve sonunda mutlaka gelecek olan tartışmalar.

Baba, her zamanki gibi oğlandan başlayacaktı suçlamalarına. Anneyle devam edecekti. Okuyup adam olsaydı böyle sürünür müydü şimdi? Anne de en az oğlan kadar suçluydu; iyi yetiştirememiş, çok yüz vermişti oğluna…

Bunları o kadar yüksek sesle söylemeliydi ki, kendi vicdanından gelen sesi bastırabilsin. O, kimin için bu kadar çok çalışıp çabalamıştı? Oğluna yeterince vakit ayırıp ilgilenememişti ama mal mülk edineyim diye çırpınmıştı. Türkiye'ye gittiği zamanlar başını sokacağı bir evi, dikili bir ağacı olsun istemişti. Onun için değil miydi bütün bunlar?

O, bir defasında babasına öfkeyle karşı çıkmıştı: "Ben orada Almancıyım! Anlıyor musun? Bunu üç beş katlı ev yaptırarak değiştiremezsin! Hayatında kaç defa benim okuluma geldin?".

Daha sonra da susmuştu zaten. Ne söylenirse söylensin cevap bile vermiyordu artık. Kendini ifade edememenin sarmalında çekip gidiyordu sadece.

Özgüvenini ne zaman kaybetmişti? Ya umudunu? Yarınlara kanat çırpan beyaz güvercinleri ne zaman vurulmuştu? Meslek eğitimi sınavlarını kaybedip vasıfsız bir işçi olduğunda mı, yoksa yabancı bir vasıfsız işçi olduğunda mı?

İkinci gittiği iş görüşmesiydi galiba. İşveren açık seçik dile getirmişti: "Başvurular içinden sadece üç yabancı işçi alacağız..."

Toplam ne kadar işçi alınacağını söylememişti bile. Oysa o, yabancı olarak gitmemişti oraya. O güne kadar da yabancı değildi zaten. Doğup büyüdüğü bir yerin yabancısı olabilir miydi insan? Dilini dili, okulunu okulu, sokağını sokağı bildiği yerdi orası. Daha da önemlisi, bir aylığına gittiği anavatanında bile özlediği yerdi. "Senin gerçek vatanın..." dedikleri anavatanının sokaklarında geçmemişti çocukluğu. Bisikletten düşüp ayağı kanayan arkadaşı Alex ile beraber ağladığı gün de yabancı değildi. Anavatanındaki çocuklarla konuşamıyordu Alman arkadaşlarıyla konuştuğu gibi. Anlatamıyordu kendini... Bildikleri, doğup büyüdüğü yere ait olan şeylerdi. Dolayısıyla o da oraya aitti. O güne kadar öyle sanmıştı. O gün; "Hayır" demişlerdi. "Sen buraya ait değilsin. Sen yabancısın!"

Neyin yabancısı olduğunu söylememişlerdi ama...

Sahi, Almanya'nın nesine yabancıydı? İnsanına mı? Havasına mı, suyuna mı, nazlı güneşine mi?.. Yoksa düzenine mi, yoksa diline mi, yoksa?..

Tatminsiz cevapların doğurduğu kargaşadan duyulan kaygı, Oğlanın epeyce zamandır hissettiği ve adını koyabildiği tek duyguydu belki de. Bu öyle bir duyguydu ki, her gün başka bir algıya dönüşüyordu: Endişeden korkuya, korkudan nefrete, nefretten öfkeye, öfkeden şiddete...

Anahtar tıkırtısını duyan kadın, "Ha, geldi işte." dedi. Fısıldayarak da devam etti: "Aman gözünü seveyim! Gitme oğlanın üzerine! Bin bir türlü hali var çekip gittiği yerlerin. Gözüme uyku girmiyor sabahlara kadar."

"Sanki ben uyuyorum..." dedi adam içinden bir yerlerden. Zaten oradan gelen hiçbir ses dudaklarına ulaşamıyordu. Dillendiremediği, kimselere gösteremediği bir yerdi orası.

Asıl söylemek istediği sözcükler böylesine düğümlenmeseydi boğazına... Kollarını açmak bu kadar zor olmasaydı... O akşam, her zamanki istemsiz yaşanan akşamlardan biri olmayacaktı belki de.

BİNALİ BOZKURT

1943 yılında Tercan'a bağlı Kuzuveren Köyü'nde doğdu. İlkokulu bitirdikten sonra, 15 yaşında Soma'ya maden ocaklarında çalışmaya gitti. 1971 yılında maden işçisi olarak Almanya'ya geldi. 1973 yılından bu yana Düsseldorf Tramvay İşletmesi'nde çalışmaktadır.

Şiirleri çeşitli dergilerde yayınlandı. Edebiyat Kahvesi'nin "Ren'e Akan Şiirler" ve "Aydınlığa Akan Şiirler" adlı kitaplarına şiirleriyle katıldı.

Yazdığı gülmece öykülerinden bir kısmı, "Alman Dilberi" adı altında 2005'te Önel Verlag'ta çıktı.

Kamil Efendi

"Kes şu sıpanın zırıltısını! Offf be!"

"Ne yapayım, ağlıyor!"

"Mama ver, su ver! Ne yaparsan yap, ana değil misin? Sustur şunu da uyuyayım!"

Naciye altı aylık bebeği yatağından kaldırıp kucakladı, göğsüne bastırarak oturma odasına geçti. Çocuğun altına baktı, temizdi. Sonra aç olabileceğini düşünerek mama yaptı. Bebeğe mama verirken, Veli elinde sigarayla oturma odasına geldi.

"Veli, bak yavrumuz mama yiyor, sigaranı söndür n'olur!"

Veli, sigarayı söndürmeden balkona çıktı. Sigarasını içtikten sonra odaya döndü. Eşinin kucağında tekrar uyumaya hazırlanan altı aylık oğlu Erkan'a doğru eğilerek, "Ne haber lan delikanlı? Sen uyuma, beni de uyutma! İyi de, kim işe gidecek sabahleyin?" Sarıldı oğluna, öptü, okşadı.

"Ne oldu? Şimdi de sevip okşuyorsun yavruyu!"

"Ben de bilmiyorum, uykusuzluk canıma tak etmiş! Bazen gündüz işteyken gözüm açılmıyor, göz kapaklarım kendiliğinden kapanmaya başlıyor. Arkadaşlar benimle dalga geçiyorlar! 'Ooh Veli, gece beşik mi salladın?' diyorlar. Canım sıkılıyor."

Baktılar, çocuk uyumuştu. Kalkıp yatak odasına geçtiler. Naciye, biraz önce Veli'nin verdiği cevapla tatmin olmamıştı. Yatakta sürdürdü konuşmasını:

"Sen ne dersen de, sende bir sıkıntı var! Sık sık alkol alıyor, eve geç geliyorsun. Gelince de beni rahat bırakmıyorsun, neyin var bilmiyorum!"

"Hiçbir şey takma kafana! Yok bir şeyim. Daha iyi işte ya, gelince sevişiyoruz."

Naciye bir şeyler daha söyleyecekken, Veli öperek onu susturmaya çalıştı.

"Bırakmıyorsun ki bir şey sorayım! Senin için iyi tabii. Seviş, sonra dön arkanı yat, aman ne güzel!"

" İlle hesap mı vereceğim? Unutma, dört saat sonra işe gideceğim."

"Hesap filan sorduğum yok. Ana babalarımız otuz yıldan çok çalıştılar, onlar bile senin kadar sitem etmiyorlardı! Sen işe başlayalı henüz dört yıl oldu. İşe başlayalı da huzurumuz kaçtı."

"Ne diyorsun sen! Babalarımızın meslekleri yoktu, dil bilmiyorlardı, Almanların söylediklerini anlamadıkları için bir sorunları yoktu. Ama biz de burada büyüdük, burada meslek öğrendik. En sıradan Alman bile zehir gibi laf söylüyor, gel de sinirlenme! Biliyorsun üç yıl meslek öğrendim, karın tokluğuna. Mesleğimde iş bulamayınca da mecburen bu işe girdik! İşin zorluğu değil, başka zorluklar beni yıldıran. Hem bir de yaz tatili var önümüzde."

"Veli, eğer tatil seni bu kadar sıkıyorsa gitmeyelim. Hem neymiş başka zorluklar? Herkes çalışıyor işte. 'Sana bir müddet çocuk yapmayalım, ben de çalışayım,' dedim, kabul etmedin!"

"Daha iyi ya, iki delikanlı anası oldun! Sevinmen lâzım Naciye. Diğer zorluklara gelince, onu da hafta sonu konuşuruz. Haydi, şimdi sana iyi uykular!"

"Sana da iyi uykular!"

Veli iki yaşındayken, babası ailesini Almanya'ya getirmişti. Okula burada başladı. Temel eğitimden sonra üç yıl tesfiyecilik öğrendi, fakat mesleğinde iş bulamadı. İşsiz güçsüz oluşuna bakmadan komşu köylüsü Naciye'ye tutuldu. Naciye de onu sevdi. Evlendiler. İş yüzünden oturdukları bu şehirden başka bir yere gitmek istemiyorlardı. Aileleri, akrabaları, arkadaşları, hepsi bu şehirdeydi çünkü. Nihayet çalıştığı firmaya girmişti ama, hangi işi gösterirlerse o işi yapacaktı. İşinden çok, onun canını sıkan konulardan biri Türkiye iziniydi. Kendisinin ve eşinin akrabaları oldukça kalabalıktı! Hepsine birer birer hediye alma zorunda oluşu, onu bir çıkmaza sürüklüyordu.

Türkiye iznini düşününce, aklına işyerindeki kimi Türklerin ustabaşı Almanlara Türkiye'den hediye getirmeleri geldi. Hediye alan ustabaşılar, hediye verenleri hafta sonu mesaisine yazarak bir çeşit kıyak çekiyorlardı. Çünkü hafta sonunda zamlı ücret ödeniyordu. Bu yüzden de bazı Alman işçiler, ustabaşılarına hediye verenlere kızıyor, fırsat buldukça onları horluyorlardı.

Veli hemşerilerinin davranışlarını doğru bulmuyor, karşı çıkıyordu ama yalnız kalıyordu.

En çok maddi sıkıntılar Veli'yi bunaltıyordu. Babası da kendisine sürekli - belki de haklı olarak -"Oğlum, Almanya'yı yarın terkecekmiş gibi para biriktir!" diyordu. Veli çok çalışıyordu, ama para biriktiremiyordu...

Çalar saat uzun uzun çaldı. Veli zorla kalktı, esneye esneye giyindi, eşinin akşamdan hazırladığı azık çantasını aldı. Traş olmadan evden çıktı. İşyerine geldiğinde uyku gözlerinden akıyordu. İş arkadaşı Ercan, Veli'ye hep "Dayı" derdi.

Dayı'sına takılmadan edemedi:

"Ooo Dayı, yine uykusuz kalmışsın! Almanlar haklı, artık ben de inandım ki, Dayı'mın işi zor, yükü de ağır galiba!"

"Kes ulan şimdi başlarım dayına ha! Sabah sabah bela mısın, nesin?"

"O kadar kuvvetin var mı? Aslan Dayı! Kimin dayısı bu?"

"Tövbe ya Rabbi! Bugün de sen mi başladın? Zaten moralim bozuk!"

Giyinip birer kahve alıp içtiler. İş içtimasına çıktılar. Şefleri bu hafta sonu iki Alman'a, Ercan'a ve Veli'ye gece altı saat mesai vereceğini söyledi. Çalışıp çalışmayacaklarını sordu. Hepsi de çalışacaklarını söylediler.

"Haydi gözün aydın Dayı, mesai aldın! Bu akşam yine beraberiz! İşi erken bitirirsek senden içeceğiz!"

"Ulan oğlum beleşten yemek, beleşten içmekten başka derdin yok mu senin?

"Gerçeği söylemek gerekirse, başka derdim yok. Beleşten yemesem, beleşten içmesem, o gece uyku gimez gözüme! Senin gibi uykusuz gelmedigime göre demek ki o iş hallolmuştur."

"İyi de oğlum, hafta arası bizden otluyorsun, hafta sonu kimden otluyorsun?"

"Hafta sonu hiç sorun değil, düğün salonlarına gidiyorum. Davetiye falan soran yok. Rakı, viski, tavuk, döner, her şey beleş!"

"Ulan sen ne utanmaz adammışsın!"

"Dayı bana neden utanmaz diyorsun? Kimseden zorla almıyorum ki! Dayı sen gerçekten mi uyuyamıyorsun? Yoksa evlilik veya gençlik meselesi mi?"

"Bak Ercan! Senden saklı, senden gizli hiçbir şeyim yok! Uyuyamıyorum arkadaş! Doktora gittim, stres dedi. Tablet verdi. Verdiği ilaçlar beni adeta sarhoş ediyordu, bıraktım."

"Dayı sen iyi bir hocaya git. Okusun, üflesin sana! Hiçbir şeyin kalmaz!"

"Ulan puşt yine dalga geçiyorsun! Hocaya küfür ettirme bana!"

"Peki ben okur, üflerim! Yine uyuyamazsan cezama razıyım! Şaka demiyorum, iki nefes yeter sana! Bak, bak ki, uyku neymiş!"

"Ulan senin ölümün elimden olacak! İzine gidip geldikten sonra, hep üfürükçülükten, nefesten sözetmeye başladın. Yoksa bir tekkeye gidip şıhtan icazet mi aldın?"

"Ne zannediyorsun, tabii gidip şıhtan icazet aldım!"

"Senin gibi ibne icazet alıyorsa vay anam vay! Biz yandık demektir!"

"Hop hop Dayı, çarpılırsın! Ben mucizesini gördüm, inandım. Görsen, sen de inanırsın!"

"Ne mucizesini gördün, anlatsana!"

"İki nefeste insanı rahatlatıyor! Ne dert kalıyor, ne stres! İki nefeste en azgın insanı kâmil ediyor. İki nefeste, korkak ve pısırık, aslan gibi oluyor!"

Gece tekrar işe gidecekleri için, iki saat erken paydos ettiler. Veli eve geldiğinde eşi neden erken geldiğini merak ederek sordu:

"Hayrola neden erken geldin? Yoksa hastalandın mı?"

"Hayır, korkmana lüzum yok. Gece tekrar işe gideceğiz, mesai yapmaya!"

"Öyleyse ben çocukları parka götüreyim, belki sen biraz uyumak istersin."

"Götür bakayım! Uyku bana haram olmuş! Yine de biraz uzanayım."

Gece işi fena değildi. Hava da güzeldi. Ercan'ın neşesine diyecek yoktu. Veli'ye takılmadan edemiyordu:

"Vaaay aslan Dayı'm, yine gözlerin kan çanağına dönmüş! Senin bu halini gördükçe üzülüyorum! Biraz neşeli olamaz mısın? Dünyaya bir daha gelmeyeceksin!"

"Ulan oğlum! Hele bir evlen, ev mesuliyeti döşüne binsin, o zaman göreyim seni! Bir sürü sorun var başımda, bir de izin geldi çattı!"

"Daha iyi ya! İzine gideceksin, sevinmelisin!"

"Anadolu'da, 'Bekâra boşanmak kolay!' derler. Senin için hava hoş, benim için değil. Delik büyük, yama küçük! Bir sürü hediye alınacak! Artık eskisi gibi kimse gömleğe tenezzül etmiyor. Gelecek yıl evleneceksin. Hele bir evlen, ondan sonra geçinmenin ne olduğunu anlarsın!"

"Bak Dayı, ben neden gittim de köyden evlendim? Eşim buraya gelirse iki üç yıl gözü açılmaz. Gözü açılana kadar da ben biraz kendimi toparlarım."

"Gelsin de görüşürüz. Bir yılda mı, üç yılda mı gözleri açılır? Gelince belli olur."

"Görüşürüz. Ama sana bugün söz verdim, Şıhım Kamil Efendi'nin icazetiyle iki nefes verip, seni şöyle on oniki saat uyutacağım! Of anam of! Kalktıktan sonra anandan yeni doğmuş gibi olursun."

"Bırak makaraya sarmayı, altı saat yatayım yine yeter. Senin nefesin kendine bile yetmiyor!"

Arkadaşların hepsi akort çalıştılar, işi bir saat erken bitirdiler. Ercan, arabasıyla Veli'yi evine bıraktıktan sonra kendi evine gidecekti. Yola çıktılar. Ercan, cebinden tütün paketini çıkardı. İçinde sarılmış hazır iki adet sigara vardı. "Bak dayı bunlar okunmuş üflenmiş sigaralar. Al birisini yavaş yavaş iç, sonra da git, yat. Eğer on saatten az uyursan ben cezama razıyım!"

"Ulan serserilik edip sigaranın içine uyku ilacı falan koymayasın?"

"Ayıp ettin Dayı! Bak, iki sigara var. Birini sen iç, diğerini de ben içeceğim. İstersen senin aldığın sigaradan ilk nefesi ben çekeyim! Sen seç, hangisini alırsan al!"

"İyi de, bu tütünde ne keramet olur ki?"

"Ne demek, 'ne keramet olur?' Hollanda'nın meşhur Samson tütünü! Hem de Şıh Kamil efendi tarafından nefeslenmiş ve üflenmiş! Senin içtiğin Marlboro'ya benzemez!"

"Peki senin o asalak şıhın bunlara nerde üfledi ki?"

"Bak Dayı, şıhıma hakaret etme çarpılırsın! Ben köyden gelirken beş on sigaraya üflettim getirdim! Burda senin gibi samimi dostlara veriyorum, herkese vermem!"

Veli gülümseyerek sigaranın birini aldı. Diğer sigarayı da Ercan'ın dudaklarına tutturdu. Kendi sigarasını yaktı. Ercan'a bir nefes çektirdi, içi rahat etti. Arabadan indi.

"Dikkatli git! Bak bu sigaraya bir hile yaptıysan vallahi öldürürüm! Haydi iyi geceler!"

"Olur mu öyle şey? Dediğim gibi inançlı ve yavaş yavaş iç! Sana da iyi geceler!" dedi ve uzaklaştı Ercan.

Veli sigarayı şüpheyle içiyordu. Biraz değişiklik vardı herhalde tütününde. Olabilir. Çünkü kendisi hep Marlboro içiyordu. Açtı kapıyı eve girdi. Oturma odasında, masanın üstündeki kül tabakasında sigarayı söndürdü. Eşi Naciye uyandı. Kalktı, yatak odasından oturma odasına geldi. Veli'ye "Geçmiş olsun!" dedi, bir şey isteyip istemediğini sordu? Veli tam cevap verirken fenalaştı. Gözleri karardı, göğüs kafesi sıkıştı, nefes alamaz bir hale geldi. Olduğu yere yıkıldı kaldı. Naciye ilkin afalladı. Eğildi, Veli'nin başını dizine aldı. Veli'den ses seda yoktu. Elinde olmayarak bir çığlık attı. Telefona koştu, ilk yardımı aradı, haber verdi. Naciye'nin çığlık sesinden daire komşuları İtalyan Josef ile eşi uyandılar. Dairenin ziline basarak ne olduğunu ve yardıma ihtiyaçları olup olmadığını sordular. Naciye hıçkırığa boğulan sesiyle durumu kısaca anlattı. Geçmiş olsun dileğinde bulundular ve ilk yardım arabası gelene kadar beklediler. İlk yardım arabasının gelmesi altı yedi dakika sürdü. Doktor ilk muayeneyi yaptı, hastahaneye kaldırdılar.

Naciye babasına ve ağabeyi Yusuf'a telefonla haber verdi. Bir süre sonra Yusuf eşini de alarak geldi. Yusuf'un eşini çocuklara bakması için evde bırakıp Naciye'yi alarak hastahaneye gitti. Biraz beklediler. Doktor Naciye'yi içeri aldı. Olayın nasıl olduğunu, aralarında bir münakaşanın geçip geçmediğini, ardından da uyuşturucu kullanıp kullanmadığını sordu. Naciye eşinin kesinlikle uyuşturucu kullanmadığını, arasıra alkol kullandığını ve aralarında bir münakaşanın söz konusu olmadığını söyledi. Soruları bitince Veli'nin durumu hakkında Naciye'ye bilgi verdi:

"Tehlikeli bir şeyin olmadığını söyleyebilirim. Zaten yavaş yavaş kendine geliyor. Ancak öğleden sonra görüşebilirsin. Korkulacak bir şey yok."

Naciye biraz rahatladı, dışarı çıktı, babası da gelmişti. Doktordan aldığı bilgileri babası ile ağabeyine anlattı. Babası, ciddi bir tavırla, "Kızım doktorlar her şeyi bilmez, doğrusu bir hocaya gitsek? Bu memlekette bir şey oldu mu, zırt pırt hemen doktora koşuyorlar. Eskiden köylerde doktor mu vardı! Hocalar da büyük ilme sahiptirler. İki Sübhaneke okuyup muska yazdılar mı, hasta hemen gözünü açıyor..." diye akıl vermeye başladı. Naciye sözünü kesti:

"Baba sen ne diyorsun, artık bu asırda hocanın hastayla ne ilgisi olabilir? Hoca din adamıdır!"

"Hele cahile bak! Sen de o zındık kocan gibi mi düşünüyorsun? Yanlış hem de çok yanlış! Unutma ki yer gök dua üzerinedir. Siz eve gidin, ben bir hocaya gideceğim."

Hastahanede filmler çekildi, tahliller yapıldı. Hepsi olumlu çıktı. İyi de bu yarı ölü durumu nerden geliyordu acaba? Doktor uyuşturucudan şüphe ediyordu.

Veli'ye sorduğunda kesinlikle "Hayır!" dedi. Doktor şüphelendiğinden yanına bir hemşire bıraktı. "Eğer uyuşturucu alıyorsa çok uzun sürmez, tekrar ister veya krize girer." Ama hiç birisi olmadı.

Öğleden sonra Naciye hastahaneye gittiğinde, Veli girdiği baygınlık durumundan uyanmıştı. Naciye'yi yanına aldılar. Oldukça yorgun görünüyordu. Naciye'yle konuşurken sanki derin uykulardaydı.

"Veli n'oldu sana? Bir şey biliyorsan anlat!"

"Bilmiyorum, eve gelene kadar hiç birşeyim yoktu!"

"Çok mu yoruldun, yoksa birine mi sinirlendin?"

"Hayır hiçbir şeyim yoktu!"

Naciye, doktorla tekrar görüştü. Doktor, "Kesin bir bilgi veremem. Pazartesini beklemeniz lâzım. Durumu iyi. Korkulacak bir şey yok," dedi.

Naciye tekrar eve geldi. Babası aradı. Veli'nin durumunu sordu. Naciye, aldığı bilgileri anlattı. "Gözlerini açtı, konuşuyor ama çok yorgun," dedi.

"Bak kızım, ben hocaya gittim. Hoca, 'Kapıdan besmelesiz girmiş. Üstüne cin gölgesi düşmüş. Çok yorgundur,' dedi. Muska yazacak, ben akşama alır gelirim."

Naciye akşam tekrar hastahaneye gitti. Veli biraz daha iyileşmişti. Babasının hocaya gittiğini ve hocanın dediklerini Veli'ye anlattı.

"Bak Naciye, ben cine periye inanmam. Şimdi küfrettirme bana! Bu nasıl cinmiş ki, gölgesi beni bu hale getirdi? Ya kendisi düşseydi üstüme, halim ne olurdu?"

"Veli n'olur sinirlenme! Küfür de etme. Babam muskayı bana verdi, ben evde sana veririm."

"Tövbe ya Rabbim, bana muska falan lâzım değil! Nereme asacağım? Bu asırda çok ayıp!"

"Tamam, sinirlenme! Pazartesi eve gelirsin."

Yanaklarından öperek iyi geceler diledi, çıktı.

Naciye gittikten sonra, Veli Ercan'ın sigarasından şüphelendi. Ama güvendiği arkadaştı, yapamazdı kendisine bu oyunu. Şıh Kamil Efendi aklına geldi. Yoksa gerçekten bir ermiş mi? Birden bedenini korku ile şüphe sardı. Küfür etmesi doğru değildi.

Oysa Veli şüphesinde haklıydı. O gece, Veli'den ayrıldıktan sonra Ercan, evine yaklaşırken yaktığı sigaradan birkaç nefes çekince vaziyeti anlamıştı. İşyerinde sardığı sigaranın birisine biraz fazla esrar koymuştu. O sırada Alman arkadaşı yanına gelince, sardığı sigaraları saklamış sonra da fazla esrar koyduğu sigarayı tanıyıp ayıramamıştı. Veli de şansına o sigarayı seçmişti. Veli kendi kendine ,"Ulan Dayı İnşallah hepsini içmedin, yoksa işin duman!" dedi.

Ertesi gün öğleden sonra telefonla Veli'yi aradı ama kimse telefona çıkmadı. Akşam tekrar arayınca, telefona Naciye çıktı.

"Yenge ben Ercan, Veli Dayım yok mu? Onunla konuşmak istiyordum."

"Hiç sorma Ercan, Veli gece işten gelince rahatsızlandı. Hastahaneye kaldırdık."

"Çok geçmiş olsun, ne oldu, nesi var?"

"Doktorlar henüz kesin bir şey söylemediler, yalnız babam hocaya gitmiş. Hoca, kapıdan besmelesiz girdiği için üstüne cin gölgesi düşmüş demiş."

"Üzüldüm, geçmiş olsun! Hangi hastahanede?"

"Sağ ol! Protestan hastahanesinde, üçüncü katta, üç yüz otuz ikide yatıyor."

"Merak etme. Dayım iki günde iyileşir. Ben yarın hastahaneye gelirim."

Telefonu kapattıktan sonra yeni sardığı sigarayı cebinden çıkardı, okşadı.

"De mübarek, hoca haklı gerçekten. Sen cin gölgesi değil, cinin kendisin!"

İçinden gülmeye başladı. "Vay zavallı Dayı! Kim bilir nasıl nefeslenmiş ki hastahaneyi boylamış! Yine de uyanmamış!"

Ercan, pazar günü bir demet çiçek alarak hastahaneye gitti. Veli'nin yanındaki ziyaretçiler çıkınca odaya girdi:

"Abooo Dayı, geçmiş olsun! Sen buralara düşecek biri miydin? N'oldu sana?"

"Sağ ol yeğenim! Düşmez, kalkmaz bir Allah derler, ne olduysa oldu işte! Ben de anlamadım."

"Dayı yanlış anlama, biraz inanmak lâzım! Kim bilir cin mi çarptı, peri mi?

"Ben inançsız değilim ama safsataya da inanmam. Doktorlar birşey bulamadı."

"Ben sana Şıh Kamil efendi ile uğraşma demedim mi? Bak, iki üfürükten bu kadar uyudun!.."

"Ulan yoksa o sigarada bir şey mi vardı? Doktor bana uyuşturucu alıp almadığımı sordu. Kimmiş bu Şıh Kamil efendi? Kaç yaşında?"

"Onun yaşını kimse bilmez. Belki Adem Aleyhisselam ile aynı yaştalar. Senin seçip aldığın sigaraya biraz fazla üfürmüş! Aslında o sigara bana aitti, sen gittin benim sigaramı seçtin."

"O sigaraya birşey koydun sen değil mi?"

"Eeeh Dayı sana dedim. Hollanda'nın meşhur 'Samson' tütünü ama mayası başkaydı."

"Neydi mayası söylesene."

"Ya Dayı biraz kendini geliştir. Avrupa'da yaşıyorsun! O sigaranın mayası Kamil efendiydi."

"Yine Şıh Kamil efendiye gittin!"

"İlahi Dayı halen anlamadın! Kamil Efendi, Anadolu'da esrarın siyasi ismidir!"

Veli yataktan doğrulup Ercan'a doğru bir hamle yapmak istedi. Tam o sırada hemşire tekrar içeri girdi, Veli yatağın üzerinde kaldı.

Hemşire, "Bir anormal durum mu var?" diye sordu .

"Yok bir şey arkadaş gidiyor da, salona kadar beraber çıkmak istedim."

"Hayır olmaz, bugün değil, yarın sabah vizitesinden sonra kalkarsın."

"Ulan puşt, bana bunu nasıl yaparsın? Biliyorum katilin ben olacağım."

"Dayı inan bilerek olmadı bir yanlışlık oldu,özür dilerim."

"Vay anam! Demek ki, esrar beni bu hale getirdi!"

Ercan, hemşire oradayken ayrılmasının iyi olacağını düşünerek, "Ben kaçıyorum Dayı, çıkınca görüşürüz," dedi. Veli'nin cevabını beklemeden kalktı. Kapıdan çıkarken, hemşireye "Bay bay" dedi.

Doktorlar Veli'ye ait röntgen filmlerinin tümünü ve yapılan testleri incelediler, bir hastalık bulamadılar, başhekime sordular, "Hastalık olarak ne yazalım?"

Başhekim, "Depresyon yazın," dedi. Yıllar sonra, bu "Depresyon" raporu, Veli'nin askerlikten muaf tutulmasına yardım etti. Veli, aldığı "askere uygun değildir" raporuna bakarken o günleri anımsadı ve gülerek "Ah, Koca Kamil efendi ah!"dedi.

SIRRI AYHAN

1961 Yılında Adıyaman-Kahta'da dokuz çocuklu bir ailenin beşinci çocuğu olarak dünyaya geldi. İlkokulu bitirdikten sonra ortaokul sınavlarını dışardan verdi. 1974 yılında İstanbul'a geldi. 1989 yılında Almanya'ya yerleşinceye dek çeşitli işlerde çalışarak yaşamını kazandı. Düsseldorf'ta taksi şoförlüğü yapıyor, bir yandan da kısa öyküler yazıyor. "Taxi İnternational" isimli Almanca kitabı Verlag Neuer Weg tarafından 2004 yılında yayınlandı ve İngilizceye çevrildi. 2002 yılında Kürtçe "Jiyane Nivco" ve 2003 yılında Türkçe "Eksik Hayatlar" ismi ile Peri Yayınları'nda yayınlanmış öykü kitabı var. "Berberin Dansı" isimli romanı 2008'de Belge yayınlarında çıktı.Yazıları çeşitli gazetelerde ve dergilerde yayınlanan Nurgül Eren, Avrupalı Türklerin Edebiyat Yarışması'nda "Yaratılışın Sırrı" adlı şiiriyle birincilik, "Kafes" adlı romanıyla da ikincilik ödülü aldı.

Yirmi bin Euro nedir ki!

Sabah saat yedi otuza doğru, eksi bir derecede Kolping Durağı'nda müşteri beklerken, bir doksan boylarında, takım elbiseli, iri yarı bir adam elindeki dondurmayı yalaya yalaya taksiye yanaştı. Sabahın köründe, hem de o soğukta dondurma yiyen bu tipi gözü pek tutmadı Cemil'in. Adam taksiye bindikten sonra, Urdenbach'a gitmek istediğini, ama ondan önce bir dükkâna uğrayacağını, alış veriş yaptıktan sonra eve gideceğini söyledi.

Bu ilginç adamdan da, müşterilerinin yazdığı "konuk defteri"ne bir yazı alsa çok iyi olacaktı. "Peki efendim" deyip, yolda derdini anlattı Cemil. Biraz sonra adama defteri uzatarak bir şeyler yazmasını rica edince, adam umursamaz bir sesle, "Kalsın sonra bakarım!" dedi.

Dükkâna vardıklarında daha açılmamış olduğunu gördüler. Adam, "Şu deftere bir bakayım," dedi. Ve biraz inceledikten sonra bir kaç satır karalayarak, "Yazdıklarımı sana okuyayım," dedi ve okudu: "Benim adım Diter. Beni eve götüren taksi şoförü bizi anlıyor ve burada yaşamaya alışmış. Benim için okey."

Ardından Cemil'e, "Türkiye'den geliyorsunuz öyle mi?" diye sordu. Cevap vermesini beklemeden konuşmasını sürdürdü. "Ben oraları çok gezdim. Antalya,

Kemer çok çok güzel. Alanya'da bir ev aldım. Senin yazlığın da oranın yakınlarında mı?"

"Ben daha oraları gezemedim," dedi Cemil gülerek, "Ne Türkiye'de, ne de burada bir metre toprağım yok."

"Hayret bir şey." dedi adam. "Almalısın arkadaş. Türkiye yakında Avrupa Birliği'ne girecek, emlak fiyatları o zaman beş misli artacak. Nakit paran yoksa hemen bankadan kredi çek, ev, arsa al. Nasıl olur da oraları görmedim diyorsun? Senin ülken değil mi orası? Herhalde benimle dalga geçiyorsun değil mi?"

Cemil gerçekten ne Alanya'ya ne de Antalya'ya gitmediğini, oraları tanımadığını söyleyince, adam onu ayıplarcasına yeniden, "Anlayamıyorum, orası senin ülken. Nasıl olur da oraları gezmemiş, görmemiş olabilirsin?" dedi. "Ben Almanya'nın tüm eyaletlerini gezdim. İnsan kendi ülkesini tanımaz mı?"

Cemil sadece kendisinin değil, emeğiyle geçinen milyonlarca işçinin Türkiye'de tatil yapamadıklarını söyledi. Bazı memurların bile senelik izinlerini dört gözle bekleyip, tatile gitmek yerine, evlerine kışlık kömür veya odun almak için başka işlerde çalıştıklarını anlatınca adam inanmayan gözlerle bir süre baktı ona, sonra: "Ne olursa olsun burada çalışıyorsun. Yirmi bin Euro nedir ki? Hemen git, orada bir ev al!" dedi ısrarla.

"Üç çocuğum var. Onların okul ve diğer masraflarını zorla karşılıyorum. İyi ki eşim de çalışıyor. Kimseye muhtaç olmadan zar zor geçiniyoruz. Kazancımız ancak çocukların eğitimine yetiyor." dedi Cemil.

O sırada dükkanın kapıları açıldı. Adam taksiden inip dükkana gitti. Çok geçmeden kucağında paketlerle döndü. Tekrar yola koyuldular. Adamın evine vardıklarında, ücreti öderken "Dediklerimi unutma, tamam mı?" dedi adam. "Git hemen bir ev al. Sonra pişman olursun."

Cemil, gülerek yanıtladı, "'Yirmi bin Euro'yu ben ancak rüyamda bir arada görebilirim!"

Adam evine doğru giderken, "Anlamıyorum, anlıyamıyorum, yirmi bin Euro nedir ki!" diye söyleniyordu.

İLHAN ATASOY

1970 yılında Kırşehir'de doğdu. 1980'de işçi çocuğu olarak ailesinin yanına, Dortmund'a geldi. Dortmund, Anne-Frank Gesamtschule'de liseyi bitirdi. Bir süre Hukuk, Almanca ve Türkoloji okudu.

Gırgır, Türk Dili Dergisi, Evrensel, TAZ-Perşembe (Tageszeitung), Anafilya, Ayrıntı, Yankı dergilerinde yazıları yayınlandı.

"Şiir Tadında Bir Komedi" isimli tek kişilik oyunu Almanya'nın birçok kentinde sergiledi.

"Walla, ich schwöre!" isminde, bir de Almanca oyunu var.

Bazı Almanca ve Türkçe antolojilerde şiir ve öyküleri yayınlanan Atasoy'un "Tehlikeli Öpücük" adlı bir öykü ve "Ağzımdan Kaçan Şiirler" adlı bir şiir kitabı var.

İşler Yaş

12 Ağustos

Annemin şu tansiyonu bir türlü düşmek bilmiyor. Bugün hastaneye kaldırdık. Almancası olmadığından, durumunu öğrenmek üzere doktorlarla kendim görüştüm. Zira babam Türkiye'de idi. Bir-iki gün içerisinde dönecekti.

- Eşinizin durumu gayet iyi, dedi doktor.
- O benim eşim değil, annem, dedim.

Doktor özür diledi. Onun yüzü kızaracağına benimki kızardı nedense. Doktor odadan çıktıktan sonra annem,

- Ne dedi? diye sordu.
- Siz erken evlenirseniz elâlem de bizi böyle karı koca sanar, dedim.

Annemi gülme krizleri tuttu. Yatıştıktan sonra,

- Hastalığımla ilgili ne söyledi?
- Korkulacak bir şey yok... Niye erken evlendiniz?
- Benim ne suçum var. Baban beni zorla istedi.
- Varmayaydın.
- Cahillik işte.

13 Ağustos

Tekrar hastanedeyim. Hemşire hanım yanımıza gelip,

- İkinci kata inmelisiniz, eşinizin röntgeni çekilecek, dedi.
- Bu benim annem, dedim.

- Haa, öyle miydi?
- Yaa, öyleydi!
- Özür dilerim.

Annemle merdivenlerden aşağı inerken karşımıza yaşlı bir hasta çıktı. Durduk yerde,

- Eşinizin neyi var? diye sormaz mı!

"Sana ne ulan, doktor musun?" demek geldi içimden. Şeytan diyor ki, itiver şunu merdivenlerden aşağı. Vatandaş yanlış anlamasın diye, tişörtümün üzerine "yanımdaki kadın annemdir!" diye mi yazayım illaki? Bir terslik çıkaracağımı anlamış olmalı ki, "Sen oralı olma!" diyerek, koluma girdi annem.

Kısa bir süre sonra, yanımıza manken gibi, esmer tenli bir doktor geldi. "İşte, doktor dediğin böyle olur. Yüzüne bir bakınca moralim yerine geldi," diye düşünürken, doktor: "Siz burada bekleyin, eşiniz benimle gelsin", diyerek annemi alıp götürmez mi! Arkasından her ne kadar, "O benim annem! Annem! Annem!", dedimse de, o içeri girip kapıyı kapattı. Sen de mi güzel doktor! Sen de mi! Hipokrat yeminini bunun için mi ettin?

Annemi beklerken salondaki aynanın karşısına geçtim. İçine uzun uzun bakarak: "Ey duvardaki ayna, söyle bana, annem mi erken evlendi, yoksa ben mi yaşlı gösteriyorum?..."

Annem geldiğinde yanında o güzel bayan doktor yoktu. Durumu izah edememenin verdiği öfke bir kurt gibi içimi kemiriyordu adeta. Annemin yattığı odanın bulunduğu kata bu kez asansörle çıktık. Asansörde genç bir hasta bakıcıyla karşılaştık. Gözünü bizden ayırmıyordu. Yapmacık bir gülüşle yüzüne baktım adamın.

- Hastane yaradı eşime, dedim.
- Eşiniz mi oluyor? diye sordu.
- Yok, annem!

Sinirlenmiştim bir kere. Geleni terslemek, gideni terslemek geçiyordu içimden. Anneme, "Hadi hanım, sen odana çık ben gidiyorum," diyerek yanından ayrıldım.

14 Ağustos
Annemin yanına bugün kızkardeşim gitti. Yarın çıkabilirmiş. Babam, Türkiye'den telefon açıp, annemin durumunu sordu. İyi olduğunu söyledim. O da yarın döneceğini söyledi.

15 Ağustos
Gece bir rüya gördüm. Rüya da rüya olsa bari. Babamla annemin nikahında şahitlik yaptım…

Sabah kalkınca Annemi almak üzere hastaneye koştum.

Hastanenin başhekimi ile görüşmek üzere, annemle birlikte odasına geçtik. Başhekim,

- Eşiniz biraz spor yapmalı. Yemesine içmesine dikkat etmeli, dedi.

Koskoca başhekim bile eşim sanmıştı annemi. Pes doğrusu. Neyse dedik. Aldırış etmedik. Bu görüşmeden sonra nasıl olsa hastane ile hiçbir ilişkimiz kalmayacaktı. Başhekim habire, eşiniz şunu yapmalı, eşiniz bunu yapmalı diye, tavsiyelerde bulunuyordu. Bir iki dakika daha katlanacaktık artık.

- Eşinizi strese sokmamalısınız, dedi.

- Haklısınız, dedim, bir dediğini iki etmiyorum.

Birden kapı açıldı, içeri babam girdi. Başhekim,

- Lütfen dışarda bekler misiniz? diye uyardı.

Babam yanımıza yaklaşınca, başhekim, bu kez sert bir dille,

- Sadece aile fertleri girebilir! diye kızdı.

- Bırakın girsin, dedim.

- Neyiniz oluyor?

- Oğlum!

RACİ HELVALI

12 Ağustos 1963'de İstanbul-Küçükyalı'da doğdu. Adapazarı'na bağlı Geyve ilçesinde çocukluğunu yaşarken, 1972 yılı sonunda bir kış günü Almanya'ya savruldu. İlk ve ortaokul öğreniminin ardından meslek eğitimi yaptı. İşçi olarak çalışma yaşamına atıldı. Edebiyata olan sevgisi çocukluk yıllarına uzanan Helvalı'nın ilk karalamaları zamanla ciddi yazılara dönüştüler. Şiirlere ilişkisini, "Hayali biriyle sohbet ederim kimi zamanlar, o hayalet kulağıma bir şeyler fısıldar, gider. O fısıltılar da şiire dünüşür." şeklinde açıklayan Raci Helvalı'nın 54 şiirden oluşan ilk kitabı "Aşklar da Tecrübelidir " adıyla, 1997'de çıktı. 2008 de ise "Sevda Yüklü Gemi" adlı bir şiir kitabı CD'siyle birlikte yayınlandı. Fakir Baykurt Edebiyat İşliği'nin 2003'te çıkardığı, "Dostluğa Akan Şiirler" adlı antolojiye katıldı.

Şizofren

Ağır adımlarla kentte gezerken, oturup, kahve içecek bir yer arıyorum. Uzun süre dolaşıyor, birçok kahvenin önünden geçiyorum, ama hiçbirine içim ısınmıyor. Aslında düşüncelerimi, dertlerimi paylaşacak birilerini arıyorum. Konuşacak birine ihtiyacım var. Birden kendimi yapayalnız hissedip duygulanıyorum. Yoksa tanıdık birilerine mi gitmeli? Aklıma, otobüste sık sık rastladığım, bazen de güneşli havalarda çamaşır sererken gördüğüm o güzel kadın geliyor. Yoğun bir şekilde onu görmek isteği duyuyorum. Ama mümkün değil, çünkü bugün hava kapalı çamaşır sermeye çıkmaz.

Kendimi yeniden kentin kalabalığına kaptırıyor, nereye gittiğimi bilmeden geziyorum. Karşıma herhangi bir tanıdık kimsenin çıkmasını da istemiyorum. Çünkü karşılaşırsam söyeceği şeyleri tahmin edebiliyorum;

"Sen de evlenmedin gitti! Abdal oldun, boş boş gezip duruyorsun!" diyecek.

Ya da "Bu gidişle evde kaldın. Kafa'yı yiyeceksin yahu!"

Ben de, o alaycı cümleleri olumlu yönde anlamış gibi yapacağım ve gülerek;

"Ben eskiden beri abdalım, sen daha yeni mi öğreniyorsun?" diyeceğim.

Bunları düşünürken birden aklıma cebimdeki davetiye geliyor. Çıkarıp bakıyorum, toplantı bugün. Oraya mı gitmeli acaba? Hayır, şimdi kalkıp orda da gerekli gereksiz konuşmalarla kafamı şişirecek, hatta sinirlerimi iyice bozacaklar. Eskiden hafta sonları derneklere takılırdım. Çay ve kahve sohbetlerine. Çocuklar hep oynaşır, kadınlar kendi dertleriyle başbaşa kalır, erkekler de maç izleyerek stres atarlardı. Gençler ise duvarların arkasında kaybolurlardı.

Herşey ne kadar monotondu. Gazeteler bile, farklı manşetler atsalar da birbirlerine benziyorlardı. Her dergi, her kitap başka bir şey anlatıyordu. Ama inandırıcı değildi hiçbiri. Bir usta, kitabında "şiiri sevin" diyordu. Biz hüznü sevmeyi şiirlerden mi öğrendik?

Ya hayallerimiz, sevdalarımız? Onlar için savaşırken, bir anda sabun baloncuğu gibi patladı ütopyamız, dağıldık. Sevdalarımızı unuttuk, arkadaşlarımızı terk ettik. Şimdi ne kaldı geriye bizden miras? Yapmacık bir hüzünle dinlediğimiz ya da dinler göründüğümüz sevda türküleri mi?

Hep birşeyler bekliyoruz! Beklemekle geçiyor artık hayat? Oysa beklemekten daha kötü bir şey var mı şu dünyada? Aslında en iyisi buraları tamamen terk edip gitmek... Ayaklarım beni istasyona doğru sürüklüyor. Aslında buraları terk etmek için bir çok sebep var. Örneğin bu ülkede hâla yabancı muamelesi görmek, ya da her defasında misafirliğimizin miadının dolduğunun hatırlatılması gibi...

İstasyona geliyorum ve nerelere tren olduğuna bakmak için kalkış saatlerini gösteren planın aslı olduğu cam çerçeveye yöneliyorum.

"Nereye gitmeli?"

Hiç gitmediğim ama görmeyi çok istediğim bir İtalyan kentinin adını okuyorum.

"Evet, tamam, oraya gitmeliyim işte!" diyerek gişeye yöneliyorum.

Gişe memuru ile göz göze geliyoruz, adam bana kuşkuyla bakıyor. Gideceğim yeri söyleyip parayı uzatıyorum. Aynı kuşkulu bakışlarla bileti uzatıyor.

Trenin kalkış saatine daha epeyce var. Bu arada eve gider hazırlığımı yapabilirim. Eve doğru yürürken, arada bir gittiğim sinemanın önünden geçiyorum. Afişlere bakarken içimde tuhaf duygular uyanıyor. Sinema, kapılarını açmış, sanki beni içeriye davet ediyor. Büyülenmiş gibi içeriye yöneliyorum...

Hoollywood filmlerinin büyüsü müydü karşı koyamadığım? Yoksa gördüğümüz her filmle kanımıza şırınga edilen düşünce tembelliği ve şizofren düşüncelerin yarattığı bir tür bağımlılık mı? Yoksa bu ülkedeki birçok uyumsuz insanın dramını mı yaşıyorum ben de? Gıdasız kalan ruhlar, bölük pörçük anılardan bir hayat, unutulmalar, olumsuz düşünceler, yaralayıcı yorumlar... Ve en sonunda buralardan kaçma isteği... İşte o noktada ikiye ayrılıyor insanlar, kaçmayı becerebilen cesurlar ve benim gibi kaçmayı düşleyip de kaçamayan korkaklar...

CEMAL ÜNAL

15 Haziran 1964'de Kahraman Maraş'ın Göksun ilçesinde doğdu. İlkokul, ortaokul ve lise öğrenimimi değişik yerlerde tamamladı. Erciyes Üniversitesi Meslek Yüksek Okulu'ndan mezun oldu. Ankara Altındağ Belediyesi'ndeki memuriyetinden istifa ederek 1991 yılında Almanya'ya geldi. "Güneş Demlerken Sabahı" (1989) ve "Tanrılar Boylamı " (2001) adlı iki şiir kitabı yayınlandı.

Buselik

Bu sefer hapı harbiden yuttuk. Doludizgin renkli yatakta inadına yata'mamak'taydım. Abooo... "Mamak" bile müze oldu babo. Kalktım. Sende beni, bende seni, ayakta ninnilerle avutayım diye, göz gezdirirken Yeşilçam'ın renkli vitrinlerinde, aklısıra sana benzemese de yatakta yerini dolduracak yeni birini arıyordum. Seni bir yudumda bitirmesem; bilirsin, kalbim gümbürder, kanım tepeme sıçrar. Doktora danıştım: "Etkin maddesi aynı. Ha, o... Ha, o... Oha aynı, değişmez. Basitçe kırılmasa bile, sen bu yeniyi ikiye ayıracaksın, hergün yarımşar yarımşar kullanacaksın." dediğinde, üç aşağı beş yukarı anlaştık.

Kalan sayılı ömrümüzün her gününü senin benzerinle geçireceğiz. Biteviye hergün, tam geceyarısı uylaşıp "aklımız bitlenmezse", mışıl mışıl uyuyacağız. Canpare ateş saçan gözleriyle cırmalayan patili bir kedi sanki kadıncağız. Yerini dolduramaz ama olsun... Ne yapalım? Ahh.. Ahhh.. O yokluğun yok mu? Yedi bitirdi beni!... Kalbimin en ücra Tamil'ine gezintiye çıkan filim; sana, bu can feda olsun.

Sessiz bir filmdir ölüm. Şarlo'vari ayakları yan yan basan; beşikten mezara kimileri hep acemi suvari. İkarus'a da biner davar güdenler. Gidiyoruz bakalım, gideceğimiz yere kadar. İyi bakın kendinizde bulunan vatandaşa. Koruyun; bir daha ele geçmez ne varsa. Toprağa nasır olmadan, yakışıklı ölenler insan kaldı. Benimse nice asma bahçesinde güllerim kırmızı, beyaz, sarı gökmaviler içinde tarumar oldu. Neyse...

Allah dok tura çıkmaya zeval vermesin. Bir Berlin 'dok turu' yaptık mîrim, muhteşemdi. Führer'imiz sabah turuna geciktiğim için çok kızdı bana. Ne bilsin gariban Führer, o sabah benzer Buselik'imi almaya gittiğimi ve bundan dolayı yedi dakika geciktiğimi. Ses etmedim, bozuntuya vermedim. Herif, Führer olmadan evvel müneccim olmayı öğrensin. Almanlarda ne kadar da çok çatlak Führerler çıkıyormuş meğer. Halkın da sürüsü olur; üstüne üstlük, kendi çobanını şıp diye bulur. Neyse... Hava bedava, su bedava. Dok karınla dok tura çıkanlarla beraber gelen doktor da olsa, doktor çantasıyla gelmez. Keşke herkese yılda dört gün Berlin besi çiftliği turu bedava olsa.

İştahım oldukça arttı. Bu sefer de bedavadan bulursam dünya turuna çıkmaya karar verdim. Takarım koluma askılı çantamın içine doldurduğum benzer Buselik'imi, Medine dilencilerini zinhar aratmam. İstirham ederim, lütfen kapılar ben geçerken yüzüme kapansın. Sahi hazır kazılmış bedava bir mezar hiç mi yok oralarda? Bencileyin fakir şaire öykü yazdıran kimdir? Kara kara düşündüm bir türlü bulamadım. Karnıyarık yapar yerim ben, beni öyküye alıştıracak etmeni. Aklıma turp mu sıktım ben? Ah o "AOK"* yok mu, ayırdı beni Buselik'imden. Musikişinas duyularım, duygularım bile değişti. Laf aramızda kalsın; yeni karı biraz tombulca. Bıçaksız üzerine varılmaz. Ne yaparsın yeni ilacım o, onu almasam olmaz. Beni tanıyan dostlarım; söyleyin, hakikaten ben değiştim mi? Kaç zamandır gür saçlarımın tepemden aşağı boşanıp gittiğini gördünüz de, bunu bana niye çıtlatmadınız. Alacağınız olsun.

* Almanya'daki en yaygın hastalık sigortalarından biri

HIDIR DULKADİR

1952 Tunceli ili Kortu (Meşe Yolu) köyünde doğdu. İlkokulu köyünde 1967'de bitirdi. Orta öğrenimini 1975'de, Tunceli Merkez Kalan Lisesi'nde tamamladı. 1976 yılında Diyarbakır Devlet Güvenlik Mahkeme'sinde yargılandı. Ağustos 1979 yılında yurt dışına çıktı. Halen Almanya'nın Duisburg kentinde yaşıyor. Evli ve dört çocuk babası.
2001 yılında, Oberhausen'daki "Bezek Edebiyat İşliği"ne katılarak, Dersim yöresine ait efsaneleri yazmaya başladı. 2002 yılından beri "Fakir Baykurt Edebiyat İşliği" üyesidir.
"Munzur" ve "Berfin Bahar" adlı dergilerde öykü ve denemeleri yayınlandı. Dersim'de çıkan "İklim" dergisi ile "Munzur Haber" ve Köln'de yayınlan "Dersim Post" adlı gazetelerde yazı ve makaleleri çıktı.

Kanunun Kestiği Parmak Acımaz

Türkiyeli Ahmet Polat, bir göçmenin önüne çıkarılan tüm engelleri aşarak polis olmuştu. Köln Emniyet Müdürlüğü'nde çalışıyordu. Eşi Sinem'i ve Almanya'da doğma büyüme iki oğlunu çok seviyordu. Cumartesi akşamı mesaisi bitince, alış veriş yapıp doğru eve geldi.

Birlikte yemek yiyip, uzun süre sohbet ettiler. Ahmet'in göz kapaklarına bir haftanın yorgunluğu çökünce yatağa gitmek için kalktı. Sinem de geceliğini giyip yorganın altına girdi. Ahmet kırmızı ışıklı gece lambasını açık bırakmıştı. Sinem sırt üstü uzandı. Siyah uzun saçları yastığın üstüne dalga dalga yayıldı. Sinem'in davetkar kokusu, Ahmet'in uykusunu kaçırdı. Eliyle karısının göğüslerini bulup okşamaya başladı. Başını boynuna gömdü sonra öpmeye başladı. Karısının bedenine öpücükler konduruyordu. Bir süre sonra ten tene, iç içeydiler. Sıcaklıkları, kokuları, terleri birbirine karıştı. Mutlu bir yorgunlukla uykuya daldılar.

Ertesi gün pazardı ve Ahmet'in nöbeti yoktu. Uzun uzun uyudular, yatak keyfi yaptılar. Dışarda güzel bir hava vardı. Güneşin ışıkları perdenin arasıdan içeriye süzülmüştü. Yakınlardaki Dom Kilisesi'nin ayine çağıran çanlarıyla uyandılar. Önce Ahmet kalktı ve kahvaltıyı hazırlamaya başladı. Bu arada Sinem de kalkmıştı yataktan. Sanki beli tutulmuştu. Vücudunu bir sağa bir sola büktü. Ahmet'e sokulup "Her yanım ağrıyor. Üşüttüm mü acaba?" diye mırıldandı. Ahmet, gülümseyerek göz kırptı, "Belki de yastığın iyi değildi!" dedi.

Babalarının seslenmesiyle oğlanlar da arka arkaya kalktılar. Ellerini yüzlerini yıkayıp kahvaltı sofrasına oturdular. Sinem hanım giyinmiş, hafif makyaj yapmış geldi. "Günaydın çocuklar, Günaydın kocacığım!" diyerek yerini aldı. Ahmet, karısına takıldı: "İyi misin, rahat uyudun mu?" Sinem nazlandı, "Kendimi pek iyi hissetmiyorum. Ama şimdi kahvaltı iyi gelir." Ardından kocasına iltifat etti: "Maşallah, kahvaltı masamızda bir kuş sütü eksik. Sen bu kadar becerekli miydin Ahmet?" Güle eğlene kahvaltı ettiler. Kahvaltı bitince, Ahmet oğlanlara, "Hadi bakalım, sofrayı ben kurdum, siz de toparlayın!" diyerek kalktı.

Dün aldığı Türkçe gazeteyi bularak oturma odasına geçti. Gözlüklerini takıp gazeteyi açtı. Haber başlıklarına göz attı. Sonra ilginç bulduğu birkaç haberi okudu. Ardından döviz kurlarının olduğu sayfayı aradı. Bulunca kalkıp dolabın çekmecesinden kağıt kalem getirdi. Bu yıl Türkiye'de yapacakları tatilin masraflarını hesapladı. Not aldığı kağıdı katlayıp çekmeceye koydu. Sonra dışarıya çıkmak için hazırlandı. Çıkmadan önce mutfağa doğru seslendi:

"Sinem, ben kahveye gidiyorum. Bütün hafta Almanlarla birlikte oluyorum, gidip biraz da Türk arkadaşlarla vakit geçireyim. Zaman kaynatayım biraz."

Ardından yine de mutfağa gelip karısına, "Oğlanlara dikkat ediyorsun değil mi, karıcığım? Bunları başı boş bırakmayalım. Hergün ne olaylarla karşılaşıyoruz bir bilsen. Bazen bizim çocuklar için de endişe ediyorum." dedi.

Sonra büyük oğluna döndü ve işaret parmağını sallayarak uyardı:

"Oğlum, Alman vatandaşlığına, ya da benim polis olmama güvenme sakın. Yine de bu ülkede 'yabancı'sın. Herkesin gözü üstümüzde. Kendine dikkat et, kötü arkadaşlara takılma!"

Görevini yapmış olmanın huzuruyla evden çıktı.

Dışarı çıkınca, Türkiye'de tatildeyken yaptığı gibi, serin havayı derin derin içine çekti. Sonra daha çok hemşehrilerinin takıldığı Türk kahvesine doğru yürümeye başladı. Her zamanki gibi şık giyinmiş ve kravat takmıştı. Kahveden içeri girince sol elini kaldırarak Anadolu'da olduğu gibi içeridekileri selamladı. Oturanlardan bazıları sandalyelerinden kalkarak selamına karşılık verdiler. Kahve bugün kalabalık değildi. Duvar kenarındaki boş masalardan birine oturdu. Başka masalarda oturmakta olan birkaç arkadaşı kalkıp onun masasına geldi. Karşılıklı hâl hatır sordular. Sonra sohbete başladılar. Sohbetin konusu, yaklaşan yaz izni ve Türkiye tatiliydi. Kimileri geçen yıl yollarda yaşadıkları maceraları anlatıyorlardı. Sohbet sürüp giderken, Ahmet saatine baktı. Sonra masada içilenlerin hesabını ödeyerek, arkadaşlarından gitmek için izin istedi. Böyle güzel bir günde kalan zamanını kahvede geçirmek istemiyordu. Karısını ve çocuklarını alıp gezmeye gitmeyi planlamıştı. Kapıdan çıkmak üzereyken kahvenin telefonu çaldı. "Belki de beni arıyorlardır," diye düşünerek durakladı. Gerçekten de Kahveci Ali el işareti ile telefonun ona geldiğini anlattı. Ahmet dönüp geldi, Ali'nin uzattığı ahizeyi aldı.

Telefon eden karısıydı. Sinirli ve sıkkın bir sesle. "Ahmet, hemen eve gelir misin lütfen!" dedi. Başka bir açıklama yapmadan ve Ahmet'in de soru sormasına imkan vermeden telefonu kapattı.

Ahmet meraklanmıştı. Hızlı adımlarla evin yolunu tuttu. Yürürken aklına birçok şey geliyor, heycanı yükseliyordu. Kötü bir şey olduğu belliydi. Ama ne? İlk aklına gelen büyük oğlu İsmail oldu. Aslında oğluna güveniyordu. Ama arkadaşları pek güvenilir çocuklar değildi. İsmail'den arkadaşlarını kendisiyle tanıştırmasını istemiş, tanıyınca da gözü pek tutmamıştı. Oğlunu onlardan uzak durması için uyarmıştı. Ama oğlunun bu uyarılarını ciddiye aldığından emin değildi.

Evin kapısını açar açmaz karısı ağlamaklı bir şekilde karşısına dikildi. Ahmet, soluk soluğa, "Hayrola Sinem, ne oldu?" diye sordu. Sinem, "Daha ne olsun, korktuğumuz başımıza geldi!" dedi. Ardından gözleri yaşlı anlatmayı sürdürdü:

"Oğlunu polisler götürdü. Bir arkadaşı çalıntı araba teypleri satmak isterken yakalanmış. Hırsızlığı İsmail'le birlikte yaptığını itiraf etmiş. Senin karakoldan iki polis gelip İsmail'i aldılar. Seni karakolda bekliyorlar..."

Ahmet'in başına sanki bir kova kaynar su dökülmüştü. Birden ter içinde kaldı. Kendi kendine konuşuyordu: "Aman Allahım, bu da mı gelecekti başıma? Benim oğlum hırsız mı? Ne olacak şimdi? Arkadaşların yüzüne nasıl bakacağım?" Bir sandalyeye oturdu, biraz kendini toparlayıca karakola gitmek için telefonla taksi çağırdı.

Karakola girereken sanki ayakları geri geri gidiyordu. Zorla içeri girdiğinde, meslektaşı Hans onun ne kadar bitkin ve yıkılmış olduğunu fark etti. Kolundan tutup odasına çekti. "Otur Ahmet, hemen heyacanlanma." dedi. Ardından sigara tuttu ve iki büyük fincana kahve doldurup birini Ahmet'e uzattı. Sonra sakin bir ses tonuyla konuşmaya başladı:

"Bak Ahmet, böyle bir olay hepimizin başına gelebilir. Evet, yüz kızartıcı bir durum. Ama, sen dua et ki oğlunun yaşı kücük. Ceza almaz. Bir "uyarı" mektubu gelir, dosyasına işlerler, ama bir daha suç işlemezse kaydı silinir... Kendini kahretmene, suçlamana gerek yok. Evde al karşına, sinirlenmeden onunla konuş, tekrar tekrar uyar. İnşallah böyle bir şey bir daha olmaz." dedi. Eliyle Ahmet'in omuzuna birkaç kez vurdu. Ardından kalkıp masada açık olarak duran dosyayı aldı.

Dosyaya bakarak, Ahmet'e olayı anlattı: "Çalıntı teyplerle yakalanan çocuk Alman. Onun ifadesi üzerine oğlunu sorguya çektik, o da suçunu itiraf etti. Ben ifade tutanaklarını yazdım, İsmail reşit olmadığı için senin de imzalaman gerekiyor." Ahmet, Hans'a teşekkür edip tutanağı imzaladı. Sonra yandaki odaya geçtiler. Başı eğik, üzgün bir şekilde bir sandalyede oturan oğlunu görünce, Ahmet'in yüreği kabardı. Ona bağırıp çağırmamak ve tokatlamak için kendini zor tuttu.

Ardından kolundan tutup, oğlunu kaldırdı, hiç bir şey olmamış gibi karakoldan çıktılar. Baba oğul yan yana yürüyorlardı. Birbirleri ile hiç konuşmadan eve geldiler. Sabahleyin birlikte kahvaltı ettikleri masaya oturdular. İsmail, babasının her an patlamasından korkuyor gibi gergindi. Ahmet, bunu fark edip, mümkün olduğunca sakin bir ses tonuyla konuşmaya başladı:

"Bak oğlum, bizim memlekette 'kanunun kestiği parmak acımaz' derler. Bu bir ata sözüdür. Yani suç işleyen cezasına katlanır. Sen de bir suç işledin. Ama yaşın küçük olduğu için bu ülkede seni hapse atmazlar. Belki bir 'eğitici ceza' ya da 'uyarı mektubu' ile bunu atlatacaksın. Ama bundan sonra aklını başına topla. 'Babam beni kurtarır' deme. Polis olduğum için sakin bana güvenme. İşlediğin her suçta beni karşında bulursun. Kanunlara uymak zorundayız..."

İsmail hiç sesini çıkarmadan babasını dinliyordu. Babası susunca çekinerek başını kaldırıp babasına baktı. Ahmet oğlunun gözlerindeki pişmanlık duygusunu görünce biraz daha sakinleşti. Tam o sırada Dom Kilisesi'nin çanı tınladı. Ahmet saatine baktı saat 22.00'yi gösteriyordu. Uzun ve zor bir pazar günü sona erimişti.

KEMAL YALÇIN

1952 yılında Denizli'nin Honaz bucağında doğdu. İsparta Gönen Öğretmen Okulu'nda okudu. İstanbul Çapa Yüksek Öğretmen Okulu ve İstanbul Üniversitesi Felsefe Bölümü'nü bitirdi. Kırşehir-Kaman, İstanbul-Kabataş ve Bakırköy liselerinde felsefe öğretmenliği yaptı. 1978'de öğretmenlikten ayrılarak gazetecilik ve yayıncılık yaşamına girdi.

1981'de Almanya'ya geldi. Bremen Üniversitesi'nde "Bilgi teorisi - Türkiye'de felsefi düşüncenin gelişimi ve Şeyh Bedreddin" üzerinde çalıştı. Essen Üniversitesi'nde Türkçe öğretmenliği üzerinde dersler verdi. Halen Almanya'da Türkçe Anadil Dersi öğretmenliği yapmaktadır.

Yazarlık hayatına şiirle başlayan Kemal Yalçın, roman, öykü, şiir ve çocuklar için öyküler yazmaya devam etmektedir. Bugüne değin, bazıları Almanca, İngilizce, İtalyanca, İspanyolca, Yunanca, Fransızca ve Ermeniceye de çevrilen 20 kadar kitap yayınlamıştır. Kültür Bakanlığı Roman, Abdi İpekçi Dostluk ve Barış, Türkiye Yunanistan Dostluk ve Barış Ödülleri kazanan "Emanet Çeyiz"/"Die anvertraute Mitgift" (1988), "Seninle Güler Yüreğim", "Sarı Gelin" (belgesel romanlar) "Anadolu'nun Evlatları - Yüz Yılın Tanıkları" (biyografik öyküler) ile "Sürgün Gülleri", "Geç Kalan Bahar", "Barış Sıcağı" (şiirler) başlıca yapıtları arasındadır.

Achtung! Achtung!

Güneş Okulu'nun ikinci katındaki Zürafa sınıfında, 5. ders saatinin bitimine az bir zaman kalmıştı. 2. sınıf öğrencileriyle Türkçe anadil dersinde mevsimler konusunu işliyorduk. Ünitemiz "Zaman ve İnsan"dı. Kış mevsimini bitirmiş, bahar aylarını tahtaya yazıyordum.

Dışarıdan bir ses geldi.

"Achtung! Achtung!"

Tebeşir elimde kaldı. Bazı öğrenciler de kulaklarını ve gözlerini açtılar.

"Achtung! Achtung! Bir bomba bulunmuştur! Lütfen evlerinizden çıkmayınız!"
Deniz, gözlerini merakla açarak: "Öğretmenim! Bomba bulunmuş!" dedi. Bir
anda sınıfta korku rüzgarı esti. Bir kaç öğrenci daha:
"Öğretmenim! Bomba bulunmuş!" diyerek ayağa kalktı.
"Çocuklar! Bomba uzaklarda bulunmuştur! Merak etmeyin!" derken, polis
uyarıyı tekrarladı:
"Achtung! Achtung! Bir bomba bulunmuştur! Lütfen evlerinizden çıkmayınız!"
"Çocuklar! Polisler 'Bomba bulunmuştur! Evlerinizden çıkmayınız!" diye uya-
rıyor. Biz de sınıfımızdan çıkmayız! Dersimize devam edelim. İlkbahar aylarının
isimlerini yazıyorduk. Mart, nisan, mayıs!"
Sınıftaki korku rüzgarı gitmiş, öğrenciler sessizce bahar aylarını yazmaya
başlamışlardı.
Kapı çalındı. Öğrenciler dikkatle kapıya baktılar. Okul Müdürü Herr Zappalà
telaşla içeri girdi. Yanıma geldi. Öğrencilere duyurmadan, kulağıma fısıldadı:
"Bomba alarmı verildi! Öğrencileri bodrum kattaki sınıflara indiriniz! Aber
bitte schnel!"
Herr Zappalà, öğrencilerin meraklı bakışları arasında sınıftan ayrıldı.
Fısıltı öğrencilerin merakını uyandırmıştı. Gözleri büyüdü. Sormaya başladı-
lar:
"Öğretmenim ne var?"
"Öğretmenim Herr Zappalà ne dedi?"
Tebeşiri yazı tahtasının önündeki yerine koydum.
"Çocuklar! Okulumuzun yakınlarında bir temel kazılırken İkinci Dünya
Savaşı'ndan kalma bir bomba bulunmuş. Bomba imha uzmanları bombayı tehlike-
siz hale getirinceye kadar, hepimiz sessizce bodrum kata ineceğiz. Korkulacak bir
durum yok! Çantalarınızı burada bırakınız!"
Keşke "korkulacak bir şey yok!" demeseydim. Bazı çocukların yüzü hemen
değişiverdi. Kimisi ağlayarak bana sarıldı. Kimisi yerinde donup kaldı. Sınıfın en
yaramaz öğrencilerinden Deniz ise, korkanlarla alay ederek kendi korkusuzluğunu
kanıtlamaya çalışıyordu. Efkan ile Mert de Deniz'i taklit ederek gülüyor, ağlayanlar-
la dalga geçiyor, sıra kapaklarına vuruyorlardı.
Güven veren kararlı bir sesle tekrarladım:
"Çocuklar! Şimdi sessizce, koşmadan, ikişerli el ele tutuşarak, sırayla bodru-
ma ineceğiz. Çantalarınızı burada bırakın! Masanın üstündeki defterleriniz, kitapla-
rınız, kalemleriniz, her şey aynen yerinde kalsın!"
Gürültü patırtı kesildi. Öğrencileri sıraya koydum. Hızla ve dikkatle saydım.
14 öğrenci! 2 öğrenci eksik! Tekrar saydım. Efkan ile Mert yoktu! Tahmin ettiğim
gibi, arka taraftaki bilgisayar masasının altına gizlenmişlerdi.
"Ne yapıyorsunuz siz burada?"
Gülüşüyorlar. Onlara kızacak, cezalandıracak zaman yok! Onları da sıraya
koydum.

İkişer ikişer sayarak, sınıftan çıkardım. Koridor, merdivenler öğrencilerle dolmuştu. Öğretmenler, öğrencilerin korkusunu, heyecanını, telaşını, koşuşturmalarını önlemeye, zaman kaybetmeden öğrencileri bodruma indirmeye çalışıyorlardı. Bodrum kattaki üç sınıfa ve yemek odasındaki masalara 180 öğrenci, 12 öğretmen doluştuk. Her sınıfta 50-60 öğrenci var. Sandalyeler yetmedi. Kimi öğrenciler ayakta dikeliyor, kimi sıraların üstüne oturuyor. Gürültü, şamata... Bağıran çağıran... Çocuk sesleri çınlatıyor her yeri...

Bodrum kat sınıflarının pencereleri, okul bahçe seviyesinin iki metre aşağısında. Patlama olursa, bomba parçalarından korunmaya elverişli. Dışarıya bakınca pencerelerin önündeki eğimli toprağı örten çiçekler, yeşillikler ve çınar ağaçlarının gövdeleri görülüyor sadece. Okul bahçesini, çevreyi görmek imkansız. Sınıfta üç öğretmeniz. Öğrencileri sakinleştirmeye çalışıyoruz. Öğrencileri sakinleştirmenin tek yolu, oyun oynatmak! İlgiyi oyuna toplamak. Üç öğretmen bu konuda hemen anlaştık.

Frau Peters "Geigenmännschen" adlı kelime bulma oyunu başlattı. Her harfin yerine bir çizgi çizerek "Altı harfli bu şehir ismini kim bulacak?" diye sordu.

Sınıfta bir an sessizlik oldu. Öğrenciler şehir isminde olabilecek harfleri söylemeye başladılar.

"B"

"E"

"İ"

"BERLİN"

Anastasia buldu şehir ismini.

Bulan tahtaya geliyor. Bir şehir ismi soruyor.

15 dakika kadar sürdü bu oyun.

Deniz ile Mert gülüşmeye, birbirlerini iteklemeye başladılar. Sonra Sonya ile Marcel kavgaya tutuştu.

İlgi dağıldı. Oyun bitti.

Öğrenciler sormaya başladılar:

"Öğretmenim, bomba büyük mü?"

"Bilmiyorum çocuklar!"

"Öğretmenim, bombayı kim atmış?"

"İkinci Dünya Savaşı sırasında uçaktan atmışlar, fakat patlamamış. Bu güne kadar yer altında kalmış!"

"Öğretmenim, bizi niçin buraya indirdiniz? Neden ikinci kata kalmadık?"

"Bomba patlarsa, parçaları ikinci kat penceresinden içeri girer, bizleri yaralayabilir. Ama bodrum katı, toprak seviyesinden aşağıda olduğundan, bomba parçaları yukarıya fırlayıp gideceğinden, bize zarar vermez. Bu nedenle bodrum katına indik."

"Öğretmenim, eve ne zaman gideceğiz?"

"Bilmiyorum çocuklar. Bomba etkisiz hale getirilir getirilmez evlerimize gideceğiz."

Zil çaldı. 5. ders saati bitti. Bazı öğrenciler kapıya koştular. Sınıftan çıkıp gidecekler.

Engel olduk. "Çocuklar, Pause'de burada kalacağız. Lütfen yerlerinize oturunuz!"

Deniz:

"Öğretmenim, çişim geldi!" dedi.

Mert:

"Benim de geldi!" dedi.

Efkan:

"Benim de!" diye bağırarak ve iki eliyle önünü tutarak kapıya geldi. Her zaman böyle yapar zaten. Ne zaman canı sıkılsa, ne zaman dersi anlamasa "Çişim geldi!" der, önünü tutarak kıvranmaya başlar. Şimdi de aynı davranışı gösteriyor.

"Çocuklar, ne yazık ki, giriş katındaki tuvalete gitmek yasak!"

"Neden yasak?"

"Bomba patlarsa, toprak yüzeyinin üstündeki her şeye zarar verir. Eğer siz tuvalete giderken patlarsa, sizi yaralayıp öldürebilir!"

Bu açıklama öğrencileri daha da korkuttu. Çişi gelmiyenlerin de korkudan çişi gelmeye başladı. Deniz ile Mert kıvranıyor. Claudia ağlamaya başladı. Efkan iki eliyle önünü tutmuş, yüzünü buruşturuyor.

"Öğretmenim valla şimdi kaçıracağım! Duramıyorum!"

"Efkan, tuvalete gitmek yasak! Lütfen biraz daha sabret!"

Üç öğretmen, çözüm yolu düşünüyoruz. "Yasak!" demekle çocuklardaki tuvalet ihtiyacı giderilmez. Her yasak, çocuklarda ters etki yapar. Bunu biliyoruz. Ama ne yapacağız? Okul içinde sadece öğretmenler tuvaleti var.

Frau Trippler:

"Acil olanları öğretmenler tuvaletine götürelim." dedi.

Frau Pettersen:

"Acil olanı nasıl bileceğiz?"

Frau Trippler:

"Seçeriz!"

En çok kıvrananlar arasından, ciddi görülenleri seçmeye başladı. Çocuklar hemen sıraya girdiler. Hepsininki acil! Hepsi altına kaçıracak!

Beş öğrenciyi seçtik!

Efkan, Sonya, Deniz, Claudia ve Anastasia...

"Ben onları tuvalete götürüp getireyim." dedim.

Öğretmenler tuvaletinin önünde uzun iki kuyruk oluşmuş. Sırada beklerken Herr Zappalà'yı gördüm.

"Ne zaman bitecek bu alarm! Çocukları ne zaman göndereceğiz evlerine?" diye sordum.

"Ben de bilmiyorum!" cevabını verdi.

Tuvalet sırasındaki çocuklar kıvranıyor.

"Çabuk olun çocuklar, sırada çok bekleyen var. Acele ediniz!"

Nihayet tuvalete götürdüğüm 5 öğrenci, ihtiyaçlarını giderdi. Birlikte tekrar sınıfa döndük.

Frau Peters çocuklara şarkı söyletiyordu.

Üç dört şarkıdan sonra sesler yavaşladı ve kesildi.

Sınıftaki sessizliği, arka sıralardan gelen "Susadım!" sesi bozdu.

"Susadım!"

"Ben de!"

"Ben de!"

Frau Trippler "Çocuklar, su yok ama!" dedi.

Sanki "yok" kelimesi susuzluk duygusunu artırdı.

Çocuklar bağırışmaya başladılar:

"Çok susadım!"

"Susuzluktan bayılacağım!"

"Öğretmenim, çok susadım!"

"Çocuklar, ne yazık ki burada içme suyu yok! Lütfen biraz daha sabredin!"

Dediklerimi duymadılar sanki. "Susadım!" diyenlerin sayısı giderek arttı.

Üç öğretmen, "Ne yapabiliriz?" diye birbrimizin gözüne bakıyoruz.

Frau Trippler:

"Mutfağa bakalım! Meyve suyu varsa verelim!" dedi.

Frau Peters, "Ben bakayım!" diyerek mutfağa gitti. Geri geldiğinde, ellerini açarak "Ne yazık ki, mutfaktaki çocuklar dolaplarda ne varsa yemişler, içmişler, bir şey kalmamış!" dedi.

Bu haber çocuklardaki susuzluk duygusunu kamçıladı.

"Öğretmenim su!"

"Suları içip bitirmişler çocuğum, su yok!"

"Ne zaman eve gideceğiz?"

"Biz de bilmiyoruz çocuklar!"

"Öğretmenim su istiyorum!"

Frau Trippler:

"Çocuklar, meyve suyu, Mineralwasser kalmamış. Ancak isteyene çeşme suyu verebilirim." diyerek bir çözüm buldu.

En çok, "Susadım!" diye kıvranan çocuk, "Çeşme suyu içmem!" diye burun kıvırdı.

Demek ki, daha tam susamamış!

Frau Trippler, isteyen öğrencilere bardak bardak çeşme suyu verdi.

Tam susuzluk durumunu gidermek üzereyken polis uyarısı tekrar duyuldu:

"Achtung! Achtung! Kimse sokağa çıkmasın!"

Bu ses, çokların korkusunu ve sabırsızlığını artırdı.

Hiç korkmadığını söyleyen, ağlayanlarla alay eden Deniz "Öğretmenim korkuyorum!" diyerek ağlamaya başladı.

Sonra Efkan'ın yüzü sarardı. O da "korkuyorum!" diye ağlamaya başladı.

Efkan'dan sonra, Maria, Erika, Nico'nun gözlerinden yaşlar geldi.

"Anneme gideceğim!"

"Annem nerede?"

"Korkuyorum!"

Frau Peters ağlayanları avutmaya çalışıyor:

"Çocuklar az önce polis anonsunu duydunuz. Bomba henüz imha edilmemiş. Sokağa çıkmak yasak! Anneniz buraya gelemez. Siz de evinize gidemezsiniz. Bakın biz de sizinleyiz. Merak etmeyiniz!"

Zil çaldı. 6. ders bitti. Saat tam 13.35.

Normal günlerde olsaydı, şimdi anneler, babalar, dedeler, nineler çocuklarını, torunlarını almaya gelir, okul kapısında bekleşirlerdi. Çocuklar da masasını toplar, çantasını eline alır, koridordaki ayakkabı dolabında duran sokakta giyeceği ayakkabılarını aceleyle giyer, okul kapısında bekleyen annelerine, babalarına koşarlardı.

Ne güzeldir o an!

Bir çocuğun kendini bekleyen annesine doğru koşması, annesine sarılması!

Ne güzeldir, bir annenin okul kapısında yavrusunun beklemesi, yeni bilgiler öğrenmiş, işini yapmış olan yavrusunu kucaklaması!

En çok o anı, annnesiyle yavrusunun kucaklaşma anını severim! Sanki o an sevgi güneşi açar okul bahçesinde! Sanki o an, annesi ile yavrusu arasındaki sevgi güneşi benim kalbimi de ısıtır, bir günün yorgunluğunu alır gider.

Ama bu gün alışılmışın dışında bir gün! Ne okulun bahçesinde yavrularını bekleyen veliler, ana babalar var, ne de annesine sarılmak için koşturan çocuklar...

Okulun önü sessiz! Okulun kapısı yapayalnız!

Öğrencileri bodrum kattaki sınıflara dolduralı iki saat kadar oluyor. Çocuklar zil sesine göre anneler, babalar da saate göre şartlanmışlar.

Birinci büyük Pause zili, açlık ve beslenme duygularını canlandırıyor. Çocuklar sınıfta sabah kahvaltılarını yapacak ve sonra 20 dakika okul bahçesinde doyasıya koşup oynayacak.

6. ders saatinin bitiş zili ise, çocuklarda anne sevgisini, anneye kavuşma heyecanını uyandırıyor.

Saat 13.00'e geldi mi, çocuklarına kavuşma duygusu canlanıyor her gün annelerde... Giyinecek, sokağa çıkacak, okula gidecek, yavrusuna kavuşacak!

Ama bugün başka bir gün!

Çocuklar bodrum katındaki sınıflarda, ana babalar da evlerinde duramıyorlar. Okul telefonu durmadan çalıyor. Hep aynı soru:

"Çocuğumu nasıl alabilirim?"

"Bu yasak ne zaman bitecek?"

Çocuklar, "Ders bitti!" zilinden sonra yerlerinde duramaz oldular. Artık "Çişim geldi!" diye kıvranan yoktu.

Bir öğrenci "Acıktım!" dedi.

Bunu duyan çocukları bir anda açlık duygusu sardı.

"Öğretmenim acıktım!"

"Acıktım!"

"Acıktım!"

Frau Trippler, Frau Peters Alman öğrencileri, ben Türk öğrencileri sakinleştirmeye çalışıyoruz. Türkçe soranlara, Türkçe cevap veriyorum.

"Çocuklar biraz daha bekleyin! Henüz bomba imha edilmemiş! Sokağa çıkmak yasak ve tehlikeli!"

"Ne zamana kadar?"

"Biz de bilmiyoruz çocuklar!"

Pencere önünde oturan Arzu ağlamaya başladı.

Yanına gittim, başını okşadım:

"Anneme gideceğim!" diye ağlıyor, gözlerinden siyim siyim yaşlar akıyordu.

Hiç dayanamam çocukların ağlayışlarına. Duygularımı bastırdım.

"Elbette gideceksin annene Arzu!"

"Ne zaman?"

"Biraz sonra! Bomba zararsız hale getirilince."

"Ben şimdi anneme gitmek istiyorum!"

"Arzu, ağlama! Gidemezsiniz şimdi! Haydi al bu mendili, göz yaşlarını sil!"

Verdiğim mendille göz yaşalarını sildi. Bana sarıldı. Başını tam kalbimin üstüne yasladı. Siyah saçlarını okşadım. Sıcacık bir çocuk sevgisi aktı kalbime doğru.

Arzu'nun ağlamasını durdurmaya çalışırken sınıfı bir ağlama dalgası sardı. Sonya gelip sağ yanıma sarıldı. Mavi gözlerinden siyim siyim yaşlar akıyor. Mendil verdim. Göz yaşlarını sildi. Solumda Arzu, sağımda Sonya! Etrafımı ağlaşan çocuklar sardı. Hangisini avutayım?

Marcel, korkuyla ağlıyor.

"Arzu, sen biraz yanımda dur, biraz da Marcel'i alayım kolumun altına!"

Arzu'nun yerine Marcel geldi. Başını dayadı kalbimin üstüne.

"Ağlama Marcel!"

"Eve gitmek istiyorum! Annemi istiyorum!"

"Biraz sonra gideceksiniz! Haydi al bakayım bu mendili gözyaşlarını sil!"

Marcel'in başını okşuyorum. Gözyaşları dinmedi henüz. Elim ıslandı Marcel'in gözyaşlarıyla. Sıcacık bir sevgi aktı kalbime. Sevginin, gözyaşının rengi, ırkı, milliyeti yok! Sağımda Sonya, solumda Marcel ağlaşıyorlar.

Frau Trippler de bir Alman, bir Türk çocuğu almış kollarının altına.

Frau Peters'e de Afrikalı Babila ile, Ankaralı Ahmet sarılmış. Ağlaşıyorlar.

Frau Trippler'in telefonu yanındaymış. Çalmaya başladı.

Telefon sesini duyar duymaz, çocuklar sessizleşti.

Velilerden biri çocuğunu soruyordu.

"Merak etmeyiniz! Çocuğunuz burada! Sokağa çıkma yasağı biter bitmez gelip çocuğunuzu alabilirsiniz!"

"Ne zaman?"

"Ben de bilmiyorum!"

"Bilmiyorum" ve "Sokağa çıkma yasağı" sözlerini duyan çocukların telaşı, korkusu ve ağlaşmaları daha arttı.

Öğretmenlere sarılan öğrenciler değişiyor durmadan. Deniz, Marcel'in yerini aldı. Hıçkırara hıçkıra ağlıyor. Ah yaramaz Deniz! Ah yaramaz çocuk! Senin bu halini hiç görmemiştim.

"Korma, ağlama!" demenin artık anlamı yok! "Korma!" demek, daha çok korkutur hale geldi.

Üç öğretmen biribirmizin gözüne bakıyoruz? Bakışlarımızla konuşur olduk. Çocukların gözleri üzerimizde. Çok dikkatli olmalıyız! Kollarımızın altındaki çocukları yavaş yavaş yerlerine oturttuk. Üç öğretmen biribirmize yaklaştık.

"Ne yapacağız? Ne zamana kadar bekliyeceğiz? Bu çocukları nasıl bekleteceğiz?"

Bakışlarımız cevapsız kaldı.

Süresi belli olmayan bir bekleyiş içindeyiz.

Süreli bekleyişler, süreli zamanlar çabuk geçer. Ama süresiz zaman bekle bekle bitmiyor!

Bodrumdaki sınıfa ineli üç saate yaklaşıyordu. "Çişim var!" diyenler, "Susadım!", "Acıktım!" diyenler şimdi artık sadece "Anne! Anne! Anneme gideceğim!" diye ağlaşıyorlardı.

Frau Trippler'in telefonu çaldı yeniden. Hemen dışarı çıktı. Koridorda konuşup geldi.

Çocuklar merakla yeni bir haber bekliyor:

"Öğretmenim, ne zaman gideceğiz?"

"Bilmiyorum!" cevabını verdi Frau Trippler.

Zaman geçmez oldu! Çocukların bir kısmı başlarını masaların üstüne koydular. Yan sınıflardan gelen gürültüler de azaldı. Çaresiz, süresiz bir bekleyişin sessizliği sardı sınıfları.

Saat 15.00'i geçiyordu. Herr Zappalà güler yüzle sınıfa geldi. Çocuklar müjdeli haberi, Herr Zappalà'nın gülüşünden anladılar: "Çocuklar, polisten telefon geldi. Artık evlerinize gidebilirsiniz! Şimdi sessizce...."

Sevinç çığlıkları, Herr Zappalà'nın sözünü bastırdı... Ancak biz öğretmenler duyabilmiştik.

"Şimdi sessizce, öğretmenlerinizle birlikte, ikişerli sıralar halinde sınıflara giriniz. Eşyalarınızı toplayınız. Anneleriniz biraz sonra gelecekler."

"Yavaş olun çocuklar! Çantanızı unutmayın! Koşmayın!" diye diye öğrencilerimi okul kapısına kadar götürdüm.

Anneler, babalar, veliler gelmiş, meraklı gözlerle çocuklarını arıyorlardı. Çocuklar sevinçle kolarını açarak "Anne! Anne!" diye bağırarak koşuyor, bahar dalı gibi çiçekli, incecik kollarıyla annelerine sarılıyorlardı.

Anneler çocuklarını sevgiyle öperken okulun bahçesinde sevgi yıldızları uçuşuyordu.

Tam 60 yıl önce bitmiş bir savaştan kalan, patlamamış bir bomba dört saate yakın bir süre bize bunları yaşatmıştı. Ya gerçek bir savaş içinde olsaydık, alarm verilse, sığınaklara kapansaydık; okulumuzun bahçesinde, mahallemizde, evimizde bombalar patlasaydı kimbilir neler yaşardık?

Güzel, sevinçli, mutlu günleri düşünerek okuldan ayrıldım.

Savaşsız, korkusuz, barış içinde yaşamak çok güzeldi.

Bochum, 24 Şubat 2009

OĞUZHAN YOLDAŞ

1962'de İzmir'de doğdu. Küçük yaşta Almanya'ya geldi. 1982 Yılında RWTH - Aachen (Almanya) Üniversitesi elektronik bölümünden mezun olarak yüksek mühendis oldu. 1989-1993 yılları arasında Philips Medical Systems şirketinde Dortmund bölge sorumlusu olarak çalıştı. 1994 yılından beri Düsseldorf'ta bir hastanede tıp teknolojisi bölümünün müdürüdür.

Semi-profesyonel olarak çektiği fotoğraflar zaman zaman 'Foto Color' dergisinde yayınlanmıştır. Ayrıca, Neuss Türk Sanat Müzik Cemiyetinde (TURKUAZ) 2. başkan olarak müzik çalışmalarını sürdürmektedir.

2000 yılından beri Anadolu'da çektiği resimlerden esinlenerek şiirler ve öyküler yazmaya başlamış, 2001 yılında Duisburg Fakir Baykurt Edebiyat İşliği'ne katılmıştır.

İnternet ortamında çıkan "Anafilya" ve "Yankı" adlı dergilerinde yazıları yayınlanmıştır.

Berlin

Geniş caddeler, gösterişli dev müzeler ve çift katlı otobüsler bize ilginç ve güzel geliyordu. Yorulduğumuzu akşamları anlıyorduk. Bir zamanlar ortadan bir duvarla ayırılmıştı bu şehir. Ülkenin yüreği ikiye bölünmüştü sanki. Kimileri adını koymuştu hemen: "Utanç Duvarı".

1989 da büyük bir kalp ameliyatı geçirdi Berlin. Sonrasında ne duvar kalmıştı ne de "utanç". Her tarafı "Bypass" şeklinde geniş ve görkemli yollarla donatılmıştı kentin. Yıllar önce, Berlin'e ilk gelişimde Doğu Berlin'de yönler, Marx, Engels ve Lenin'in heykellerine göre belirleniyordu.

"...Büyük Marx heykelinden dört yol sonra sola giriyorsun ve ilk Lenin heykelinden sağa dönünce istediğin Bergama müzesini görüyorsun..." diye yol tarifleri veriyorlardı.

Ya şimdi?

Neredeydi o büyük komünistlerin izleri? Marx ve Lenin'in heykellerinin yerlerini büyük mağazaların reklam afişleri almıştı. Doğu Berlin'in hükümet sarayı (Palast der Republik) bile kat kat sökülmeye başlamıştı. Sanki Berlin geçmişin izlerini silmeye, yaralarını kapatmaya çalışıyordu.

Geniş yolların arasında gideceğim yeri bir türlü çıkartamıyordum. Aramaktan yorulmuştum aslında. Kaldırımda duran bir polis memurundan yardım istedim. Polis, "Evet, Brandenburger Kapısı'na bu yoldan gidiliyor. Yaklaşık 200 metre sonra sola döneceksiniz. Büyük afişlerin olduğu yerde." diye tarif etti. Tipik Berlin şivesi ile 'ş'leri uzattığını anlayınca sohbeti biraz sürdürmek istedim:

"Berlin'i iyi tanıyorsunuz. Berlin'densiniz değil mi?"

"Evet ben Batı Berlin'de doğdum ve burada büyüdüm."

"Batı Berlin'mi? Ama duvar yıkılalı çok oldu? Her iki taraf birbirine kaynamış. Berlin bir bütün olmuş? Hala Doğu ve Batı Berlin'den mi söz ediyorsunuz?"

"Evet duvar kalktı, yollar birleşti elbette. Şimdi de eskiden kalma tüm izleri silip unutmaya çalışıyorlar. Fakat bu şehir böyle birleşmez."

"Anlayamadım biraz daha açıklar mısınız?" diyerek konuyu derinleştirmeye çalıştım.

"Bakın, siz turist olarak geliyorsunuz ve birkaç gün içersinde tarihi eserleri ve müzeleri geziyorsunuz. Bizler ise bir ömür boyu bu şehirde yaşıyoruz. Doğuda yetişenler Marx'ın ve Lenin'in duyguları ile eğitilmişler. Artık onların ülkesi yok, tutunacak yerleri kalmadı. Kökleri sökülmüş insanlar...

Aynı tanrıya bile inanmıyoruz. Berlin'in ünlü Bergama Müzesi vardır. 2000 yıl evvel insanlar o müzede sergilenen bir çok tanrıya inanırlarmış. İşte bizlerin de öyle farklı tanrıları var.

Ortada gözle görülecek duvar kalmadı ama kafamızda hala o duvar duruyor sanki. Yüreklerimiz farklı çarpıyor. Yüreklerimiz birleşmediği sürece, bu şehir asla bir bütün, asla bir başkent olmayacaktır."

Yol tarifi için Polise teşekkür ettim. Hava kararmaya başlıyor. Brandenburger Kapısı'na yetişmem gerekiyor...

21. 02. 2007

LATİF SARI

10.10.1969 Aksaray'ın Ortaköy ilçesinde doğdu. Ortaköy Lisesi'nden mezun oldu. Halen, 1991'de öğrenci olarak geldiği Almanya'nın Düsseldorf kentinde yaşıyor. Kısa öykü ve şiir yazan Latif Sarı'nın şiirlerinin bir bölümü 2002 yılında "Yalnızlığa Adanmış Şiirler" adıyla yayınlandı.

Tutunmak

Bir an gittiğini sandığı hüzünler bir yerlerden çıkıp gelerek, rutubetli ağır bir yalnızlığa dönüştü. Adam, çocuksu bir iç çekişin kıyısında durup bekledi. Oysa eskiden olayların detayına girmez, yaşamın dertsiz ve kedersiz yüzüne ıslık çalar geçerdi.

Oysa şu anda içindeki sessizlik çoğalıp gözyaşına dönüşüyordu, sigaranın birini söndürüp birini yakmaktan başka elinden bir şey gelmiyordu. Nasıl tutunacaktı yaşama yeniden, hangi teselli oğlunu alıp getirecekti ona? Bunları kendine sormaya ne cesareti, ne gücü vardı.

Titreyen elleri birkaç kez kapıya uzandı, açtı. Günlerdir ilk defa oğlunun odasına giriyordu. Yatağın üstündeki okul resimlerine, parkta oynarken çektiği resimlere uzun uzun baktı. Onu kaybetmenin acısını içindeki boşluğa bırakıp, parça parça dağıtmak istedi, olmuyordu. Yine de kendini toparlamaya çalıştı. Elbise dolabını açıp oğlunun elbiselerini koklamayı, defterlerini karıştırmayı, tuttuğu günlüğü okumayı da düşündü. Pencerenin önündeki kafeste yorgun öten kuşa doğru yürüdü. Eline aldı, sağ parmağının ucuyla gagasına dokundu, gagasının altını okşadı. Parmak uçlarını kuşun kanatlarının üstünden birkaç kez gezdirdi. Oğlu öldüğü gün, nerdeyse kuşu salmayı bile düşünmüştü...

Karısı ona en çok ihtiyaçlarının olduğu bir zamanda çekip gitmişti. Cenazeye de gelmemişti. Belki haberi bile yoktu. Nefretle, ağız dolusu küfüretmek istedi, sonra içini çekip vazgeçti. Hangi cehennemde yanarsa yansındı, düşünmeye bile değmezdi o. Kuşu tekrar kafese bıraktı, yemliğine yem koydu, suyunu tazeledi.

Kendisi de bir açlık duygusu hisseder gibi oldu, sonra içine yeniden acı çöktü. Halsiz ve yorgun hissetti kendini. Belki biraz kendime gelirim düşüncesiyle bir kahve içmek istedi. Mutfağa geldi. Lavabonun üstündeki dolabı açtı, kahve yoktu. Diğer dolaplara baktı... Evde ne ekmek, ne şeker, ne kahve kalmıştı. Gidip birşeyler almalıydı. Kapıya doğru yürüdü.

Yorgun ve çekingen adımlarla, günler sonra ilk kez kaldırımlarda yürüyordu. Sırtındaki ağır yükün altında eziliyormuş gibi omuzları çökük ve başı eğikti. Sigarası çoktan sönmüş olmasına rağmen hâla dudağındaydı. Yanından geçen tanıdık birisi selam verdi, kafasını hafiften salladı. "Ne sığınacak gölge, ne de tutunacak bir dalım yok" diye düşünüp kederlendi. Bakışlarında çoğalan boşluklar, yarasının henüz çok taze olduğunu gösteriyordu. Birden birileri tarafından izlenildiği kuruntusuna kapıldı. Belki de onun hakkında ileri-geri konuşuyorlardı: "Oğlu bir daha gelmeyecek, karısı çekip gitti, zavallı adamın!" diyorlardı. Kafasını kaldırıp göz ucuyla balkonlara bakmak istedi, sonra vazgeçti. Belki de kimse kendisiyle ilgilenmiyordu, herkesin derdi kendineydi.

Alacaklarını almadan bakkalın kapısından döndü, lambalardan geçip, karşıdaki parka gitti. İki yanda sıralı çamların altından yürüyerek, bir banka oturdu. Kendi kendine "İyi ki eve gitmedim"dedi. Odalara ve eşyalara baktıkça içini, bir yerlerden çıkıp gelen nemli duygular dolduruyordu.

Ağaçların hoş serinliği ve kuşların cıvıl cıvıl ötüşü içini okşadı. Tatlı bir esinti saçlarında, yüzünde yaşamın güzelliklerine dair izler bırakarak gitti. On beş-yirmi metre ileride küçük bir gölcük vardı. Kazlar, ördekler, kavga-çığlık yaşama dört elle sarılmışlar, suda buldukları bir şeyden parçalar koparmaya çalışıyorlardı. Onlar için sadece yaşadıkları şu an vardı. Geçmişte yaşananları tekrar tekrar geriye sarıp seyrederek yaraların kanaması, kabuk tutması mümkün değildi. Geçmişte yaşamanın hayatı boğucu ve karanlık kıldığını, yalnızlığa mahkum bir gelecek arzusunun da önünde derin kuyular açtığını düşündü, kuşların o telaşlı ve kavgacı çığlıklarını izlerken. "Yaşamın bir yerinden tutunup, yürüyebilirim yeniden" diyordu içinden. Kuşları imrenerek, dalgın bir budalalıkla epeyce seyretti. Sonra içinde uyanan, kuşlar gibi telaşla bağırıp çağırma ve koşma dürtüsünü hissetti. Kalktı, gölün kenarına geldi. Gidip bir parça ekmek alıp, kuşlarla paylaşmayı düşündü...

Küçük bir tünelden geçerek, iki yanda marketlerin bulunduğu ana caddeye girdi. Kahve içilen bölüme oturdu. Bir şeyler ısmarladı. Kahvesini içerken, çiçek yaptırıp oğlunun mezarına gitmeyi düşündü. İçindeki rutubetli duygular yeniden kabarırken, kendi kendine, "Bir yerlerden başlamalıyım!" diye söylendi.

MEVLÜT ÂSAR

1974'te Ankara Üniversitesi Siyasal Bilgiler Fakültesi'ni bitirdi. 1978'de doktora öğrenimi için Federal Almanya'ya geldi. 1980 yılında Duisburg'da öğretmen olarak göreve başladı. Öğretmenliğin yanı sıra göçmenlerin eğitim ve öğretimi konusunda hizmet veren RAA adlı kuruluşta (Regionale Arbeitstelle) danışman olarak çalışıyor. Fakir Baykurt'un ölümünden sonra Duisburg Edebiyat Kahvesi ve İşliği'nin yönetimini üstlenen Mevlüt Asar, Kuzey Ren Vesfalya Eğitim ve Bilim Sendikası (GEW) "Çok-kültürlü Eğitim Politikası Komisyonu" üyesidir. "Gurbet İkilemi/ Dilemma der Fremde" adlı bir şiir kitabı ile "Yürekte Kalan İzler/Spuren im Herzen" adlı bir öykü kitabı var. Almanya'da hazırlanan bazı Almanca ve Türkçe antolojilerde öykü ve şiirleri, dergi ve gazetelerde ise kültür ve eğitim konularına ilişkin makaleleri yayınlandı.

Batı'ya Kaçış

Batı Berlin'e giriş yapılan sınır kontrol noktasına yaklaştıkça Erhan'ın heycanı daha da arttı. Arkasından gelen araçların sürücülerinin sellektör yapmalarından arabayı çok yavaş sürdüğünün farkına vardı. Ayağını biraz daha gaz pedalına bastırdı. Önüne zikzaklı bariyerler kurulmuş sınır geçiş noktası göründü. İçindeki kötü duygu yeniden yükseldi. Arka koltukla bagaj arasındaki, otomobil tamircisi arkadaşı Aykut ile yaptıkları özel bölüme saklanmış olan Jannet'in sesi çıkmıyordu. "İyi misin?" diye sordu. Jannet, duyulur duyulmaz bir sesle "Evet" diye yanıtladı. Erhan, "Geçiş noktasına geliyoruz. Sakin ol!" diye uyardı.

Oysa telaşlı olan kendisiydi. İçinden gelen bir ses, Janet'i Batı'ya geçirmeyi başaramayacağını, geri dönmesini söylüyordu. Geri dönüp Jannet'in evine çıksalardı. Kaldıkları yerden sevişmeyi sürdürselerdi, ne güzel olurdu. Onun memelerinin diriliği ve sıcaklığı hala avuçlarındaydı. Hayır, artık geriye dönemezdi. Bunu gerçekten çok sevdiği bu güzel kadına yapamazdı. Ona söz vermişti, bugün Doğu Berlin'den çıkaracaktı onu. Batı'da birlikte oturacaklar, hergün birlikte olacaklar, birlikte gezecekler, canları istediğinde sevişeceklerdi. Gözünde canlanan bu resimler cesaretini artırdı.

Kontrol noktasına geldi. Gri üniformalı, sarışın yeşil gözlü polisin işaretiyle durdu. Motoru kapattı. Tüm soğukkanlılığını toplayıp, kendinden emin bir sesle,

"Günaydın genosse!" dedi. Sesinin herzamanki doğal sesi olmadığını fark edince ürperdi. Sınır polislerini hep böyle,"yoldaş" diye selamlardı. Alay olsun diye değil, kendisini bir sosyalist saydığı için söylüyordu. Genç sınır polisinin kuru ve soğuk "günaydın"ı içindeki ürpetiyi daha da artırdı.

Genç polis, "Arabadan inin ve benimle gelin!" dedi. Arabadan inerek genç polisin ardından, pasaport ve arama işlemlerinin yapıldığı barakamsı binaya yürüdü. Derin nefes alıp verek heycanını yatıştırmaya çalıştı. Bir yandan da kendine moral vermeye çalışıyordu. Ne olacaktı sanki, yakalansalar! Sonunda ölüm yoktu ya. En çok birkaç sene hapis yatar çıkardı. Jannet için, sırf onun yeşil gözleri, ipek sarısı saçları için bile hapis yatmaya değerdi. Aklına birden, sürekli gidip geldiği ve sosyalisit düşüncelerini edindiği işçi derneğinde tanıştığı, eski devrimci Saffet geldi. Saffet abisi de Türkiye'de yıllarca hapislerde yatmış mıydı? İçindeki ses, "Ama o sosyalist bir ülkeden kadın çıkarmak yüzünden değil, devrimici eylemlerinden, görüşlerinden dolayı hapis yatmıştı!" diye itiraz edince, Erhan işin boyutunun ve ciddiyetinin farkına vardı. Gerçekten yakalanıp hapse atılırsa, dernekteki arkadaşların yüzüne bir daha nasıl bakacaktı? Yaptığı bir çeşit "karşı devrimcilik" değil miydi?

Polisin, "Pasaportunuz!" diyen sert sesiyle kendine geldi. Pasaportunu acele ile cebinden çıkartıp titrek bir sesle; "Bitte schön Genosse," dedi. Polis oldukça gençti. Bu Erhan'ının daha çok canı sıktı, çünkü özellikle bu genç polisler işlerini çok ciddi yaparlardı. Onu yumuşatabilmek için, "Siz yoldaşların işi çok zor olmalı!" dedi. "DDR'i siz koruyup kolluyorsunuz!" Pasaportu büyük bir dikkatle inceleyen genç polis, "Neden Genosse deyip duruyorsunuz?" diye çıkıştı. Erhan gülerek karşılık verdi, "Çükü ben de sosyalistim." Genç polis bu açıklamadan pek de etkilenmişe benzemiyordu. "Neden bu kadar çok sık Doğu Berlin'e gelip gidiyorsun?" diye sorunca Erhan irkildi. Gülerek yanıtlamaya çalıştı: "Dedim ya ben de sosyalistim, Doğu Berlin'i seviyorum, müzeleri geziyorum, kitap, kaset alıyorum..." Polis sözünü kesti, "Ceplerinizi şu masaya boşaltın, ceketinizi de çıkarın!" dedi.

Daha öncede bu tür aramalardan geçmiş olmasına karşılık, Erhan'nın kalbi küt küt atmaya başladı. Terlemişti. Alnında biriken ter damlacıklarını hemen eliyle sildi. Polisin durumu fark etmesinden korktuğu için heyecanı daha da arttı. Genç polis, camdan dışarıdaki arkadaşına birşeyler söyleyip, geri döndü ve Erhan'a eşyalarını öylece bırakıp dışarıya, arabaya gitmesini söyledi.

Erhan'ın dizlerinin bağı çözüldü. Bütün vücudu titriyor, ayakları kendini zor taşıyordu. "Neden Genosse bir sorun mu var?" diye sorarken sesinin çok belirgin bir şekilde titremesine engel olamadı. Polis "Evet" dedi, "arama yapacağız. Aracı şuraya çek!" Erhan arabaya doğru yürürken aniden durdu. Sonra bütün gücünü ve cesaretini toplayıp çıkış kapısına doğru koşmaya başladı. Bir kaç adım atmıştı ki, iri yarı bir sınır nöbetçisi Kalaşnikov'unun namlusunu göğsüne dayadı.

Çaresiz durdu, bitkin ve ağlamaklı bir yüzle, ellerini havaya kaldırdı. Kolları kelepçeli olarak askeri cipe bindirdiklerinde Janet'ten ve başına geleceklerden çok, dernekteki arkadaşlarının ve Saffet'tin yüzüne nasıl bakacağını düşünüyordu.

ZEHRA BİLTEKİN

1948'de Tokat-Niksar'da doğdu. İlk ve orta okulu bu şehirde okudu. Kars Kız Öğretmen Okulu'nu bitirdi. Türkiye'de yedi yıl öğretmenlik yaptıktan sonra, 1972 de Almanya'ya işçi olarak geldi. Bir yıl işçilikten sonra öğretmenlik mesleğine kavuştu ve öğretmen olarak çalışmaya başladı.

Türkçe Anadil dersleri için "Dilimiz Türkçe", "Güzel Dilimiz Türkçe" adlı iki ders kitabı yazdı. Edebiyat Kahvesi'nin "Aydınlığa Akan Şiirler" adlı kitabına şiirleriyle katıldı. Bazı dergilerde şiirleri yayınlandı.

Bu kitaptaki öyküsü, TRT-Int'in "Memleket Saati" programınca açılan kompozisyon yarışmasında birincilik ödülü almıştır.

Almanya Rüzgarı

Yazlığın önünde şezlongta yatarken, komşusu Ferhan Hanım'ın sesi duyuldu, yan balkondan.

-Eee sayılı günler tez geçer, ne zaman uçacaksın?

Bu soruyu duyunca rahatı kaçtı birden, derin bir iç çekti.

- Sorma, yarın bu zamanlar Almanya'nın bulanık, sisli semalarında olacağım, dedi.

- Seneye yine gelirsin!

Evet yine gelecekti. Fakat, dört mevsimin hüküm sürdüğü ülkesinden zorunlu olarak ayrılalı beri, yıllardır süren bu gidip gelmelerden bıkmıştı artık. Oysa, en zor koşullarda, en tehlikeli ve ucuz işlerde çalışarak, sağlam genç bedenini, hatta beynini ve ruhunu verdiği ülkede, altmış beş yaşına kadar çalışmak zorundaydı. Altmış beş yaşında ne kalacaktı acaba kendisinden geriye? Son zamanlarda aynalara sık sık bakamayışı da bundan değil miydi? Bir korku sardı bedenini. Gözlerini yumunca, nedense sağlık hizmetlerinin de orda daha iyi olduğunu düşünüverdi...

Marmara Denizi'nin kenarında bir yazlık alabilmişti, ama orada da gönül rahatlığıyla kalamıyordu işte. Türk insanın ortalama yaşam süresinin düşüklüğü geçti aklından. Ferhan Hanım'ın eşini düşündü. Geçirdiği kalp rahatsızlığı nedeniyle, yıllardır o sıcakta, denizi sadece balkondan seyretmişti. Bu yıl balkondaki sandalyesi boştu. Yine bir hüzün sardı içini. Ahh, şu Ferhan Hanım da nerden atmıştı bu lafı! Ama gerçeklerden kaçış yoktu, istersen kaç, kovalıyordu. Denizin maviliklerine daldı gözleri... Hüzünlü bir gülümsemeyle kendi kendine, "Uzun yaşayabilsem, ne olacak sanki?" dedi... Şimdi parası vardı, ama yapayalızdı...

Sanki Almanya'dan Marmara kıyılarına vuran bir rüzgar, onu alıp otuz yıl geriye götürdü. Nişanlısını Almanya'ya götürebilmek için çektiği zorlukları, buna karşılık değerinin bilinmemesinin acısını, onurunda açılan yarayı. Yarasını siyah bantlarla bağlamıştı, kanasa bile görmüyordu, ama sızısını hala yoğun bir şekilde hissediyordu. Olaylar bir film şeridi gibi belleğinden geçti: Onun uzun süren dil öğrenmesi, ardından kısa dönem askerliği, sonra oturma ve çalışma iznini alışı ve hemen ardından da sarışın ve genç bir Alman kızıyla çekip gidişi...

Ne tam olarak genç kızlığın sefasını sürebilmiş ne gelin olmanın mutluluğunu tadabilmişti. Annelik duygusunu tatmaya bile zamanı kalmamıştı. Buna bir de dulluğu eklenince Marmara'nın mavi sularına yansıyan film tamamlanmıştı. Güneş gözlüğünün sakladığı gözlerindeki yaş esen rüzgardan değildi....

Aslında hiçbir zaman çok büyük hayalleri olmamıştı. Hayallerinden biri de bir yazlıkta, sevdiğiyle yanyana şezlonglara uzanmış, tatlı tatlı sohbet edebilmekti... Nereden nereye geldiğinin ve nereye gittiğinin farkındaydı. Evet, her şeyin bir bedeli vardı. Ama herşeyi parayla satın almak mümkün müydü? Derin bir nefes alıp hayatını belirleyen şeyleri düşündü: HASRET, PARA ve SAĞLIK... İşte Almanya 'daki "İNSANIN ÜÇGENİ" dedi. Son zamanlarda yeni yeni imgeler üretir olmuştu. Bu imgeyi de beğenip, kendi kendine onayladı.

Yıllar önce, daha ömrünün baharında yoksulluğu yenmek için, ardında gözü yaşlı anasını bırakıp güneşli ülkesini terkederek 11 Ekim 1972 günü Almanya'ya gelmişti. Orada karnı doymuş, ama sağlığını yitirmişti. Marmara kıyısındaki bu yazlığa ise, anası gelmezse ancak birkaç haftalığına gelebiliyordu. O da göz açıp kapayıncaya kadar geçiyordu işte...

Zamanının bittiğini hatırlatan Ferhan Hanım'a tekrar öfkelendi. Oysa söz vemişti kendi kendine, tatilde cansıkıcı şeyleri düşünmemeye. Bedeni, gökle denizin aynı mavilikte olduğu bu güzel coğrafyada iken, aklının başka başka mekanlarda oluşuna ne demeliydi? "Güneş balçıkla sıvanamaz!" deyimini anımsadı birden, "Herhalde bu durumu anlatıyor olmalı,"diye mırıldandı. Acı gerçek, onu ne kadar bilinçaltına inmeye zorlasa da yufka bir yer bulup çıkıyordu ortaya işte.

Sezlonga tekrar uzandı, farkında olmadan saatine baktı. Yolculuk telaşından duramadı, güneşe henüz doymamış bedenini zorlayıp kalktı. İçeriye girdi. İstemeyerek yol hazırlıklarına başladı. Her zaman olduğu gibi, yaptığı ilk şey, el çantasına bir hırka ile bir çift çorap koymak oldu...

DİLEK ÂSAR

1953 yazında Ankara'da dünyaya geldi.
Basın Yayın Yüksek Okulu 2. sınıfından
ayrıldı. Evli ve iki çocuk annesi.
Almanya'daki yaşamını: "24 yaşımda geldi-
ğim Almanya'daki yaşamım, zaman zaman
çalışarak, ama çoğunlukla işsiz, her iki
durumda da evkadını olarak evde ve de
çoğunlukla üşüyerek geçti." diyerek betimle-
yen Dilek Âsar, edebiyatla olan ilişkisini ise
şöyle özetliyor:
"Ben okurken içim ısınır ve ta çocukluğum-
dan beri severim okumayı. Okumanın ben-
deki tek olumsuz yanı, beni yazmaktan alı-
koyması oldu. Okumaktan yazmaya zaman
kalmadı. Bir de, öyle çok yazılmış, öyle güzel
yazılmış ki, 'İnsan daha güzel neyi ve nasıl
yazabilir ki?' diye düşünmekten kendimi ala-
madım. Artık böyle düşünmüyorum. İçinden
gelen içinden, geldiği gibi yazmalı. Birileri
benim içimi ısıttıysa, belki ben de birilerinin
içini ısıtırım. Belli mi olur? Hayali bile
güzel!"

Benim Anna'm

Türkiye'de ilk bebeğimizi kaybetmiş, bu nedenle çok acılar yaşamıştık. İkinci kez bebek beklediğim anlaşılınca, Almanya'da yaşayan annem-babam yanlarına gelmemizi ve onu Almanya'da dünyaya getirmemi teklif ettiler. Apar topar çıkıp geldiğimiz bu soğuk ülkede ilk aylar, uzun zamandır hasret kaldığım aileme kavuşma sevinci, yeni yaşama, yeni çevreye alışma çabaları ve yeniden anne olma heyecanı ile çabuk geçti.

Anna ile tanışmamız, memleket hasretinin yüreğimi acıtacak kadar arttığı ve Türkiye'deki arkadaşlarımı özlemeye başladığım döneme rastlar. O, yanımızdaki daireye yeni taşınmıştı. Bir gün, orta boyu, balık etinde vücudu, uzun sarı saçları ama ille de ülkemin denizleri gibi koyu mavi, gülen gözleri ile kapımıza dikiliverdi. Anna kapının önünde durmadı, içeriye girdi. İçeriye girmesiyle de benim, hatta bizim yaşantımıza girdi. Güler yüzü, sıcaklığı, ilgisiyle tüm aileye sevdirdi kendisini. Kısa zamanda ailemden biri oldu. Beraber yedik içtik, beraber ağladık, beraber güldük.

Yemeklerimize bayılıyor, nasıl yapıldıklarını öğrenmek istiyordu. Bunun da en kolay yolu birlikte pişirmekti. Böylece en sevdiği yemeklerin yapılışını öğrendi benden. Zeytinyağlı yaprak sarması, nohut yemeği, poğaça, pilav... Ben de ondan çok şeyler öğrendim. Patates salatası, Pfannkuchen, Schnitzel... En önemlisi de yemek ve pasta tariflerini cesaretle uygulamayı öğrendim ondan. Hiç unutmam, bu cesaretle, hiç yapmadığım bir Türk yemeği olan içli köfteye birlikte girişmiştik de, patlayıp içi dışına çıkan köfteleri kahkahadan kırılarak kaşıkla yemiştik.

Anna da uzaklardan gelmişti, ta Almanya'nın güneyinden. O da çevresinden, sevdiklerinden ayrıydı. Ama bizi birbirimize yaklaştıran bu değildi. Onun sevgi dolu yüreğiydi. En sıkıntılı, ya da üzgün anımda karşıma çıkıverir, ya beni çağırır ya bana gelirdi. Hava güzelse beni birlikte dışarıya çıkmaya ikna ederdi. Ve ben her seferinde "Nasıl da bildi ne kadar bunaldığımı!" diyerek şaşar kalırdım.

Her geçen yıl dostluğumuzu daha da pekiştirdi. O, arada bizimle birlikte Türkiye'de tatiller yaptı. Türkiye'yi de çok sevdi. Birgün öğrenimine devam etmek için Düren'den ayrılmak istediğini söyleyiverince yüreğim burkuldu. Bizden epey uzağa, bir üniversite kenti olan Würzburg'a taşındığında, ne kadar üzüldüğümü anlatamam. Birlikte geçirdiğimiz bu üç yılın rüya olmasından korktum. Oysa araya giren mesafe bizi koparamadı. Sürekli haberleşiyorduk.

Bir süre sonra, biz de Düren'den ayrıldık. Önce Köln'e, daha sonra da Duisburg'a yerleştik. Bir Noel tatilinde Anna, arkadaşı Franz'la birlikte Duisburg'a geldi. Getirdikleri çam ağacını süsledik. Noel gecesi Franz flüt çaldı. Yaşadığımız en güzel Noel gecesiydi. Biz de onları Würzburg'da ziyaret ettik. Bize tarihi şehri gezdirdiler. Unutulmaz günler yaşattılar.

Franz'la birlikte olduğu yıllarda Anna'yla sık sık görüştük. İkisi birlikte nerdeyse her yıl Türkiye'ye tatile geldiler. Benim bile uzun yıllar görmediğim akrabalarımı, arkadaşlarımı ziyaret ettiler. Birkaç sefer de Türkiye'de onlarla beraber olduk. Bir yaz tatilinde Karadeniz kıyılarına gitmişlerdi. Orada hava soğuk ve yağışlı olduğu için kaçmışlar, soluğu bizim bulunduğumuz Didim'de almışlar, bu güzel sürprizle hepimizi sevindirmişlerdi.

Birgün, Anna Franz'dan ayrıldığını haber verdi. Üzüldük, çünkü Franz'ı çok seviyorduk. Ama yapacak birşey yoktu... Anna, bir süre sonra Regensburg'lu Roland'la evlendi. Oraya yerleşti. Roland'ı tanıyınca onu da sevdik. Haberleşmelerimiz, görüşmelerimiz devam etti. Kimi kez Almanya'da kimi kez Türkiye'de beraber olduk. Nefis bir şehir olan Regensburg'u bize doyumsuz kılan, şehrin güzelliği kadar, Roland'ın esprili rehberliğiydi. Bu arada bir kızları oldu. Adını "Selma" koydular. Dünya güzeli, bizim Selma'mız... Franz'la oluşan dostluğumuz da o kadar yoğun olmasa bile hala sürüyor. Geçenlerde telefon etti. Eşiyle birlikte birbuçuk aylığına Türkiye'ye gidiyormuş.

Bu yıl Anna ile arkadaşlığımızın 30. yıl dönümü. Ülkemin insanları ne zaman Almanlar hakkında olumsuz birşeyler söylese ya da bir takım genellemeler yapsa "Sizin de bir Anna'nız olsaydı böyle konuşmazdınız," diyorum.

İyi ki varsınız Anna'lar, Franz'lar Roland'lar!

İyi ki varsınız...

ÜMRAN KARTAL

1973 yılında İstanbul'da doğdu. İstanbul Üniversitesi'nde Amerikan Kültürü ve Edebiyatı eğitimini, Kadın Sorunları ve Araştırma Merkezi'nde yüksek lisans eğitimi izledi. "Varlık" dergisiyle basın-yayın dünyasına ayak bastı. 2002'de Müge İplikçi ile birlikte kaleme aldıkları "Cımbızın Çektikleri" adlı inceleme kitabı yayımlandı. 2001 - 2004 yılları arasında Radikal Kitap'ın editörlüğünü yaptı. 2004 Şubat'tan beri Almanya'da yaşıyor. Ruhr Universität-Bochum'da, Sosyoloji-Kadın Çalışmaları bölümünde doktora öğrencisi ve Mathias Can'ın annesi.

Arbede

Kimseye etmem şikayet
Ağlarım ben halime...
(Kemanî Serkis Efendi'den)

Aylardan Ağustos ama gökyüzü bunu bilmek istemiyor. Şakır şakır yağmur yağıyor. Bir çift ayak ivedi ilerliyor kaldırımda. Anne sözü dinlemeyen küçük bir kız misali, şap şap su birikintilerine basıyor. Kahverengi, eski, deri pardesüsünün etekleri dizlerine kadar düşüyor. Yağmur damlalarını biraz olsun engelliyor. İnşallah bu akşam dizleri ağrımayacak. Bu memlekete geldi geleli kemikleri sızlıyor. Koordinatları kuzeyi gösterdi göstereli. İçten içe.

Küçük bir kasabanın sıradan bir caddesi burası. Kaldırımlar geniş. Evler bakımlı. Pencerelerden, balkonlardan çiçekler sarkıyor yağmura inat. Renk renk. Yine de gri gökyüzünü delip geçemiyor bu cümbüş. Bisikletine binmiş biri geliyor karşıdan. Kafasında naylondan bir başörtü. Alışverişten dönüyor belli. Dudağındaki kırmızı ruju ne de güzel yakışmış beyaz kırışık yüzüne. Caddeden arabalar geçiyor. Silecekler bir o yana bir bu yana durmadan çalışıyor:

BitecekDinecekBitecekDinecekBitecekDinecekBitecekDinecekBitecekDinecek...

Ellerini göğsünde kavuşturuyor. Sırtını büzüp daha da hızlandırıyor adımlarını. Yine de, ne zaman geçse pencerede oturan yaşlı amcaya selam vermeyi unutmuyor. Birkaç adım sonra kursun kapısından içeri giriyor. Öfff öffff.... Yeniden, her şey yeniden... Yeni baştan, sil baştan. Ilık hava vuruyor yüzüne doğru. Az biraz sigara ve parfüm kokuyor içerisi. Herr Kakaman, kapının tam karşısındaki masasında, bilgisayarının başında oturuyor. Meriç'in girdiğini görünce kaş altından bakıyor şöyle bir. O kadar.

Masanın önündeki siyah deriden küçük sandalyenin ucuna ilişiyor Meriç. Her an gidecekmiş gibi. Herr Kakaman'ın arkasındaki duvarda Kakaman Sürücü Kursu yazıyor büyük harflerle. İki kocaman poster yan yana asılmış. Trafik kurallarının tümünü kapsayan resimler/çizimler var üstlerinde. İki metal dolabın arasındaki panoda fotoğraflar var. Mallorca, Mallorca, Ibiza, Mallorca, Sardunya, Alanya, Mallorca, Side... Güneşi özlediğini anlıyor.

-Şurayı imzalar mısın?

-Biliyor musun Herr Kakaman, hiç istemiyorum bu sınava girmeyi...

-Bak yüzdün yüzdün kuyruğuna geldin, pes etmek yok.

-Biliyorum, ama...

-Ama mama yok, ehliyetini koydun mu cebine, tüm bu sıkıntıların geçecek.

-Mesele de bu! Benim ehliyetim zaten vardı, neden tekrar sınava tabi tutuluyorum. Bir türlü aklım almıyor bunu... Bir türlü aklım almıyor!...

-Bak bunları geçen derslerde hep konuştuk, konuyu hallettiğini sanıyordum... Sana kaç kere söyledim bunu; kendi memleketinden başka bir yerde yaşamaya karar vermişsen oranın kurallarına uymak zorundasın. Bu bir tek sana uygulanmıyor ki, bütün göçmenler bu kurala tabi. Ehliyetin burada geçersiz, yenilenmesi gerekiyor. İş-te-bu-ka-dar! Haydi sınav görevlisi beyi daha fazla bekletmeyelim... Arabada kendisi.

Bütün göçmenlermiş... Dünyanın üçüncü köşesinden gelen göçmenler desene şuna... Geçersiz yaşamlar, geçersiz kimlikler desene!.. Sizi gidi küçük trafik canavarları, ehil olmanın vakti zamanı geldi desene!.. Arabanın anahtarlarını uzatıyor Herr Kakaman. Çıkıyorlar. Yağmur hala yağıyor. Hem de tam gaz. Arka kapıyı açıyor önce Meriç. Pardesüsünü çıkartıp koltuğa koyuyor. Tedirgin, "merhaba" diyor görevliye. Yumuşak başlı, sakin biri gibi görünüyor. Yine de yüzünün arkalarında bir yerlerde başka bir anlam ve ifade saklıyor sanki. Ne de olsa, Meriç'in ilk hatasında, evet ilk hatasında, sınavı bitirecek kudrette bir kişi o!

Direksiyona geçiyor Meriç. Yüzü ıslanmış, yüzünü kuruluyor. Yanına oturuyor Herr Kakaman. Birkaç haftadır birlikte çıktıkları sürüş derslerinde olduğu gibi. Sınav görevlisi de arka koltukta. Dizlerinde bilgisayarı. "Kimliğinizi görebilir miyim?" diyor. Küçük el çantasının içinden pasaportunu çıkartıp uzatıyor. "Buyrun," diyor. Kimliğini ne zaman birilerine uzatsa yabancılığı ikiye katlanıyor sanki. O lacivert defterciğin içine eciş bücüş sıkışıyor.

Yağmur, ah, bari bugün bir mola verseydi. Benim bildiğim yaz sıcak olur. Sıcak. Kemiklerini ısıtan bir sıcak. Boncuk boncuk ter akmalı yüzünden aşağı.... Tıpkı bundan yıllar önce, yirmili yaşlarının başındayken girdiği ehliyet sınavındaki günde olduğu gibi. Uzun saçlarını at kuyruğu yapmadığı için biraz pişman olmuştu o gün Meriç. Yanında toka da yoktu, ki toplasın. Elleriyle karıştırmıştı birazcık saçlarını, ensesi hava alsın diye. Önünde uzanan yola, hafifçe yükselen tepeye bakmıştı. Yolun iki yanında uzanan sarımtırak ovaya...

Beş yüz metre ileri, beş yüz metre geri gitmişti. O kadarcıktı sınav. O kadarcık. Baştan savma bir sistem ama napalım; dünyanın bu köşesine doğduysak suç bizim mi diye düşünmüştü. Yolun iki yanındaki derme çatma evlere takılmıştı gözleri. Başı boş gezen kedilere, köpeklere. İplerde asılı beyaz çamaşırlara. Kurumuşlardır çoktan bu havada diye düşünmüştü. Burada, bu memlekette hemen hemen kimse çamaşırını asmaz dışarı, ne garip. Balkonlarda çamaşır göremezsin, evden eve bir ip gerilmemiştir ıslak çamaşırları asmak için. Mahremi korumak gerekir. Gerçi hava da ıslak burada, kurutmaz ki çamaşırları dışarı assan. İklim, nasıl da kültürü belirliyor.

Görevli, Meriç'in kimliğine ait bilgilerin doğru olup olmadığını kontrol ediyor. Fotoğraftaki kişiyle sınava giren kişinin aynı olup olmadığını da onayladıktan sonra pasaportu geri veriyor. Çalıştırıyor arabayı Meriç. Sıkı sıkı yapışıyor direksiyona. Hiçbir şey göremiyor o an sanki. Silecekleri açıyor: BitecekDinecekBitecekDinecekBitecekDinecekBitecekDinecekBitecekDinecek... Sola sinyalini veriyor. Omuz üzeri bakışını unutmuyor. Herr Kakaman rahatlıyor. Derin bir nefes alıyor Meriç. Omuz bakışıymış!... Ya aynadaki kör noktaya rastlamışsa yandaki araba, omuz üzerinden kısacık bir bakış fırlatmak gerekirmişmiş! Miş!

Akan trafiğe dahil oluyor Meriç. Yüz metre kadar gidiyor ve duruyor. Kırmızı yandı. "Buradan sağa dönelim lütfen," diyor sınav görevlisi. Bir dakikaya yakın bekliyorlar ışıkta. Sonra sarı ve derken yeşil yanıyor. Dönmeden biraz önce özenle başını sağa çeviriyor. Kaldırımdan gelen bir bisikletli ya da bir yaya yok. İlerleyebilir. Debriyajdan ayağını kaldırırken gaz veriyor yavaş yavaş.

Sadece 50 km. hıza izin var bu yolda. Geçiş önceliği ona ait. Şu ortası sarı renkli, baklava dilimi biçimli tabeladan anlaşılıyor bu. Abartı olmasın ama adım başına bir tabela düşüyor sanki. Her kural itinayla yol kenarlarına bir tabelayla yapıştırılmış gibi. Bir iki kilometre öylece ilerliyor Meriç. Sol yanında pastaneyi geçiyor. Cam kenarındaki bir masaya oturmuş yaşlı bir adam ve yaşlı bir kadına ilişiyor gözleri. Kahvaltı ediyorlardır bu saatte. Ağır ağır. Kahvelerini yudumluyorlardır yavaş yavaş. Küçük sandviç ekmeğini enlemesine ikiye ayırıyorlardır. Bir yarısına marmelat, diğer yarısına salam koyup, ısıra ısıra yiyorlardır. Kahvaltıda yenilen o küçücük sandviç ekmeğini koca bir ekmeği dilimler gibi dilimleyerek, lokma lokma yer hala Meriç. Kaç yıl oldu göçeli, elleri hala çatal arar kahvaltı sofralarında, parmak uçları ince belli çay bardağını özler. Domates ve salatalığa yer açılsın ister. Zeytin ve beyaz peynirin kahvaltı sofralarına değil, mangal partilerine ait olduğunu ise hala kabul etmez damağının tadı. Ah, şimdi bir çay bahçesinde oturup simit yiyip, çay içmek vardı.

Görevlinin sesiyle irkiliyor Meriç. "Soldan ikinci sokağa girelim lütfen." Hemen sola sinyalini veriyor. Yolun soluna doğru çekiyor arabayı. Karşıdan üç araba geliyor arka arkaya, onların geçmesini bekliyor. Sonra usulca dönüyor. "Şu sağ tarafta önde mavi arkada kırmızı arabayı görüyorsunuz. Aralarına park edelim lütfen."

Park etmekten korkmuyor Meriç. Yanlış park ederse düzeltme şansı var çünkü. Mavi arabayla aynı hizada duruyor. Bir tur sağa çeviriyor direksiyonu. Geri vitese takıyor. Sağ kolunu, yıllardır alıştığı üzere, yan koltuğa doğru atacak gibi oluyor, ki hatırlıyor. Sadece başını arkaya çevirecek, iki eli de direksiyon da kalacak. Burada böyle. Arabanın önü yandaki mavi arabanın kıç hizasına geldiğinde duruyor. Direksiyonu tam sola kırıyor ve iki hamlede park ediyor. Herr Kakaman mutlu mesut halinden, biraz daha rahatlamış görünüyor.

Park ettiği yerden çıkıyor. 30 km. ile gidilmesi gereken küçük bir caddede olduğu için bir müddet 30 kilometre hızla ilerliyor. Büyük bir dikkatle, özenle. Sanki 30'la değil, 31'le gitse, ayağı birazcık, yanlışlıkla, istemeden gaza basıverse arkadan görevli tamam kenara çekin lütfen sınav burada bitti diyecek. İç organları, kan damarları, sinir uçları bu harbe katlanamıyor da, o derisi yok mu o derisi, nasıl da altındaki harabeyi örtüyor. Arbedeyi saklıyor.

Ana caddeye çıkana kadar sağdan gelene yol vermesi lazım şimdi. Bu yüzden sağda kalan her yol ağzında başını sağa çeviriyor, ayağını fren pedalının üstüne koyuyor. Pür dikkat. Görevliye bu kuralı bildiğini göstermiş oluyor böylece. Meriç'in bu kuralı anladığını, içine sindirdiğini, ezberlediğini kendi gözleriyle görmesi gerekiyor görevlinin, açık ve net bir biçimde. Çooook öncelerden ehil olma sınavını öyle ya da böyle vermiş olmak, memleketin o karmaşık, çapraşık, kalabalık caddelerinde yıllarca direksiyon sallamış olmak onu hiç mi hiç ırgalamıyor. Biraz oyunculuk istiyor bu sınav. Kendini göstermen gerekiyor Meriç.

Ana caddeye çıkıyor.

Yerleşim birimleri yavaş yavaş arkada kalıyor. Evler seyrekleşiyor. Fabrika bacaları görünmeye başlıyor uzaklardan. Geniş tarlalar var yolun iki yanında, kocaman rüzgar gülleri tüm enerjileriyle el sallıyorlar. Üzerinde 70 yazılı tabelayı görüyor. Hızını artırabilir. Üç dört kilometre bu hızla gidiyor. Yolun solunda ve sağında kendilerine ayrılan özel yolda birkaç kişi bisikletleriyle ilerliyor. Bana mısın demiyorlar, bu yağmurlu, bu puslu, bu evde oturalısı kasvetli, sıkıntılı havada bile bisikletle yol almaktan keyif alıyor bu insanlar. Meriç bisiklete binmeyi bilmiyor. Nereden bilsin? Doğup da büyüdüğü koca kentin yedi tepesi izin vermiyor buna. Oysa buralar ovadan ibaret. Coğrafya, nasıl da kültürü belirliyor.

Sağda bir tabela takılıyor gözüne. Dikkat. Yol çalışması. 50 km. Hızını hemen 50'ye düşürüyor. Herr Kakaman memnun halinden. Meriç her şeyi olması gerektiği gibi yapıyor.

Belli bir hızı tutturmak zorunda olmak ne kadar zor. Ondan da zoru arka koltukta seni birinin izliyor oluşu. Sanki onun gözleriyle, elleriyle, bedeniyle kullanıyor arabayı Meriç. Kendi o an, orada değil sanki. Her şey koca bir sanki.

Yol çalışmasının bitiminden birkaç metre sonra tabela yine 70'i gösteriyor. Dördüncü viteste giderken biraz ilerde küçük bir dört yol ağzına geliyor, kırmızı yanıyor. Sağdan ya da soldan herhangi bir araba geldiğinde otomatik olarak yanıyor ışık. Anayola çıkacak olan arabanın ve dahi anayoldaki arabanın tam güvenliği için bütün bunlar. İyi güzel de, her şey ince ince düşünülmüş de şu bulutlar hiç dağılmayacak herhalde. Sileceklerde hal kalmadı: BitecekDinecekBitecekDinecekBitecekDinecekBitecekDinecekBitecekDinecek... Bu yol otobana çıkıyor.

Söylenene göre, zamanında Hitler yaptırmış bu kadar çok otobanı bu memlekette. Sağlam ve hızlı ve dahi güvenli bir dağıtım ve ulaşım için. İlginç. O zamanın kötü emelleri şimdi şehirlerarası mesafeleri kısaltıp, iyi emellere hizmet ediyor. "31 no.lu otobana çıkacağız" diyor görevli, "Richtung Oberhausen." Otobana giren yola dönüyor Meriç. Direksiyona iyi hakim olması gerekiyor. Burayı da atlatırsa sınavın/sınanmanın sonuna gelmiş olacak. Viraj, bir soru işareti gibi uzuyor önünde:

"Sahi sen neden geldin buralara?"

Düşünüyor.

İlkokul birinci sınıftayken Semiha diye bir arkadaşım vardı. Yanımda otururdu. Bir gün "Biz Hollanda'ya gidiyoruz" deyiverdi. "Niye?" dedim. "Babam öyle istedi" diye cevap verdi. İstanbul'da mı bu Hollanda? Galiba değil...

"Okula orada mı gideceksin?"

"Evet... babam bir ilkokul bulmuş bile... oraya yazdıracakmış beni."

"Peki şimdi yanıma kim oturacak benim?" diye sordum.

Öylece kalakaldım. Yıllarca bakakaldım. Çocuk aklımla. Uzaklara.

"Bu kadar basit demek! Çocuk aklına uydun!"

Kaşlarını çatıyor.

Hiç de basit bir şey değil bu! Çocuk aklı, aklına koyduğunu yapar! Er veya geç!

"O zaman niyedir bu direnç?"

Gözleri sulanıyor.

Kendime bir yer bulamadım! Yetmez mi? Kendimi bildim bileli hep bir yerlere kapatılmış olduğumu hissettim. Sınırlanmış. Halbuki, dedim, bu ülkeleri bu haritaları yaratan bizler değil miyiz? Bu ülkeler, bu topraklar bunlar hepsi, ama hepsi bu dünya üstünde bir yer değil mi?

Ha o toprakta yaşamışsın ha bu toprakta, ne fark eder ki dedim. Ama fark ediyormuş işte! Şimdi anladım. Yurt dediğin, unutamadığımız çocukluğumuzmuş. İçimize yer eden alışkanlıklarımız ve dahi hatıralarımız varmış bizim meğer...

"Meğer!"

Avuç içleri terliyor.

Meğerse bedenden çok zihin aitmiş toprağa! Bilemedim. Bilemedim. Bilemedim.

"Her şeyi yeni baştan yap" dediler işte bu yanımda oturan adamlar var ya, işte onlar ve onun gibiler; üstünde sadece bir 'post-it' gibi yaşayabildiğim bu toprakların temsilcileri "Sana bir ayar çekeceğiz" dediler. "Unut dediler!" Ne adına? Bir-uyum-olsun-bir-uyum-her-şey-ama-her-şey-bir-olsun adına! Yol aldığım bütün kilometreleri sıfırladım. Tüm melekelerimi yitirdim. Yitirdim de, kendime yeni bir biçim edinemedim.

Çenesi titriyor.

Sustum kaldım. Dönüp dönüp kendime aktım. Yağmur sularıma su ekledi. Taşamadım. Anlatamadım. Başka bir dilde yaşayamadım. Satır aralarını kaçırdım hayatın. Eksik kaldım. Güneş hep batıyordu burada, ısınamadım. Her şeyin neredeyse mükemmel olduğu bu düzenli, bu sakin, bu huzurlu yerde ben, yolun yarısını çoktan aşmış olan ben, sıkı ve sıcak kundak edilmemiş bir bebek gibi üşümeye başladım. Velhasıl küçücük oldum. Velhasıl eridim. Velhasıl koca bir hiç oldum. Velhasıl yok oldum.

Virajın sonuna geldiğinde, otoban ana şeridine geçebilmek için yavaş yavaş gaz vermeye başlıyor Meriç. Herr Kakaman'a bakıyor kısa bir an. Görevli, arka koltukta sessiz, yolu izliyor.

İyice köklüyor Meriç. Hızlandıkça hızlanıyor yağmur. Hızlanıyor hızlanıyor hızlanıyor. Çarpıyor da çarpıyor. Tüm hızıyla. Ön cama. Silecekler canhıraş:

BitecekDinecekBitecekDinecekBitecekDinecekBitecekDinecekBitecekDinecek...

Sol dış aynadan ve iç aynadan yan şeridi kontrol ediyor. Bir TIR geliyor arkadan. Koca bir TIR. Yaklaşıyooor yaklaşıyooor yaklaşıyooor, kocaman ağzını açıyor. Omuz üzerinden şöyle bir bakıyor Meriç. Kırıyor direksiyonu sola. TIR, Meriç'i yutuyor.

OSMAN ULUTAŞ

1976'da Konya'nın Ereğli ilçesinde doğdu.
Orta okul ve liseyi aynı ilçede bitirdi.
1995 -1977 yılları arasında çeşitli dergi ve
gazetelerde çalıştı.
Uğradığı siyasi kovuşturmalar nedeniyle
1997'de ülkesini terk ederek, mülteci olarak
Almanya'ya geldi. Çeşitli dergilerde ve de-
mokratik kurluşlarda çalıştı.
2002'den beri F.B. Edebiyat Kahvesi üyesi
olan Osman Ulutaş, şiir, öykü ve roman ala-
nında serbest yazın çalışmalarını sürdürüyor.
Başta "Varlık" ve "İmlâsızlar" olmak üzere
çeşitli dergilerin yanısıra internet ortamında-
ki bazı dergilerde öykü ve şiirleri yayınlandı.

Düşcan

Önce içimde sessizliğin yarattığı korku. Sonra sessizliğin içimde uzarken, önce kıvılcımlanan, sonra harlanarak büyüyen kuşkular.

Sabah, evinizin bahçe kapısından gayri ihtiyari içeri giriyorum. Sana geliyorum. Yağmur yağmış olmalı, ben gelmeden önce buraya. Yer yer ıslak, nemli mozaik taş merdivenlerden çıkarken, alnıma yeşil sarmaşıkların serinliği vuruyor. Çok heyacanlanıyorum, o an "işte şimdi ölebilirim!" diyorum kendime kapıya yaklaşırken. Sana bu gelişim, daha doğrusu bu yaklaşma arzum nedensiz ve farkında olmaksızın. Çok garip, biliyorum. Ama, unutma bir yoldayım sadece düşlerde düşmüş, düş-düşkünü. Sana geliyorum.

Açtığım ilk kapının ardında, geniş bir salonun ortasında buluyorum kendimi. Seni hemen bir görebilsem! Erafıma bakınıyorum. Salon masasız. Boylu boyunca uzun pencerenin önünde, uzun boylu bir divan yalnızca. Sonra kapıyı fark ediyorum, taraçaya açılan kapıyı. Bir kadın sonra, önümden geçip taraçanın kapısına doğru giderken, hem tanıdık hem tanımadık bir edayla orta yaşlarda bir kadın, gözleri düşmanca üzerimde. Bu kadın annen mi, yoksa evinizdeki bir misafir mi, onu düşünüyorum. Hayır, annen değil, o çok yaşlı, söylemiştin. Fısıldamıştın kalabalıkların, kargaşaların ortasında bir gün.

Öfkeliyim, sitem, serzenişlerle doluyum. Seni arıyor, sesini duymak istiyorum. Uzunca ayrı kalışın ve sessizliğin, o an bir daha beynimde zonklamasıyla yürüyor, rastgele bir kapıyı açıyorum. Açıyorum kapıyı, seni bulmak-görmek-izine bir parça olsun rastlamak istiyorum. Heyacanla araladığım kapının ardından alnıma güneş gibi doğan beyaz tüllü bir pencere. Bu ne güzel, mutena bir oda? Doğuya bakıyor, günün ilk ışığı şafak sökünce vurmuş. Odanın ortasında bir yatak, yatağın ortasında ince bedeninle bir kıvrım olmuş sen. Sana benzeyen ne kadar çok, o çoğu hallerine mahsus bebekler var sağında ve solunda, resimler, salkım saçak yerlere sarkmış rengârenk kordelalar.

Sabahın taze ışığı yüzüne yayılmış, gözlerin canlı, sanırım hayli olmuş sabaha uyanalı, saçların omuzlarına - ama onlar uykusuz, darma dağınık akmış kara kahverengi. Hiç uyumamışsın ama yüzün gecenin hiçbir eskiliğini, ağırlığını da taşımıyor. Zevahirinde karanlıklar dağılmış, göz göze geliyoruz. Güçlü, kendine bir dolu güvenle bakıyorsun. Yanında yedi-sekiz yaşlarında bir kız çocuğu. Sana benziyor, üç-beş yaş küçültüp orandan burandan, bir bu bir o huyundan çıkarırsak, tıpkı sen! Küçük bir kız kardeşin yoktu senin. Belki Berlin'deki kuzenlerinden biriydi. Belki de içindeki uysal, sevimli, seninle hep uyum içinde olan, yani çocukluğundan kurtulamamışlığın, içindeki öteki sendi o küçük kız.

Hiç konuşmuyoruz, utanıyorum öyle çat-kapı odana girişimden. Ve o devasa aldırışsızlığınla içim eziliyor. Zorlanıyorum, sıkılıyor, utanıyorum. Biliyordum, gelmemeliydim buraya! Sonra senden özür dileyip, usulca odadan çıkıp, evin salon bölümüne geçiyorum. Niye buradayım, neden geldim? Ağır bir sessizliğin ortasındayım. Sana karşı içimdeki tüm itkiler dağılıyor.

Her an büyüyüp derinleşen bu sessizlik neyin emaresi? Nereye götürür? Kapıldığım korkuyla oturuyorum evinizin önünde, delirmenin beton soğuğu eşiğinde.

Salonun içerisinde amaçsız dolaşıyorum. Birden kalabalıklaşan evinizde, tanımadığım yüzler, şaşkın bakışlarımın arasında, yarı telaşlı, odalardan odalara girip çıkıyorlar... İhtiyar bir kadın, ve o yine orta yaşlardaki, beni hem tanıyıp hem tanıyamama edasıyla yanımdan geçip giden o kadın. Sonra senin sevimli ikizin, benim ikizlediğim o sevimli küçük kız ve hemen ardından bambaşka bir görünümde, yanında emsalin genç bir kadınla sen. Olgun, biraz kendiliğindenci, çok yaşamış ve görmüş, hayatta bir çok tecrübe edinmiş bir kadın şuhluğuyla gülümseyerek geçip gidiyorsun yanımdan. Hiç karşılaşmamışız, tanışmamışız sanki hiç; bakışların aldırışsız, sessizce geçip gidiyorsun önümden. Tutulup kalışım, ketum oluşum, kaskatı kesilip kalışım sonra...

Bilmeden girdiğim odandaki senle, salondan geçerkenki sen halin daha başka, değişmişsin evet. Boyun biraz daha uzun, tevazu giyinmiş, gözlerinde takılı gözlüğün - oysa, seni hiç gözlüklü görmemiştim. Kendine ve etrafına hükmeden bir duruşun var. Ancak, nedendir ne kadar dirençli ve dik durmaya çalışsan da zorlanıyorsun. Bundan dolayı, hayatında hâla içini ezen eski mutsuzlukları taşıyor olduğunu düşünüyorum o an.

İlk karşılaşmamızdaki siyah-yeşil kareli pantolonun yok üzerinde. Burnunda hızman takılı değil. Bakışlarında o ilk canlılık yok. Gözlerinin ağu yeşili puslu. Arayan bakışların sahibi değil bu gözler; her şeyi elde etmişsin, hiçbir şey aramıyorsun.

Tutuk ve yorgun, sizin evde bir odada uyanıyorum (bir düşte bir uykudan uyanmak). Ne tuhaf, şimdiki odama ne kadar da benziyor evinizde uyandığım oda.

Günlerce odanın ortasına saçılmış duran elbiseler. Pencere pervazının tozu. Susuzluktan saksılarda kurumuş çiçekler, boş parfüm kutusu, kültablasında hiç eksik olmayan birkaç sigara izmariti, karyolanın soğuk demiri, masanın üzerinde duran eski bir gazete sayfasında katil yüzlü çirkin bir politikacının resmi. Hep yarı açık pencereden sızan egzoslu hava, insanın yalnızlığını avutan otomobillerin gürültüsü, insanların koşuşturmaları. İçimin o alışılagelmiş miskin yorgunluğunda artık ayırt edilemeyen rüya ve gerçeğin benzeşimleri. Odanın içinde o iki kadın.

"Ne olmuş buraya böyle, kimin bu eşyalar? Ne kadar dağınık ve kirli burası!" diyor orta yaşlarda olan kadın. Oysa kim olduğumu dahi sormuyorlar, orada bir yabancı olmama rağmen. Peki, kim misafir etmişti beni o gece? Kaskatı kesiliyorum, dilim ketum konuşamıyorum.

Çıkıyorum oradan, terk ediyorum evinizi, bir daha dönmek yok! Düşüyorum rastgele yine bilmeden yollara. Yolluyorum işte kendimi kendimden habersiz. Nasıl da boğulup kalmışım o evde sessizliğinin kıskacına takılıp!

Kasabaya düşüyor yolum, taşralı bir yerleşim alanına. Yaklaşıyorum. Tozlu sokaklar, birbirine uzak duran evler, bir görülüp kaybolan bir elin parmak sayısını geçmeyen insan silüetleri. Biraz daha yaklaşıyor, sokuluyorum. Herkes kendi kabuğuna çekilmiş sanki burada. Ne mutluluğun ne de mutsuzluğun okunabildiği hayatarını sürdürüyorlar. Yalnızlığın yarattığı tedirginlikten bir an kurtulup karşıma çıkan ilk evin kapısına bir sığıntıya kavuşabilme umuduyla yaklaşıp açıyorum. Ev kimin, bilmiyorum. Açtığım kapının ardından yüzüme çarpan bir ıssızlık, bir koyu sessizlik yine. Genç bir kadın odada, o da hem tanıdık, hem tanımadık münzevi bir edayla bakıyor bana. Konuşmuyor, kim olduğumu sormuyor. Başını çevirip devam ediyor önündeki işine. İçeride varlığımdan habersiz, oyun dünyalarına kurulmuş boy boy, çığlıkları hiç duyulmayan çocuklar. Oysa ben de böyle bir yerde büyümüştüm. Ses dolu zamanlardan geçerken çocukluğum, kulakları çınlatırdı çığlıklarım. Bazen yalnızlığın ıssızlığında kurduğum oyunlarla, her yaz mevsimi komşu bahçelerde kurduğum düşler bir de.

Uyandım, yoktun!

SULTAN ALTAN ABUT

1958'de Aksaray'da doğdu. Liseyi Adana'da yatılı kolejde okudu. Yüksek öğrenimini Konya'da tamamladı. 1981 yılında Almanya'ya geldi. Sosyal pedagog olarak okul projelerinde çalıştı. Yetişkinlerle okuma yazma Almanca kursları yaptı. Duisburg Üniversitesi'nde bir süre felsefe ve sosyoloji okudu. 2000 yılında Türkçe anadil öğretmeni olarak çalışmaya başladı.

Boş zamanlarında öykü ve şiirler yazan Sultan Altan Abut, Edebiyat Kahvesi'nin çıkardığı "Rene Akan Şiirler", "Aydınlığa Akan Şiirler" ve "Dostluğa Akan Şiirler" adlı antolojilere şiirleriyle katıldı.

Ölüm Korkusu

Antalya'dan Düsseldorf'a uçacağım. Kapalı yerlerde kapıldığım korkudan mı bilmem, uçakta pencere kenarında oturmayı sevmiyorum. Kendimi sıkışmış hissediyorum. Oturacağım yeri seçme şansım varsa, koridor tarafındaki koltuğu istiyorum...

İşlemleri tamamlayıp bekleme salonuna giriyorum. Amaaan bu ne böyle! Kendimi birden bir dünyanın, hiç özlemediğim gideceğim o ülkenin insanları arasında buluyorum. Hepsi de güneşte yanmış, ciltleri parlak, besiye çekilmiş gibi bakımlılar. Onların arasında, Almanya'daki yaşamın yükünü tekrar omuzlarımda hisediyorum. İçime hüzün çöküyor. Kurallar ülkesinden ve o ülkenin insanlarından bir aylığına da olsa uzaklaşmak güzelmiş meğer.

Uçağa gitmek için acele etmiyorum. Nasıl olsa yerim belli, 16G koridor. Son yolcularla uçağa giriyorum. Oturacağım koltuğa bakıyorum, iki Alman genç kız yerlerini almışlar. İkisi de uzun boylu güzel kızlar. İkisinin de uzun sarı saçları var. Biri saçlarını arkadan bağlamış. Üzerlerinde gençliğin, tazeliğin enerjisi, biraz da saflığı var. Genç kızın biri, bana telaşlı bir tavırla "Arkadaşımın bacağı sakatlandı, koridorda oturabilir mi?" diyor. Önce şaşırıyorum, pencere kenarındakine biraz daha dikkatli bakıyorum. Sarılı ayağını rahatça ön koltuğun altına uzatmış. Pek de öyle rahatsız görünmüyor. Yerimden vaz geçmeye pek niyetim yok: "Bu tarafta oturursanız da pek birşey değişmeyecek. Koridora zaten ayak uzatamassınız, sürekli hostesler geçiyor. Hem bu kadar önemliyse neden önceden ayarlamadınız? Benim için pencere kenarında oturmak, sizin rahatsızlığınız kadar sıkıntı verici, üzgünüm." dedim. Bir çırpıda ne istediğimi söyleyerek, "hayır" diyebildiğim için mutluyum. Genç kız öfkeleniyor. Kendilerine hemen "Hay hay buyrun!" demediğime kızgın, suçlayıcı: "Okey okey! İch hab ja nichts gesagt!" (Tamam tamam, sözümü geri aldım) diyerek arkadaşına dönüyor. Onunla, Almanca tartışarak strese girmek istemiyorum.

Eskiden uçak yolculuğu daha çok heyecan verir, çocuk gibi sevinirdim. Yanıma düşecek insanı merak ederdim. Onlarla hoş beş etmek, laflamak hoşuma giderdi. Zamanla gide gele, o heyacan geçti. Koltuğuma yerleştikten sonra ne kadar yorgun olduğumu fark ettim. Aslında yorgun olan vücüdum değil, ruhumdu. Sabahın sekizinden beri yollardaydım, ama güzel bir yolculuk yapmıştım. Otobüs Korkuteli yaylalarında, küçücük, şirin dinlenme yerlerinde durmuştu. İnsanlar yaylanın dingin ışığı altında telaştan uzak, çok mutlu görünüyorlardı. İçime temiz havayı çekerken, kanımın damarlarımdan akışını hissettmiştim. Şimdi de tüm bedenim ve ruhum Almanya'ya gitmemek için itiraz ediyor, ayak diriyordu.

İsteksizce kemerimi takıyorum. Bu arada yanımdaki genç kız, büyük bir şefkatle arkadaşını durmadan okşuyor, bir şeyler konuşuyor, sonra ayağını kaldırtıp kendi kucağına koyuyor. "Hay Allah, yer değiştirseydim ayağını benim kucağıma mı koyacaktı acaba? Yoksa sol ayağını sağdaki koridora mı uzatacaktı?" Görüldüğü kadarıyla pencere kenarı, onlar için en idealiydi aslında. Bu durum suçluluk duygumu azaltıyor. Ama onları darılttığımı biliyorum. Benimle hiç konuşmuyorlar. Pek umursamıyorum, ama hasta birisine yardım etmeyen biri olarak dışlanmak iyi bir duygu değil.

Yanımda oturan kız öyle şefkatli ki, böylesine rastlamadığım için merak ediyorum: Bu davranışı gerçek mi, yapmacık mı, yoksa bana nispet olsun diye mi? Hatta bu kadar şefkat ve sevginin bir suçluluk duygusundan kaynaklanabileceğini düşünüyorum. Belki arkadaşının ayağının kırılmasına o sebep olmuştu ve kendisini affettirmeye çalışıyordu. Arkadaşının saçlarını okşayarak sevgi gösterisi yapıyordu. Ayağı sakat olan da şımartılmanın zevkini çıkarıyor, zevkten gevşiyordu. "Ne güzel!" Aslında onları böyle görmek hoşuma gidiyor. Bir biçimde bundan huzur duyuyorum.

Uçak kalkarken kulaklığı takıp, düğmeyi klasik müzik kanalına çeviriyorum. Niyetim, gerilimimi azaltmak, biraz gevşemek. Hiç bir şeyi, ne Türkiye'yi ne Almanya'yı ne yanımda koklaşan gençleri ne de onları kırdığım için hissettiğim suçluluk duygusunu düşünmek istemiyorum. Bir süre sonra kendimden geçip uyuyorum. Bir ara gözümü açınca önüme konmuş yemeği görüyorum, ama canım yemek istemiyor, Sadece biraz su içiyorum, sonra siyah uyku bandı ile gözlerimi kapatıp beni gevşeten müziği dinlerken, tekrar uykuya dalıyorum.

Bir ara uykuda uçağın sarsıldığını hissediyorum, ama gözlerimi açamıyorum. Yarı uyur yarı uyanık uçağın düştüğünü sanıyorum. Ve içimden, "Allahım birazdan uçak güm diye yere vurduğuda yok olacağız," diye geçiriyorum. Büyük bir korkuya kapılıyorum. Sonra "Ne yapalım böyle ölmesek başka türlü ölecektik. Kaderde böyle ölmek varmış," diyerek kendimi teselli ediyorum. "Sadece bir karanlığa uçup yok olacağız." diyerek kendimi boşluğa ve ölüme teslim etmeye hazırlanıyorum. Ölümü kabullenmenin beni rahatlattığını düşünürken, birden yanımdaki genç kızın eline sarılıyorum. İçimi yeniden saran ölüm korkusuyla onu daha önce küstürdüğüm aklıma bile gelmiyor. Elini sıkmama rağmen, o elini çekmiyor ve beni sakinleştirmek için elimi tutuyor. Hoş, rahatlatıcı bir duygu içimi kaplıyor. O büyük korku kayboluyor. Ölürken yalnız olmayacağım, elimi sevgiyle tutan bir insanla bir birlikte öleceğiz. Oysa ben, "Her şey beraber güzel!" diyenlere "Ben yalnızlığı seviyorum!" derdim.

Uçak yere değdiğinde hiç bir panik, bağırıp çağırma olmayınca şaşırıyorum. Uyku bandını çıkarıp zorlukla gözlerimi aralıyorum. Hayret, herkes sakin yerlerinde oturuyor. Alevler içinde yanmıyor, yaşıyoruz...

Anlaşılan kulaklıkla müzik dinlediğim için hiç bir anonsu duymamış, inişimizi de düşüş olarak algılamıştım. Bu arada hâla genç kızının elini tuttuğumu fark ediyorum. Onun güzel narin elini utanarak bırakıyorum. Utancımdan başımı çevirip yüzüne bakamıyorum. Oysa o bana, her türlü kinden uzak, sevecen bakışlarla "Ne oldu?" diye soruyor. Yanıt veremiyorum. Ne diyebilirim ki? Ona karşı çok mahçubum. Gülümsemeye bile cesaretim yok, sadece "Allaha ısmarladık!" diyerek yerimden kalkıyorum.

Uçaktan inerken, daha önce bekleme salonunda düşündüğümün tam tersine, içim herkese karşı sonsuz bir güven ve sevgiyle doluyor. Kendimi mutlu hissediyorum. Yaşamak çok güzel!

Das Gesprochene verfliegt, das Geschriebene bleibt

Erzählungen

Herausgeber

Literaturcafé Fakir Baykurt

Übersetzung
Monika Carbe
unter der Mitwirkung von
Sevgi Gürez

EINLEITUNG

Ich erinnere mich an den Tag, als ich zum ersten Mal an den Aktivitäten des Literaturcafés teilnahm. Damals hatte der verehrte Fakir Baykurt die Leitung inne. Als ich in aller Freundschaft meinte: "Hier geht's um Literatur, das habe ich kapiert - aber wo ist denn der Kaffee?", brachte ich alle Mitwirkenden zum Lachen. Später nahm ich auch an den Versammlungen teil, bei denen man mit Kaffee und Kuchen bewirtet wurde. Manchmal war man so sehr in den reizvollen Tiefen des Literarischen versunken, dass man Tee und Kaffee vergaß. In unserer Sprache gibt es ein Sprichwort: "Gönül ne kahve ister ne kahvehane, gönül muhabbet ister kahve bahane" - "Da will man weder Kaffee noch ein Café, sondern braucht einen Freund und den Kaffee als Vorwand." Ja, aber man hat auch noch andere Wünsche. Schreiben, Malen, Singen und das Ziel, sich selbst bei Veranstaltungen darzustellen. Dabei könnte es auch um den Wunsch gehen, sich beliebt zu machen. Man behauptet, dass literarische Produkte dank dieses Motivs geschaffen würden. Die Funktion des "Literaturcafés" besteht darin, Arbeiten zu vorgegebenen Themen anzufertigen, und die Talente der Mitwirkenden zu fördern.

Dadurch bedingt, dass man in einem fremden Land lebt, gibt es außerdem weitere Aufgaben; auch diese will ich kurz erläutern. Fazıl Hüsnü Dağlarca spricht von der türkischen Sprache in einem seiner Gedichte als "mein Stimmenbanner". Eine Aufgabe der Mitglieder des Literaturcafés besteht auch darin, diese Flagge in dem Land, in dem sie leben, wehen zu lassen. Hier möchte ich ein paar Zeilen zitieren, die Fakir Baykurt über die Arbeit des Literaturcafés geschrieben hat: "Unser Ziel ist nicht, wie in den Schulen zu lernen und uns zu unterrichten, sondern ein Klima des Schreibens und der Kreativität zu entwickeln, einander zu kritisieren ohne zu verletzen und für eine Umgebung zu sorgen, in der jeder sein eigenes Talent entfalten kann. Ausgehend von diesem Grundgedanken geht es darum, Freundschaften zu bilden, die jahrelang andauern."

Nach Fakir Baykurt hat Mevlüt Âsar die Leitung übernommen, und das Literaturcafé hat seine Arbeit im Sinne der Prinzipien, die zu Beginn festgelegt wurden, erfolgreich fortgeführt. Nach und nach stieß es auf Interesse in literarischen Kreisen und Institutionen und gewann an Bedeutung. In Deutschland, in der Türkei und sogar auch in anderen Ländern, in denen Türken leben, wurden die Arbeiten mit Interesse verfolgt. Die ersten Früchte des "Literaturcafés Fakir Baykurt" zeigten sich in der Lyrik: "Rene Akan Şiirler - Gedichte, die in den Rhein fließen", "Aydınlığa Akan Şiirler - Gedichte, die zum Licht strömen" und "Dostluğa Akan Şiirler - Gedichte, die zur Freundschaft fließen". Fakir Baykurt sagte: "Wie der Volksmund sagt, sind aller guten Dinge drei". Drei Gedichtbände sind schon erschienen, nun sind die Erzählungen an der Reihe. Wenn Fakir Baykurt dieses Buch in die Hand nehmen könnte, würden seine Augen vor Freude strahlen und er würde voller Stolz lächeln. Es ist ein bescheidenes, schlichtes, ehrliches Werk. Das sind ihre, eure und unsere Geschichten. Wenn Sie sie lesen, werden Sie sehen, dass es die schmerzlichen und vergnügten Erzählungen von vielen Leuten sind, Geschichten, die ihre Leser und Leserinnen zum Lachen bringen - und nachdenklich stimmen.

Ein Meister der Sprache sagt: "Die Sprache ist die wahre Heimat des Menschen." Solange Sie in Ihrer Muttersprache sprechen und schreiben, leben Sie zum Teil hier, zum Teil in Ihrer Heimat. Sprache ist Repräsentant und Träger der Kultur, der sie angehört. Der Verlust der Sprache ist gleichbedeutend mit dem Verlust der Kultur. Das Literaturcafé hat die Mühe auf sich genommen, die Herkunftskultur der Autoren zu schützen. Für dieses Buch wurden Erzählungen ausgewählt, die das Leben in Deutschland thematisieren. Ich glaube, dass wir uns nach und nach an das Leben hier gewöhnt haben und dass die Ereignisse, die wir für gewöhnlich halten, vielleicht auch die Leser und Leserinnen in der Türkei interessieren werden.

Ich gratuliere den Autoren und Autorinnen, deren Geschichten in das Buch aufgenommen wurden und wünsche ihnen viel Erfolg bei ihren neuen Arbeiten.

Alles Gute für die Zukunft!

FAKIR BAYKURT
Pädagoge, Schriftsteller und Gewerkschaftler

Fakir Baykurt wird 1929 in einem Dorf des Kreises Yeşilova-Burdur, auf der Mittelmeerseite des Taurusgebirges, geboren. Er erhält den Namen eines im Krieg gefallenen Onkels väterlicherseits: Tahir. 1938 stirbt sein Vater bei einem Unfall. Der Neunjährige muss die Schule, die er zwei Jahre zuvor begonnen hat, verlassen und für den Unterhalt seiner Mutter, seiner Schwester und seiner beiden Brüder sorgen. Mit einem Onkel mütterlicherseits geht er in die Nachbarstadt Isparta und arbeitet in dessen Weberei. Da das Geschäft aber nicht besonders gut läuft, verdingen sich beide später bei Kanalarbeiten in der Ägäis, wo der Junge sein Geld mit Hilfsarbeiten und als Wasserträger für die Ingenieure verdient.

Während des Zweiten Weltkrieges wird Tahirs Onkel 1941 zum Militär einberufen. Er selber kehrt in sein Dorf zurück und besucht wieder die Dorfschule. In den 40er Jahren werden in der Türkei sogenannte Dorfinstitute gegründet: Schulen für Kinder aus Dörfern, die durch eine fünfjährige Ausbildung zu Dorflehrern ausgebildet werden, um danach wieder als Lehrer in ihre Dörfer zurückzukehren. Bei der Auswahl der jungen Studenten wird darauf geachtet, dass nur Kinder aus ärmlichen Verhältnissen aufgenommen werden. Und Tahir ist arm. Er besteht die erste Prüfung und schreibt 1943:

"Das ist Gönen, ich sehe es. Dort will ich hin. Dort werde ich fünf Jahre die Schule besuchen. Ich werde Lehrer werden. Löwen brüllen in mir. Hey... heeey! Lehrer werde ich. Aus der Armut, in der wir verloren sind, werden wir uns retten. Mein erstes Gehalt gebe ich meiner Mutter; ich kaufe Kleider für meine Geschwister, und unsere Schulden werde ich bezahlen. Meine Schwester Zekiye wird verheiratet, für sie werde ich die Aussteuer zusammenstellen. Auch mein älterer Bruder Gazi wird endlich heiraten, auch ihm werde ich helfen. Einen neuen Ochsen werden wir kaufen... Ein Haus werde ich für mich bauen, in dessen Zimmern Regale voller Bücher... Hey ... hey... Ich schwöre es, ich, ich schwöre auf das Heiligste! Ich werde meine Herkunft nie... nie vergessen..."

1945 wird sein bereits Anfang der 40er Jahre geschriebenes erstes Gedicht: "Fesleğen Kokulum"/"Du, mein(e) Basilikumduftende(r)" in einer Eskişehirer Zeitschrift veröffentlicht. Die Lehrer seiner Schule werden auf ihn aufmerksam und man vertraut ihm die Schulbibliothek an. Der 16-Jährige Tahir lernt zeitgenössische und klassische Dichter und Schriftsteller wie Sabahattin Ali, Nâzım Hikmet, Maxim Gorki und Panait Istrati kennen. In dieser Zeit nimmt er das Pseudonym Fakir (= arm/mittellos) an.

"Um mein Taschengeld zu verdienen, habe ich mir einen einfachen Fotoapparat angeschafft. Ich mache Fotos. Die Filme bringe ich in die Kreisstadt zu einem Fotogeschäft zur Entwicklung. Mal hole ich selbst die Fotos, mal bekomme ich sie per Post. Eines Tages bekam ich das Paket, worauf `Die Fotos von Fakir Baykurt` stand. Das war ein Tippfehler. Der guter Mann hatte aus Tahir Fakir gemacht. Aha, sagte ich. Jetzt habe ich gefunden, wonach ich suche (...) Diesen Namen kann ich nun unter meine Gedichte schreiben... "

Nach Ende des Zweiten Weltkrieges ändert sich 1947/48 die politische Lage der Türkei. Amerikanische Einflüsse machen sich bemerkbar und der Antikommunismus breitet sich in allen Lebensbereichen aus. Fakir Baykurt schreibt:

" ...in unserem Dorf sagen die Leute zu meiner Mutter: 'Elifce! Dein Sohn soll Kommunist geworden sein.' 'Gut, gut, maşallah meinem Sohn', antwortet sie. Sie ist aus meinen Grundschuljahren schon an meine Erfolge gewöhnt."

Die Schulleitung und viele Lehrer werden suspendiert oder strafversetzt. Die Bibliothek der Schule wird geschlossen; Tahir wird beobachtet, seine Bücher beschlagnahmt und seine Post geöffnet. Jedes Mal, wenn von ihm ein Gedicht veröffentlicht wird, holt ihn die Schulleitung zur Vernehmung aus dem Unterricht. Dennoch liest und schreibt er weiter, versteckt seine Bücher unter Bäumen im Schulgarten oder unter Dachziegeln. 1948 kann Fakir Baykurt mit 19 Jahren, trotz strengster Maßstäbe, die Schule abschließen und kommt als Dorflehrer nach Kavacık, nicht weit entfernt von seinem Geburtsort.

Bereits während seiner Ausbildung am Dorfinstitut ist das Literaturmilieu in İstanbul, Ankara und İzmir auf den jungen Schriftsteller aufmerksam geworden und lädt ihn zu Lesungen ein. Fakir Baykurt reist nach İstanbul und lernt dort u.a. Yaşar Kemal, Orhan Kemal, Vedat Günyol sowie den Maler Abidin Dino kennen.

1951 heiratet er die Schwester seines Vorgesetzten, der Schulrat im Bezirk Burdur ist. Baykurt bleibt weiterhin unter Beobachtung. Seine Wohnung wird durchsucht, ihm wird vorgeworfen, kommunistische Bücher zu besitzen und er wird in das Dorf Dereköy strafversetzt. 1953, nach zweimaligem Versuch, immatrikuliert sich Baykurt in Ankara an der pädagogischen Hochschule. Ein Jahr später wird er aufgrund einer Veröffentlichung in der Zeitschrift "Gayret" angeklagt, mit Hilfe mehrerer sozialdemokratischer Politiker wird er jedoch freigesprochen. 1955 beendet Fakir Baykurt sein Studium und wird als Gymnasiallehrer nach Sivas geschickt. Nur vier Monate später wird er an eine (allerdings noch gar nicht existierende) Mittelschule nach Hafik, in eine kleine Kreisstadt im selben Bezirk, versetzt. Er holt seine Familie dorthin, renoviert ein altes Haus und baut es zur Schule um und veröffentlicht unter dem Titel "Çilli"/"Das Mädchen mit den Sommersprossen" sein erstes Buch. 1957 wird Fakir Baykurt zum Militär einberufen.

Sein erstes Kind, die Tochter Işık , wird geboren. Baykurts Buchmanuskript "Yılanların Öcü"/"Die Rache der Schlangen", das er während seines Militärdienstes heimlich geschrieben hat, wird mit dem Yunus Nadi-Preis der Tageszeitung "Cumhuriyet" ausgezeichnet. Es folgt eine Anklage sowohl gegen ihn als Autor als auch gegen die Zeitung.

1959 beendet er seinen Dienst als Lehrer beim Militär. Baykurt wird nach Nordosten in die Kleinstadt Şavşat beordert. Seine zweite Tochter Sönmez wird geboren.

"Yılanların Öcü" wird als Buch veröffentlicht. Kurz danach erscheint "Efendilik Savaşı"/"Kampf um Bildung". Wegen seiner Veröffentlichungen in der Zeitung "Cumhuriyet" wird Baykurt aus dem Schuldienst entfernt und nach Ankara berufen. Dort wird er im Bauamt eingesetzt; jedoch ohne Aufgabe. Nach dem Militärputsch 1960 wird eine neue Regierung gebildet, Fakir Baykurt kehrt als Schulrat in den Schuldienst zurück.

Sein Buch "Efkar Tepesi"/"Der Kummerhügel" wird veröffentlicht. "Yılanların Öcü" wird verfilmt und auf der Bühne als Theaterstück aufgeführt. Baykurt lernt Englisch, um Literatur in der Originalsprache lesen zu können. Es folgen weitere Buchveröffentlichungen: "Onuncu Köy"/"Das zehnte Dorf", "Karın Ağrısı"/ "Magenschmerz" und "Irazca'nın Dirliği"/"Mutter Irazca und ihre Kinder".

"Yılanların Öcü" wird als Theaterstück verboten. Auf Intervention des Staatspräsidenten Cemal Gürsel wird das Verbot allerdings wieder aufgehoben.

1962 kommt Baykurts drittes Kind, der Sohn Tonguç, zur Welt. Seinen Namen trägt er nach dem Ziehvater Baykurts, des Gründers der Dorfinstitute, İsmail Hakkı Tonguç.

Baykurt geht in die Vereinigten Staaten und schreibt sich an der Bloomingtoner Indiana Universität ein. 1963 kehrt der Pädagoge und Schriftsteller wieder in seine Heimat zurück und arbeitet erneut als Schulrat. Fakir Baykurts Buch "Onuncu Köy" wird ins Bulgarische, "Yılanların Öcü" und "Irazca'nın Dirliği" ins Deutsche übersetzt.

1965 initiiert er mit einigen Freunden die Gründung der Lehrergewerkschaft TÖS (Türkiye Öğretmenler Sendikası), deren Vorsitzender er wird. Ein Jahr später folgt die Entlassung aus seinem Amt als Schulrat und eine erneute Strafversetzung.

Mit "Kaplumbağalar"/ "Die Schildkröten" und "Amerikan Sargısı"/ "Amerikanische Binde" erscheinen zwei neue Bücher von ihm. "Onuncu Köy" wird ins Russische übersetzt.

Aufgrund seiner Gewerkschaftsarbeit in der TÖS und mehrerer Veröffentlichungen in der Tageszeitung "Cumhuriyet" wird Baykurt erneut angeklagt und in den Südosten, nach Fevzipaşa-Gaziantep, strafversetzt. 1968 wird Baykurt wiederum zum Vorsitzenden der Lehrergewerkschaft gewählt und organisiert eine Großdemonstration für die Demokratie.

1969 ruft er die Lehrer im ganzen Land zu einem viertägigen Streik auf, wird daraufhin vom Dienst suspendiert, klagt dagegen und gewinnt. Der widerständige

Pädagoge wird an der Ortadoğu Universität Fachbereichsleiter für Public Relations und arbeitet im Publikationsbüro. Zwei Bücher werden von ihm veröffentlicht: "Anadolu Garajı"/"Anatolische Garage" und "Tırpan"/"Die Sense". "Tırpan" und "Sınırdaki Ölü"/"Die Tote an der Grenze" werden mit dem TRT-Preis der öffentlichen Medien ausgezeichnet. 1971 folgt "Onbinlerce Kağnı"/"Zehntausende Ochsenkarren".

Am 12. März 1971 wird Fakir Baykurt wieder verhaftet. 1972 verlegt man ihn vom Militärgefängnis ins Zentralgefängnis nach Ankara. 1973 erscheinen unter den Titeln "Köygöçüren"/"Dorfstürmer" und "Can Parası"/"Das Lösegeld" zwei weitere Bücher von ihm. Fakir Baykurt wird aus der Haft entlassen, erhält jedoch Ausreiseverbot und arbeitet als Berater für den Verlag "Remzi Kitabevi".

Erst 1977 darf er die Türkei verlassen, reist nach Schweden und besucht von dort aus Landsleute in der Bundesrepublik. Seit dieser Zeit spielt Baykurt mit dem Gedanken einer Übersiedlung nach Deutschland, den er 1979 schließlich realisiert. Der Militärputsch von 1980 macht eine Rückkehr in die Türkei unmöglich.

"Einen wie mich, nennt man das, was der Storch aus dem Nest rauswirft. Einerseits häuften sich Terroranschläge in der Heimat, andererseits durfte ich nicht in den Schuldienst. Ich fühlte mich wie umlagert. Es bestand auch die Gefahr, dass ich getötet werden würde... Dass ich das Leben der türkischen Emigranten kennen lernen und darüber schreiben wollte, stand schon lange fest. Unter diesem Vorwand reiste ich 1979 aus dem Land aus.... mehr als 15 Jahre hat meine Emigration gedauert. Dass es solange dauern würde, hätte ich nicht gedacht. Ich wollte es auch nicht. Der Weg zurück war versperrt, einerseits aufgrund der regierenden Generäle, andererseits aufgrund der gefährlichen Lebensumstände für mich und meine Familie.

Die Jahre außerhalb der Heimat habe ich als Lehrer für Kinder der türkischen Gastarbeiter, als Mitwirkender in Initiativen, die deren Probleme zu lösen versuchten, aber auch schreibend, verbracht ..."

Fakir Baykurt gründet Initiativen, um die schulischen und gesellschaftspolitischen Probleme seiner Landsleute zu lösen. Er bildet Gruppen und Arbeitskreise mit türkischen Intellektuellen in Deutschland, die wiederum Intellektuelle in der Heimat in ihrem Kampf um mehr Demokratie unterstützen. Er setzt sich für die politischen Gefangenen in der Türkei ein, gründet das türkische Literaturcafe Duisburg und unterstützt "Literatur-Neuankömmlinge". Mit seinen Schülern und Schülerinnen gibt er die Literaturzeitschrift "KALEM - Schreiber" heraus und fördert junge türkische Schriftsteller und Schriftstellerinnen in Deutschland.

Die ersten zwei Bänder seiner Romantrilogie, "Yılanların Öcü"/ "Die Rache der Schlangen" (1981), "İrazca'nın Dirliği"/"Mutter Irazca und ihre Kinder" (1984) und "Kara Ahmet Destanı"/"Das Epos von Kara Ahmet" (1984) werden ins Deutsche übersetzt und vom Araratverlag in Berlin veröffentlicht. Mit seinem Erzählband "Barış Çöreği"/ "Friedenstorte" (1981) erhält er 1984 den

Kinderliteraturpreis des Berliner Senats. Für seinen Erzählband "Gece Vardiyası"/ "Nachtschicht und andere Erzählungen aus Deutschland" (1982) erhält er 1985 den Literaturpreis des BDI.

Danach werden viele Erzählungen von Baykurt ins Deutsche übersetzt und teilweise zweisprachig veröffentlicht: "Dünya Güzeli"/"Die Schönste der Welt" (1987), "Saka Kuşları"/"Die Stieglitze" (1987), "Sakarca"/"Der schöne Hahn" (1987), "Merhem"/"Die Salbe" (1988), "Sürgün"/"Strafversetzt" (1988), "Duisburg Treni"/"Der Zug nach Duisburg" (1986), "Bizim İnce Kızlar"/"Unsere zarten Töchter" (1993), "Ruhr Havzasında Türk Bahçeleri"/"Türkische Gärten im Pott" (1997), "Anamli Yıllar"/ "Die Jahre mit meiner Mutter. Erinnerungen" (1997).

Während seines Duisburger Exils schreibt er über das Leben der türkischen Migranten in Deutschland drei Romane mit den Titeln: "Yüksek Fırınlar"/"Hochöfen" (1983) , "Koca Ren"/"Vater Rhein" (1986) und "Yarım Ekmek"/"Das halbe Brot" (1997); und den Gedichtband "Bir Uzun Yol"/"Ein langer Weg" (1989).

1995 wird Fakir Baykurt von der Duisburger Pestalozzi Schule in den Ruhestand entlassen. Er beendet noch im selben Jahr seine achtbändige Biografie. Später reist er nach Jahren im Exil wieder in die Türkei. Bei der Wahl für die Nationalversammlung im April 1999 unterstützt er mit seiner Kandidatur die "Partei für Freiheit und Solidarität" ("Özgürlük ve Dayanişma Partisi").

Nach seiner Rückkehr wird er schwer krank und stirbt am 11. Oktober 1999 in Essen an Krebs. Seiner Beerdigung in Istanbul wohnen Tausende von Gewerkschaftern, Lehrern, Intellektuellen, Studenten und Abgeordnete bei. Zu seinem Todestag am 11. Oktober finden in seiner Geburtsstadt Burdur jährlich Gedenkfeierlichkeiten zu seinen Ehren Fakir statt

Monica

Hüsniye Cantürk aus Çorum, Arbeiterin in der Olympiaschreibmaschinenfabrik, machte sich auf den Weg in das Elisabeth-Krankenhaus, als ihre Wehen in immer kürzeren Abständen kamen. Die Entbindung sollte nur der Arzt vornehmen, zu dem sie seit dem ersten Tag ihrer Schwangerschaft gegangen war. Andere Ärzte wollte sie nicht an ihren Bauch heranlassen. Schon gar nicht bei der Entbindung, um Gottes willen, das wäre ja die größte Schande. Hätte sie noch so gedacht wie damals, als sie herkam, hätte sie diesen gottlosen Ärzten nicht einmal erlaubt, ihren Bauch zu untersuchen. Sie ging ja auch sonst nicht gleich zum Arzt, wenn ihr mal etwas fehlte. Aber eine Entbindung war schließlich etwas anderes. Noch dazu war es ihre erste, und sie hatte große Angst.

Am Eingang des Krankenhauses erklärte man ihr kurz, dass man Hochschwangere von den üblichen Aufnahmeformalitäten verschonen würde. Deshalb brachte man sie sofort zur Notaufnahme.

Auf dem Weg dorthin bekam sie keinen Ton mehr heraus. Denn schon vor der Tür setzten die Wehen von neuem ein. Sie machten ihr ganz schön zu schaffen. Aber sie biss die Zähne zusammen. Eigentlich hatte sie sich vorgenommen, der Aufnahmeschwester zu sagen, dass sie nur zu ihrem Arzt wolle, doch da setzten die Wehen wieder ein, und zwar mit solcher Wucht, dass sie es sein ließ.

"Aaah..." stöhnte sie und sackte zusammen; wimmernd stieß sie in gebrochenem Deutsch hervor, dass es gleich soweit sei.

Im Krankenhaus gab es ein gut funktionierendes Kommunikationssystem. Sofort eilten zwei Krankenpfleger mit einer Trage herbei. Sie legten Hüsniye darauf und fuhren sie mit dem Aufzug zur Entbindungsstation im dritten Stock.

Ach, wäre doch Cemal der Schwarze, ihr Mann, bei ihr! Aus Alaca war ein Telegramm gekommen mit der traurigen Nachricht, der Zustand seiner Mutter habe sich verschlechtert; er hatte vor fünf Tagen noch eine Flugkarte bekommen und war plötzlich abgereist. Die arme schwarze Zehra lag wohl im Sterben oder war schon tot. Er ist noch nicht zurückgekehrt.

Gott sei Dank hatte İbrahim Turaç aus Hamzalı Nachtschicht. Durch eines der Kinder draußen auf der Straße benachrichtigte sie seine Frau Sultan. Er war wirklich ein anständiger Mensch, herzensgut, ohne jeden Hintergedanken. Sofort kam er angerannt, kümmerte sich um das Taxi und alles übrige.

Hoffentlich kam Cemal der Schwarze bald wieder, dann würde sie ihm alles haarklein erzählen. "Meinen ersten Jungen habe ich ganz allein, ohne dich, geworfen. Na ja, Mann, das ist nun mal mein Schicksal", wird sie zu ihm sagen.

Ihr Gesicht war ganz blass geworden. Sie hatte jetzt solche Schmerzen, als würde etwas aus ihr herausdrängen und sie zerreißen. Dann ließen die Wehen zum Glück etwas nach. Aber sie war klitschnass vor Schweiß. Man legte sie auf einen langen, mit einem schneeweißen Laken bedeckten Tisch.

Eine stämmige Frau mit einem Stethoskop um den Hals sagte: "Macht mal ihren Bauch frei, ich will sie mir mal ansehen!" Sie fühlte sich unendlich erleichtert, dass die rundliche Frau die Ärztin war. Mit siebzehn war sie nach Deutschland gekommen, hatte den Schwarzen Cemal hier geheiratet, und jetzt, mit vierundzwanzig, war sie mehr oder weniger aufgeklärt und wusste, dass sie für einen Arzt kein "wildfremdes" Wesen war. Dennoch hatten sich in ihrem Bewusstsein, mehr noch in ihrem Unterbewusstsein, im Lauf der Jahre so viele falsche Überzeugungen angehäuft, dass ihr Verstand gegen ihre Gefühle nicht aufkam. Gottloser hin, Gottloser her, sie war froh, dass eine Ärztin die Entbindung durchführte. "Ich habe keinen Grund zur Klage. Ich bin ein Glücksvogel, mashallah!" dachte sie beruhigt.

Die Schwestern deckten ihren Bauch auf. Die Ärztin tastete sie zunächst mit der Hand ab und untersuchte sie dann mit dem Stethoskop. Komisch, den Ärztinnen fielen die Haare genauso aus wie ihren männlichen Kollegen. Wer weiß, wie viele Jahre sie studiert hatten? Wer weiß, wie schwer ihre Prüfungen waren? Hüsniye hatte viel Mitgefühl mit den anderen. Auch ihr Mann der Schwarze Cemal tat ihr leid. Wenn sein Mütterchen die Schwarze Zehra wirklich gestorben war, würde er auf der ganzen weiten Reise traurig und niedergeschlagen sein. Ach, wenn doch das Kind nicht jetzt käme, wenn sie doch nicht in diesem Zustand wäre, sie würde ihm die Schmerzen nehmen, ihn trösten, all seine Sorgen verjagen. "Da hast du dir ja die beste Zeit für die Geburt ausgesucht, du Weibsstück du!" Trotz der Wehen und Schmerzen versuchte sie zu lächeln.

Die Ärztin fragte: "Du bist Türkin, nicht wahr? Warum müsst ihr immer so spät kommen? Die Türken kommen immer zu spät! Wärest du rechtzeitig gekommen, hätten wir alles Nötige vorbereiten können. Und dann hätte dich sogar dein eigener Arzt entbunden. Hast du wenigstens deinen Mutterschaftspass dabei?"

Sie rollte mit den Augen, was "Nein" bedeuten sollte. 'Sie sind zwar nett und freundlich, aber irgendwie bekommen immer wir die Schuld! Was macht es schon, wenn der Pass nicht da ist? Und wenn er erst in ein paar Tagen kommt. Es findet schließlich eine Geburt statt, aus Leben entsteht Leben. Eine Frau wird zum ersten mal in ihrem Leben Mutter! Kümmere du dich doch um deine Arbeit!" Sie hatte ebenso schwarze Augenbrauen und Augen wie Cemal, noch dazu waren ihre so groß wie die Äpfel von Sarimbey.

Die Ärztin klopfte Hüsniyes Bauch ab. Sie drängte: "Zieht sie aus! Bringt sie in den OP! Bereitet die Narkose vor! Kaiserschnitt!" Das alles sagte sie in einem für Hüsniye unverständlichen Medizinerdeutsch. "Das Kind liegt falsch. Mit den Füßen voran." Die Ärztin eilte in den OP. Der Arzt kam schon mit Handschuhen und Haube. "Wir haben noch nicht einmal einen Laborbefund von ihr!"

Hüsniye Cantürk war schon längst bewusstlos. Sie lag auf dem Operationstisch, zugedeckt mit einem grünen Tuch. Man hatte ihre Habseligkeiten in einen Beutel gesteckt und ein Plastikschildchen mit ihrem Namen daraufgeklebt. Sie war bereits weit weg.

War sie in ihrem Dorf Harhar in der Provinz Çorum oder schon im Zug nach Deutschland? Ein fremdes, aufregendes Abenteuer... Die Zeit, bevor sie ihre Arbeitserlaubnis erhalten hatte... Als "Touristin" war sie eingereist. Sie war hierhin und dorthin gerannt, hatte sich verkriechen und verstecken müssen, bis ihr endlich Cemal der Schwarze aus Alaca über den Weg lief. Alles Elend dieser Welt hatte sie ertragen müssen, bis sie am Ende ihr Glück fand. Und mit äußerster Mühe erhielt sie schließlich eine Arbeit in der Olympiaschreibmaschinenfabrik. Sie hätte schon eine Schar von Kindern mit dichten, goldblonden Löckchen haben können, aber Cemal der Schwarze bestand darauf...

"Ich denke fortschrittlich, Hüsniye, ich will nicht gleich Kinder! Nimm die Pille! Schau, mit Kindern müssten wir uns zu sehr einschränken." Eigenartige Ansichten hatte der gute Mann. Seine Arbeit in der Schraubenfabrik war nicht gerade leicht. Aber so schwer sie auch war, einen Sechzehn-Stunden-Tag wie in der Türkei, das gab es in Deutschland nicht...

Sie tauchte noch tiefer in sich ein, wusste nicht mehr wo sie war und was sie tat. "Meine Arbeit ist noch schwerer, meine Liebe. Steh mal am Band und klebe pausenlos mit Metallleim Etiketts auf die zack, zack anrollenden Maschinen, immer mehr, immer neue, keine Ahnung, wie viel..."

Schreibmaschinen tauchten aus grün schimmerndem Flusswasser auf. Es war ein sehr schmaler Fluss. An seinen Ufern wuchsen Wasserminzen, Narzissen und zartes Gras. Auf dem Grund glänzten Kieselsteine, Fische tummelten sich... Das Wasser floss so zauberhaft grün, klar und rein... Aber eine ungeheure Anzahl Schreibmaschinen schwamm auf ihm, die Last war so schwer, schwer wie Blei...

Der Arzt zog das Baby heraus. "Gut!" rief er. "Herzlich willkommen! Endlich bist du da!. Willkommen!"

Sofort nahmen die Krankenschwestern das Neugeborene und brachten es weg. Auf ein Schildchen schrieben sie den Nachnamen ,Cantürk' und banden es ihm um das Handgelenk. "Da sein Vater nun mal nicht da ist, schreiben wir den Vornamen erst dazu, wenn seine Mutter wieder zu sich gekommen ist; sie werden sich schon etwas überlegt haben..."

Dann legten sie es zu den anderen in das Säuglingszimmer. Sie wickelten es in Watte und weiche Tücher. Es weinte bereits nach seiner eigenen Melodie...

Am Band gab es nicht einmal ein halbes Stündchen Pause. Der Meister war ein Schwein. In seinem Zimmer hingen Bilder mit nackten Mädchen, dauernd strich er lüstern herum. Er wollte sie alle vernaschen, dieser Lüstling. Gott sei

Dank sprach Tina aus Saloniki etwas Türkisch. Wirklich ein hübsches Mädchen, blond, mit schmalen Lippen und grünen Augen... Und Saliha, die Jugoslawin türkischer Abstammung; sie holte immer eine Tafel Schokolade für neunzig Pfennig aus der Tasche, brach sie mitten entzwei, reichte Tina und Hüsniye ein Stück und aß den Rest allein. Wenn Saliha trödelte, sah der Meister darüber hinweg. Sie war ja auch ein nettes Ding. Mit so zarter Haut und kupfernem Teint, schlank, aber kräftig, mit goldblonden Haaren, wer hätte ihr da nicht verzeihen können? Mein Teint geht mehr ins Dunkle... "Dunkle schmecken ganz besonders" sagt Cemal. Ach Schwarzer Cemal! Dieser verdammte Meister...Kaum habe ich von der Schokolade abgebissen, schreit er schon zornig:

"He, Frau Santürk! Das Band stockt! He, du schmierst zu wenig Metallleim darauf! He, du schmierst zu viel darauf, es läuft über! He, Frau Santürk..."

Mögen dir deine Worte im Hals stecken bleiben, Heinz oder Hans, oder wie du heißt. Ich bin schon seit Jahren hier, und noch immer kannst du meinen Namen nicht richtig aussprechen! Sieh her, schmier ich schön genug?! An jede vorbeilaufende Maschine klebe ich schnell, schnell: Monica... Monica... Monica... Monica... Endlos. Das schwarze Band rauscht wie ein Strom... Es strömt und strömt... Tina, goldblond wie Weizen... Saliha, rot wie Kupfer...

Hüsniye Cantürk schwitzte. Die Schwester wischte sie mit einem feuchten Tuch ab.

Die Fürsorgerin kam immer wieder und sagte: "Mein Gott! Ist die immer noch nicht aufgewacht? Hoffentlich kommt sie bald zu sich. Ich will doch den Namen des Babys wissen. Mein Dienst geht bald zu Ende, ich will die Liste abgeben!"

Sie saß am Kopfende von Hüsniyes Bett und fächelte ab und zu mit ihrer Schreibunterlage. Vielleicht würde Hüsniye durch die frische Luft schneller zu sich kommen. Nach Feierabend wollte sie mit Freunden ein Bier trinken gehen.

"Meine Güte, die ist immer noch nicht wach! Frau Cantürk, sagen Sie den Namen des Kindes, bitte!

Hüsniye Cantürk murmelte im Traum: "Mo-ni-ca... Mo-nica... Moo-nii-caa..."

Die Fürsorgerin sprang auf. Sie schrieb den Namen "Moni-ca" unter die Rubrik III-16.00-4278-24 und klappte die Liste zu.

Schon am nächsten Tag waren Monica Cantürks Personalien, ihr Name, Geburtstag, Geburtsjahr, der Name ihrer Eltern in vielleicht tausend Computern in Deutschland eingespeichert. Sie selbst wurde noch am Tage der Geburt mit Vor- und Nachnamen am Handgelenk etikettiert.

Drei Tage später kehrte Cemal zurück. Die Trauer um seine Mutter hatte seinen kräftigen Körper ins Mark getroffen. Wenigstens hatte er sie noch einmal gesehen, ihr lange die Hände geküsst, von ihr Abschied genommen. Obwohl er fortschrittlich war und keinen Sinn in religiösen Feierlichkeiten sah, hatte er alles Nötige veranlasst, denn er hatte an ihr gehangen und war ihr sehr verbunden gewesen. Seine

Geschwister waren mit keinerlei Kosten belastet, er hatte alles übernommen .

Er war jetzt zehn Jahre in Deutschland. Und für genau zehn Mark kaufte er rosa und weiße Rosen und eilte ins Elisabeth-Krankenhaus. Er küsste seine Frau auf die Stirn und legte ihr die Rosen auf den Schoß. Dann rannte er aus dem Zimmer und rief ungeduldig: "Cantürk, Cantürk..."

Die Schwestern zeigten ihm seine Tochter durch die Glasscheibe. ,Schön, dass es ein Mädchen geworden ist', dachte er. 'Wir werden ihr den Namen meiner Mutter geben...' Vor Monaten schon waren sie überein gekommen: Bei einem Jungen würde Hüsniye den Namen aussuchen, bei einem Mädchen er...

Er freute sich bei dem Gedanken, glücklich Vater geworden zu sein und ging langsam zurück. "Meine Mutter ist gestorben, Hüsniye...", sagte er mit zitternder Stimme. Er strich ihr über das Haar. Hüsniye hielt seine Finger in ihrer Hand und sagte: "Möge deine Mutter in Frieden ruhen, leider war es mir nicht vergönnt, sie noch einmal zu sehen..."" Ich hoffe, du hast dich an unsere Abmachung gehalten und unserer Tochter noch keinen Namen gegeben!"

"Bist du verrückt!" antwortete sie. "Wie käme ich dazu! Du solltest ihn ihr doch geben. Aber er muss auch mir gefallen. Es soll ein schöner, passender Name sein..."

Hüsniye meinte: "Am besten wir geben ihr den Namen deiner Mutter, unsere Tochter soll Zehra Cantürk heißen ..." Und sie küsste ihren Mann auf die Hand.

Cemal war zutiefst gerührt, es fehlte nicht viel und er hätte geweint: "Ach, du willst es mir ja nicht glauben, aber ich würde alles für dich tun! Ich mag dich doch so, bin so gern in deiner Nähe!"

Die Zimmerschwester hatte die Blumen in eine Vase gestellt und brachte sie herein.

Cemal streckte ihr den Arm entgegen und sagte: "Der Name meiner Tochter ist Zehra."

Die Schwester sah das Ehepaar ganz entgeistert an: "Ja, hat denn das Kind nicht schon einen Namen?"

"Nee, nee, noch nich!" antwortete Cemal vergnügt und zwirbelte seinen Bart. Dann verließ er mit der Schwester das Zimmer. Sie schauten nach und entdeckten auf dem Handgelenk des Babys den Vornamen "Monica" und den Nachnamen "Cantürk"; sie eilten wieder zurück.

Cemal fragte: "Mensch, Hüsniye. Auf dem Handgelenk unserer Tochter steht ja Monica! Wie ist denn das passiert? Ob sie sie verwechselt haben? Der Nachname stimmt schon.

Sie sieht auch aus wie wir, das ist ganz in Ordnung. Nur hat sie einen deutschen Weibsnamen! Wie kommt denn das?"

Dass es daher kam, dass Hüsniye von den Schreibmaschinen phantasiert hatte, die auf dem Fließband unaufhörlich vorbei glitten und auf die sie ständig, über fünf Jahre hinweg, "Monica" geklebt hatte, täglich acht Stunden lang, das fand man nicht heraus. Schließlich befragte man die Fürsorgerin, die damals Dienst gehabt hatte. Sie sagte: "Ich habe die Mutter gefragt und habe das aufgeschrieben, was sie mir gesagt hat!"

Cemal schrie: "Ausradieren! Sofort ausradieren! Schreibt 'Zehra' hin, den Namen meiner Mutter!"

"Unmöglich!" sagte die Fürsorgerin. "Das heißt, es ist schon möglich, aber mit großen Schwierigkeiten verbunden. In Deutschland geht eine Namensänderung nur über das Gericht. Sie müssen schon einen triftigen Grund angeben. Müssen Zeugen nennen. Es würde Sie eine Stange Geld kosten. Sie ist bereits überall registriert. Die Geburtsurkunde ist bereits an das Türkische Generalkonsulat geschickt worden. Nach den internationalen Bestimmungen sind wir verpflichtet, dies sofort zu tun..."

"Ich gehe gleich morgen aufs Gericht! Diesen Namen lasse ich auf keinen Fall auf meiner Tochter beruhen."

Doch Cemal ging nicht, wie er verkündet hatte, gleich am nächsten Tag aufs Gericht. "Morgen... Wenn nicht heute, so eben morgen, ganz bestimmt..." nahm er sich immer wieder vor. Acht Tage später, als seine Tochter mit der Mutter nach Hause kam, strahlte er: "Meine Monica! Unsere Monica!" Auch zu seiner Frau sagte er immer wieder: "Na, Mutter von Monica, wie geht es dir? Geht's dir gut? Soll ich dir einen Tee kochen, Monicas Mutter?"

Ob man es glaubt oder nicht, immer wieder kam etwas dazwischen, und die Gewohnheit besorgte auch das ihre, so dass der Name ihrer "Neuen Welt", Monica, blieb.

Cemal sagte schließlich: "Monica Cantürk wird uns immer an Deutschland erinnern. Was soll's, es ist sogar ein wunderbarer Name! Falls wir eines Tages in unsere Heimat zurückkehren, werden die Verwandten und Nachbarn in Harhar in der Provinz Çorum rufen: 'Ach, Monica! Ohh, Monica.' Und alle werden sie lieb haben."

So sprach er und ließ das Gericht Gericht sein.

(Aus dem Türkischen von Helga Dağyeli und Yıldırım Dağyeli übersetzt und mit freundlicher Genähmigung der Baykurt Familie veröffentlicht.)

BIRSEN SAMANCI wurde 1936 in Istanbul geboren. Da ihr Vater Beamter war, verbrachte sie ihre Schulzeit in verschiedenen Gegenden der Türkei. Sie schloss ihre Ausbildung an der Pädagogischen Hochschule für Lehrerinnen in Edirne ab und war fünfzehn Jahre lang als Lehrerin in Adapazarı, Bolu und Istanbul tätig. 1972 kam sie als Montagearbeiterin nach Deutschland. Nachdem sie sieben Jahre lang in verschiedenen Firmen im Akkord gearbeitet hatte, wurde sie 1980 Lehrerin für Türkisch. 1997 wurde sie pensioniert.

Birsen Samancı veröffentlichte Gedichte in der Anthologie "Aydınlığa Akan Şiirleri - Gedichte, die zum Licht strömen" der Literaturwerkstatt. Außerdem liegt ein Band mit Erzählungen unter dem Titel "Eines Tages" von ihr vor.

Silvester

Nonnenmühle ist ein Ort wie jene, an denen man nur selten vorbeikommt, Orte, denen man Namen gegeben hat wie Mühlenschlund, Brückenkopf oder Bergestiefe. Man kann den Ort noch nicht einmal ein Dorf nennen, denn dort stehen keine Häuser in Zweierreihen. Es liegt weit von der Stadt entfernt, mitten im Wald, am Rand eines kleinen Baches. Im Sommer ist es angenehm kühl und im Winter herrscht dort eine trockene Kälte. Der Schnee, der in den ersten Tagen der kalten Jahreszeit fällt, bleibt am Boden haften. Monatelang muss man auf die Wärme des Frühlings warten, der ihn wieder auftauen wird. Sogar die Zweige des mageren Dornengestrüpps bedeckt ein winziger Schneeteller. Die hohen Fichten rühren sich schlechtgelaunt, um das Weiß von ihren Rücken abzuschütteln, mit dem sie beladen sind, doch der Schnee hat sie fest im Griff und will sich nicht lösen. Eine Zeitlang bot sich mir ein Anblick, den ich auf Neujahrspostkarten gesehen hatte und den ich nicht für real hielt. Doch ein außergewöhnlicher Ort könnte die Menschen im Winter wie im Sommer begeistern. So ein Ort ist Nonnenmühle.

Heute ist Neujahrsnacht. Der Himmel steht voller Sterne. Es herrscht Vollmond und eine strenge Winterkälte. Das Mondlicht scheint so intensiv auf die verschneite Welt, dass man einen Faden durch ein Nadelöhr ziehen könnte. In dem klaren, bläulichen Licht könnte man sogar ein Buch lesen. Außer der Lebensfreude flößt mir dieses Licht auch Schrecken ein. In unserem Land sagt man, wenn du das Mondlicht um Mitternacht auf den Spiegel fallen lässt und allein bist, erkennst du in dem geheimnisvollen Schattenbild, in dem der Mond sich spiegelt, deinen künftigen Gatten. Ob das auch hier möglich ist? Sind die Mädchen hier auch neugierig auf ihren künftigen Ehemann? Hier können die Mädchen selbst einen Heiratsantrag aussprechen. Wie schön wäre es, wenn das stimmen würde. Ich konnte ja noch nicht einmal den anschauen, der mir gefiel, wie hätte ich dann jemandem einen Heiratsantrag machen können? Vor allem unsere Männer mögen so etwas nicht. Bevor sie heiraten, suchen sie sich zuerst selbst die Frauen aus, die ihnen gefallen. Hier hat man auch keine Probleme mit der Jungfräulichkeit, heißt es. Den Männern ist das gleichgültig. Soll ich das glauben? Oder ist es ihnen egal, weil sie keine Jungfrau finden können?

Heute ist Silvesternacht. Es ist ein Jahr her, seit ich nach Deutschland gekommen bin. Was hatte ich mir erhofft? Was hatte ich gefunden? Wie ist ein Jahr vergangen? Ich bin überanstrengt, wie sehr habe ich mich doch an der Maschine abgestrampelt, wie müde ich doch bin. Ich bin ausgelaugt, empfinde nur noch Ekel und habe selbst das Leben satt. Ich bin krank, traurig und verzweifelt. Ich bin so unentschlossen, dass ich noch nicht einmal weiß, was ich will. Soll ich in die Türkei zurückkehren? Oder bleiben? Denn ich verbringe meine letzten Tage in Nonnenmühle. Als sie uns das erste Mal hierher gebracht haben, glaubte ich, das man uns nicht mehr von den Freunden trennen würde. Doch zu dieser Zeit hat mich die Firma entlassen, weil ich lange krank gewesen war. Doch mein Jahresvertrag endet am 14. Januar. Wie gut es doch wäre, wenn man ein wenig Verständnis zeigen und mit der Entlassung bis zu diesem Tag warten würde. Ich habe auch wirklich nicht mehr die Kraft zum arbeiten. Mindestens drei Monate lang werde ich keine Arbeit suchen. Ich werde zum Goethe-Institut gehen und Deutsch lernen. Das Geld, das ich für vierzehn Tage bekäme, würde mir dabei nützen …

Wir sind nur noch zehn Frauen, die im Heim geblieben sind. Viele sind wegen der Weihnachtsferien verreist. Der Hausmeister und seine Frau sind da, und in einer Ecke des Wohnzimmers haben sie die Weihnachtstanne aufgestellt und geschmückt. Wie freundlich diese Leute doch sind. (Das ist mein erster positiver Kommentar über die Deutschen.) Sie haben sogar einen riesigen Kuchen für uns gebacken. Sie haben wohl Mitleid mit uns, weil wir so weit von zu Hause entfernt sind.

Im ersten Stock des Heims wurde ein großer Kachelofen in die Wand eingelassen. Er kann nur den ersten Stock heizen, die Zimmer in den oberen Etagen bleiben kalt. Da Ümran daran denkt, dass ich krank bin, hat sie ein Bett neben den Ofen gestellt. Das war wie ein Diwan und erinnerte uns an die Wohnzimmer in unserer Heimat. Den ganzen Tag sitze und liege ich dort.

Heute Nacht ist Silvester. Wo war ich im letzten Jahr, mit wem habe ich gefeiert? Heute werden wir zehn fremden Frauen hier unseren Spaß haben. Wir haben den Tisch mit Speisen, Getränken und Blumen dekoriert. Ich weiß nicht, ob wir wirklich vergnügt sind. Wir lachen, singen Lieder miteinander und erzählen uns, was wir in der letzten Neujahrsnacht gemacht haben. Wir betonen, dass es glückliche Ereignisse waren, die wir damals erlebt haben. "Die Vergangenheit ist es wert, dass man sie mit Phantasie ausschmückt." Die Flaschen werden geöffnet, und während wir trinken, werden viele von uns anfangen zu weinen. Wozu und warum werden wir weinen? Weil wir verwaist sind, weil wir uns vorkommen, wie ins Exil verbannt, weil wir lieben wollen und weil wir ohne Männer sind. Ohne es einander zu erklären, werden wir sagen "Meine Mutter, mein Vater, mein Bruder, mein Kind" - und bitterlich weinen.

Heute Nacht ist Silvester. Im letzten Jahr sind wir sechzehn Tage nach Neujahr hierher gekommen. Was für ein Gedränge das damals war! Wie sehr wir doch geschrumpft sind! Wenn wir alle in unserer Gruppe zusammenzählen und jene, die später kamen, sind es achtzig Frauen, die in diesem Heim einquartiert wurden. Ein Teil von ihnen war mit dem Ehemann gekommen, andere hatten einen Freund gefunden und sind weggegangen. Einige sagten: "Ich gehe in die Schweiz" und verließen uns. Andere wiederum meinten: "Etwas weiter weg leben Verwandte von mir. Ich fahre sie besuchen" und tauchten aber nie wieder auf.

Zum Schluss haben wir Muallâ auf den Weg geschickt. Muallâ war ein junges Mädchen von achtzehn Jahren. Sie war von mittlerer Größe, hatte blondes, lockiges Haar und große, schwarze, lachende Augen. Sie war fleißig, stark, vergnügt und lebhaft. Ja, sie war rein und im wahrsten Sinne des Wortes "ein Mädchen wie Eis", wie man sagt, ja, so war sie. Auf den ersten Blick konntest du sofort erkennen, dass sie ein "echtes Mädchen" war.

Wenn man ihr irgendetwas Unangenehmes sagte, antwortete sie nicht sofort und fing keinen Streit an. Sie sagte nichts, was zum Streit führen würde und hatte eine gewisse Scheu. Alle Hoffnungen, die wir hatten, hatte auch sie. Viel Geld verdienen. Eine Menge Sachen kaufen, von denen wir sagen: "Davon möchte ich auch etwas haben." Reisen und ein behagliches Leben führen. Das Wichtigste war, uns eines Tages bei den Leuten beliebt zu machen, die wir in der Heimat zurückgelassen hatten. Uns ihnen überlegen zu fühlen. Es hatte den Anschein, als wäre Muallâ ein wenig naiv und zurückgeblieben, aber wie auch immer. Sie sagte, sie habe einen Verlobten, und wir glaubten ihr. Warum auch nicht? Sie erzählte, bevor sie hierher gekommen sei, habe sie in Ankara im "Gima" an der Theke gearbeitet, das allerdings glaubten wir ihr nicht. Sie hatte den Grundschulabschluss, und wir hatten nicht den Eindruck, dass sie besonders gut zu uns passte. Ich weiß, dass sie manchmal einen Brief von ihrem Verlobten erhielt, doch ich weiß nicht, in wie kurzer Zeit sie ihn schon vergessen hatte.

"Alle gefallenen Frauen gleichen einander, aber jede hat ihren eigenen Grund, zu fallen" sagt man. Das ist sehr wahr. Auch sie ging eines Freitagabends in ein zwei Kilometer entferntes Dorf, um Brot zu kaufen, wie sie sagte, ließ uns drei Tage auf das Brot warten und kehrte völlig verstört aus der Schweiz zurück. Eine der Frauen, die sie zufällig im Gebirge getroffen hatte, hatte Muallâ auf der Stelle mit dem Freund eines Freundes, den sie "meinen Schwager" nannte, verkuppelt. Es könnte natürlich auch ihre Freude, in ein Auto steigen zu können, und ihr Wunsch, zu verreisen, sie dazu geführt haben. So geriet Muallâ auf die schiefe Bahn, in einem völlig unerwarteten Moment. Der Mann verließ sie nach einer Weile aus unerfindlichen Gründen, anscheinend hatte er sie satt. Oder er reichte sie einem anderen weiter, wer weiß? Bei einem Streit, der danach im Heim ausbrach, erfuhren wir, dass sie an jenem Tag für fünfhundert Mark verkauft worden war. Als Asiye Hanım die Verantwortung dafür Adalet auflud, rannte Adalet mit den Worten in die Küche: "Wer mich als Zuhälterin oder Hure bezeichnet, den ersteche ich auf der Stelle! Wo ist das Messer?"

Als sie das Messer nicht auf dem Tisch finden konnte, griff sie nach dem Nudelholz, mit dem Zakire den Teig ausrollen wollte, hielt es wie ein Schwert in die Luft und rannte ins Wohnzimmer.

"Sie kommt mit dem Messer", schrieen alle durcheinander und versteckten sich in den Zimmern.

Asiye Hanım, die gerade dabei war, das Holz zu spalten, drehte das Schloss der Tür dreimal um und zog den Schrank davor. Obwohl das Zimmer im zweiten Stock lag, verschloss sie das Fenster ganz fest, verriegelte es, verkroch sich im Bett und zog die Steppdecke über den Kopf. Als Adalet sah, dass Asiye Hanım Angst hatte und floh, freute sie sich, dass sie die Schuldige gefunden hatte, wurde noch wütender und schlug mit der Faust gegen die Tür:

"Komm raus!", rief sie und schlug vor Wut wild um sich.

Vor Aufregung über den blutrünstigen Streit verlor Hüsniye ihr Baby von drei Monaten, das sie im Mutterleib getragen hatte und an dem sie nach zehn Jahren mit großer Hoffnung hing. Mit dem Rettungswagen wurde sie mühevoll ins Krankenhaus gebracht. Um noch einmal schwanger zu werden, musste sie ihren Ehemann nach Deutschland bringen und zwei Jahre warten. Muallâ jedoch saß, die Hände im Schoß, die Beine gespreizt, mit offenem Mund auf dem Bettrand und blickte dümmlich drein. Man hatte sie vergessen. Als ob sie nicht diejenige gewesen wäre, die den Streit vom Zaun gebrochen hatte. Niemand meinte zu ihr: "Sag du doch, von wem du betrogen worden bist!"

An den folgenden Tagen wurde viel darüber gesprochen. Als der Mann seine Angelegenheit zu Ende gebracht hatte, hieß es, habe er Muallâ mit dem Blut, das an ihren Beinen herabfloss, durch das Zimmer geschleift und sei auch noch stolz auf sein Werk gewesen.

Wie beschämend das auch sein mag, anscheinend gewöhnt man sich daran, wenn man das ein paar Mal macht! Denn über all das, was über Muallâ hereingebrochen war, schien sie noch nicht einmal so betrübt zu sein wie ich.

Sie war etwas aus der Fassung geraten. Wenn sie lief, bewegte sie sich hüpfend vorwärts, sprach laut, wechselte jede Woche den Mann und sagte Unsägliches. Immer mal wieder mussten wir zu ihr sagen: "Mensch, halt den Mund!"

Auch wenn sie uns nichts zu sagen wagte, kam es an den Wochenenden zu heftigen Streitereien mit Anderen, wenn sie die Gelegenheit dazu fand. Beim Streit verriet sie auch Andere, die so lebten wie sie.

"Auch dein Name ist gefallen!"

"Hast du etwa nicht das Kind verloren?"

"Der Mann hat zuerst mich angeschaut. Den Rest wirft man vor die Hunde, damit jeder es nehmen kann. Und du hast es genommen."

Bei der Rückkehr von der Arbeit brauchte sie inzwischen nachts drei Stunden, bis sie im Heim ankam. Die Männer, mit denen sie ging, versuchte sie uns immer noch mit dem wenigen Schamgefühl, das noch übriggeblieben war, als "Das ist mein Verwandter, der Schwager meiner Tante" usw. unterzujubeln. Da wir damit nicht einverstanden waren, sagten wir: "Bring die Jungs nicht hierher und fall uns nicht damit auf die Nerven! Verschwinde und triff dich anderswo mit ihnen!" Sie war auch gewieft und antwortete nicht: "Ist das hier etwa das Haus eures Vaters?"

Einmal verriegelten wir die Haustür und sorgten dafür, dass sie bis zum Wintermorgen draußen vor der Tür blieb. Tagelang lag sie mit einer Grippe danieder. Ihr Körper war immer wieder voller blauer Flecken. Wenn man sie danach fragte, gab sie das als Allergie aus, doch das waren keine Knutschflecken, sondern ganz einfach die Spuren von Schlägen. Wenn wir Muallâ jetzt sahen, kam es uns so vor, als würden wir diese Frauen sehen. Alle Besonderheiten waren bei ihr eins geworden. Ihr Make-up, ihre Kleidung und der Ton ihrer Stimme hatten sich verändert.

In diesen Zeiten, damals, als den Männern die Chancen durch das Arbeitsamt nach Deutschland zu kommen, verschlossen waren, bestand der einzige Ausweg darin, eine Frau zu heiraten, die dort arbeitete. Auf einmal galt das Gebot der Jungfräulichkeit nicht mehr, und die Frauen, die damit einverstanden waren, vor allem jene ohne Kinder, begannen, sich dafür zu erwärmen. Auch wenn dieses Verfahren die Jugendfrische immer noch schützte, war die Chance, zu kommen und Arbeit zu finden- kaum war man verheiratet - sehr groß. So einer war es, der Muallâ einen Heiratsantrag gemacht hatte. Wenn man Muallâ fragte, hieß es, er habe sich auf den ersten Blick in sie verliebt.

Jener, der gesagt hatte: "Aber ich möchte unbedingt dieses Mädchen heiraten", war als Tourist zu seinem großen Bruder gekommen. Eigentlich kam er nicht um hier zu bleiben, aber er konnte seinem Herz nicht widersprechen. Er würde Muallâ heiraten und in Deutschland bleiben.

HEIRATEN. Selbst in diesen Zeiten, in denen man das Beilager eines Mädchens mit einem Mann ohne den Ehesegen der Religion für Teufelswerk hielt, war es ein Ausweg, um Muallâ zu reinigen. Das, was man die Eheschließung nennt, wirkte wie reinigendes Wasser. Sie reinigte die Ehre der Frauen. Wenn die Frau nach der Eheschließung mit jemandem schlief und sich dann von ihm trennte, behielt sie "Ehre". Jedoch wenn sie vor der Heirat mit jemandem schlief, dann sah die Sache ganz anders aus. Beim Ersten verkündest du jedermann mit großer Zeremonie: "In dieser Nacht fangen wir zum ersten Mal an miteinander zu schlafen." Beim zweiten Mal jedoch weißt nur du davon. Das war eben der Unterschied. Der Mann, den Muallâ gefunden hatte, hatte anscheinend gesagt: "Meine Vorgänger interessieren mich nicht. Ab jetzt soll es gut werden."

Was haben wir mit der Ehre anderer Leute zu tun? Wir sind friedliche Menschen. Wenn der Mann es so will, warum sollten wir ihn dann nach Vergangenem fragen? Natürlich haben wir Muallâ verziehen, als ob das unsere Pflicht gewesen wäre. Eine Woche später haben wir sie zurecht geschmückt und zu dem Mann geschickt damit sie wieder ins Reine kommt. Dann wollen wir doch mal sehen, ob sie sauber wird.

Wir brachten sie auch ein wenig zum Weinen, wie in der Henna-Nacht, als wir sagten: "Jetzt kannst du nicht mehr dauernd zu uns kommen und bei uns bleiben."

Katzen sind seltsame Tiere. Sie hängen nicht an ihren Besitzern, sondern an deren Häusern. Wenn man sie aus den Häusern, in die sie sich zuerst eingewöhnt haben, anderswohin bringt, kehren sie auch dann zurück, wenn viele Jahre darüber vergangen sind, falls sie den Weg erkennen konnten, als man sie wegbrachte. Auch unsere Märzkatze kam nach kurzer Zeit zurück. Als ich sie am Morgen des Neujahrstages zusammengerollt in meinem Bett fand, waren erst drei Tage vergangen, seitdem sie gegangen war. Als wir sie mit dem Bettlaken ausschüttelten und aus dem Bett warfen, konnte sie nur sagen: "Bitte lasst mich schlafen." Sie musste auf unser Verständnis vertraut haben und darauf, dass wir ihr drei Tage zuvor verziehen hatten. Sie wiegte sich in den Hüften und ging durch die kalten Räume, um ein leeres Bett zu finden. Als sie ging, vergaß sie ihre Tasche. Als wir ihre Tasche durchsuchten, fanden wir fünfzig Mark, die von dem Lohn für ihre Arbeit übriggeblieben waren, und Kopien der Scheidungspapiere, die offensichtlich vor der Heirat von ihm unterschrieben worden waren.

Ach, Muallâ, ach! Hast du wirklich geglaubt, dass dieser Mann dich heiraten würde? Oder hast du uns dazu verleiten wollen, das zu glauben? Hast du dich jetzt gereinigt?

GÜLŞEN AKBULUT ist 1965 in der Kleinstadt Pülümür im Kreis Dersim (Tunceli) geboren und besuchte die Grund- und Mittelschule in Dersim.

1980 kam sie nach Deutschland. In München lernte sie das Schneiderhandwerk. Seit 1988 lebt sie in Duisburg. Sie arbeitete in verschiedenen Firmen.

Im Jahr 2000 veröffentlichte sie einen Lyrikband unter dem Titel "Die Suche".

An dem Band "Dostluğa Akan Şiirler - Gedichte, die in die Freundschaft fließen" der Literaturwerkstatt Fakir Baykurt ist sie mit einer Auswahl von Gedichten beteiligt.

Der Gast, der zuerst windelweich geprügelt und beschimpft wurde

Meine Mutter rief Kemal, meinem großen Bruder zu: "Kemal, geh nach Çökme, zum Cafépächter Mesut, und frag ihn, ob ein Brief von deinem Vater da ist! Falls ja, dann bring ihn sofort her und trödele nicht rum!" Mein großer Bruder war gerade von der Arbeit gekommen; er war sehr müde, konnte aber nichts sagen! Er machte sich auf den Weg. Meine Mutter rief ihm nach: "Und vergiss nicht, noch ein Kilo Tee und ein Kilo Zucker mitzubringen!" Außerdem war sie auf meinen Vater wütend:

"Man denkt doch ein wenig an seine Kinder und seine Familie! Früher kam ein Brief im Monat, jetzt sind Monate vergangen, und er lässt nichts von sich hören! Bestimmt hat er eine Deutsche gefunden! Nehmen wir mal an, dass er mich vergessen hat, und die Kinder! Lass mich einfach mit neun Kindern hier in diesem Loch allein und nimm dir dann eine Deutsche!

Warst du denn früher so ein Mann? Du hast selbst nicht gegessen und uns dein Essen gegeben, dich nicht gekleidet, damit wir uns kleiden können!"

Mein großer Bruder ist nicht zurückgekehrt, er hat sich nie wieder blicken lassen. Meine Mutter wurde vor Kummer krank! Als mein Großvater und mein Onkel hörten, dass sie krank geworden war, kamen sie herbei. Meine Mutter saß auf der Türschwelle, hielt ihren dicht verschleierten Kopf in den Händen und jammerte ununterbrochen. Als mein Großvater sie so sah, wurde er ärgerlich:

"Meine Tochter, das ist jetzt genug! Seit Monaten klagst du dauernd, du hast dich so gegrämt und dein Jammern will kein Ende nehmen!"

Ohne auf meinen Großvater zu hören, rief meine Mutter: "Sibel, Mädchen, komm schnell her! Mein Herz brennt! Sing dieses Lied doch noch mal!"

Sibel fragte: "Welches Lied willst du hören, Mutter?"

"Das Lied von Deutschland, dem bitteren Land, genau dieses Lied!"

Sibel, meine große Schwester, hatte eine sehr leidenschaftliche Stimme. Sie galt als die Gesangskünstlerin unserer Familie.

"Deutschland, bitteres Land/ Es lächelt niemandem zu/ Man weiß nicht warum/ manche kehren nicht mehr zurück/ Drei Töchter, zwei Söhne/ Wem hast du sie anvertraut / So ein schönes Nest / hast du ins Feuer geworfen und bist gegangen!" Als Sibel so mit Leidenschaft zu singen begann, hat meine Mutter sich noch mehr gehen lassen!

"Ach, Schwester, ach! Deine fünf und meine neun Kinder sind verwahrlost zurückgeblieben!", als sie mit diesen Worten von neuem klagte und weinte, verpasste mein Onkel Sibel eine Ohrfeige!

Zu meiner Mutter aber sagte er: "Das reicht jetzt! Hast du nichts anderes zu tun? Es ist Stunden her, seit Kemal, dein Sohn, gegangen ist, und er ist noch nicht zurück! Darum solltest du dich kümmern!"

Daraufhin regte meine Mutter sich von neuem auf!

Sie sagte zu meinem Onkel: "Bitte lass mich und kümmere dich um den Verbleib dieses Kindes. Wo ist er nur geblieben?"

Auf die Klagen meiner Mutter hin strömten die Nachbarn auch schon zusammen.

Wir Kinder bedauerten meine Mutter in dieser Verfassung, schämten uns aber auch, weil wir zum Gespött des Viertels wurden!

Und genau in diesem Moment sahen wir, dass sich ein gelber Minibus dem Dorf näherte.

Als wir neugierig fragten: "Wohin wird der wohl fahren?", wendete der Minibus, fuhr ein Stück, kam zu unserer Tür und hielt dort. Wir Kinder rannten sofort dorthin. Zuerst stieg eine schlanke, große, schöne Frau mit langen blonden Haaren aus, und hinter ihr mein Vater. Meine Freundin, die das vor mir bemerkt hatte, brachte meiner Mutter als Erste die frohe Botschaft.

Mit einem lautem Freudengeschrei rannte meine Mutter zu meinem Vater: "Gott sei Dank, Gott sei Dank, da bist du ja!" Ich aber rührte mich nicht von der Stelle. Ich war wie erstarrt.

"Wer wird nur diese blonde Frau da sein?", fragte ich mich. Oder hatte meine Mutter wirklich Recht? War diese Blonde da die deutsche Frau meines Vaters? Ohne sich zu schämen brachte er sie mit und kam auch noch ins Dorf! Und das auch noch, wo mein Großvater und mein Onkel im Haus waren! Vor Aufregung hatte meine Mutter die junge Frau neben meinem Vater noch gar nicht bemerkt. Zuerst verbeugte sie sich, küsste meinem Vater mit Sehnsucht und Respekt die Hände, umarmte ihn dann und fing an, ihm das Gesicht und die Augen zu küssen.

Bis zu diesem Augenblick war alles in Ordnung gewesen. Als die blonde Frau auf einmal meinen Vater beim Namen rief und ihm etwas auf Deutsch sagte, wandte meine Mutter sich unfreiwillig dorthin und dann erst bemerkte sie die blonde Frau! Und dann brach sie in ein Geschrei aus. Was auch immer ihr jetzt über die Lippen kam, sagte sie meinem Vater. Wenn sie sich nur damit begnügt hätte! Doch sie rannte zum Holzschuppen und kam mit einem riesigen Stock wieder.

Mein Vater und die blonde Frau waren erschrocken, wohin sie geraten waren! Jetzt ging eine Jagd zum Dorfplatz los, die beiden voran und meine Mutter mit dem riesigen Stock in der Hand hinterher! Bei diesem unerwarteten Lärm erlitten wir alle einen Schock.

Meine Mutter legte los:

"Diesen niederträchtigen Kerl lasse ich nicht über meine Schwelle!"

Weil die Nachbarn meiner Mutter Recht gaben, blieben sie bei diesem Skandal zuerst nur Zuschauer.

"Ja, so ist es, Hıdır ist ein reifer Mann geworden, wie kommt es nur, dass er so einen Blödsinn macht?", murmelten sie.

Mein Vater begriff, dass er meine Mutter nicht überzeugen konnte. Zusammen mit der Frau an seiner Seite flüchtete er zur Familie seines Onkels Mehmet ins Nachbarhaus. Onkel Mehmet gehörte zu den Dorfältesten und war hoch angesehen. Auch er fand harte Worte für meinen Vater: "Hıdır, was du getan hast, das macht noch nicht mal ein Ungläubiger! Während deine Frau seit Monaten sehnsüchtig auf dich wartet, kommst du hier mit einer deutschen Frau an!"

Mein Vater fragte: "Was für eine Frau denn, Mehmet Ağa?"

"Hıdır, mein Junge, hast du etwa keine Frau mitgebracht? Was macht sie denn an deiner Seite?"

"Schau mal, Onkel Mehmet, als ich beim Bau gearbeitet habe, bin ich gestürzt. Monatelang lag ich im Krankenhaus. Du weißt ja gar nicht, warum die Frau mitgekommen ist! Es ist nicht so, wie du denkst! Das ist eine Krankenschwester. Der deutsche Staat hat sie mir als Begleitung mitgegeben, damit meine Behandlung hier im Dorf weitergehen kann. Weil uns etwas Luftveränderung gut tut, sind wir hierher gekommen. Die deutsche Regierung bezahlt die Frau, damit sie mich pflegt. Und so sind wir hierher gekommen, was ist denn dabei? Nun schau, was uns alles zugestoßen ist! Meine Frau hat nach dem Stock gegriffen und wollte uns verjagen. Was soll denn das, was tut sie der armen Frau an? Wie sollen wir ihr das erklären?"

Onkel Mehmet rief die Frau zu sich und flüsterte ihr etwas ins Ohr. Daraufhin rief auch Tante Binnaz ihre Schwiegertochter und die jungen Mädchen herbei. In Windeseile gab sie ihnen eine Menge Anweisungen. Tante Melek lief zu den Nachbarinnen nebenan: "Mädchen, weißt du es schon? Hıdır hatte einen schlimmen Unfall in Deutschland. Monatelang lag er im Krankenhaus. Daher kommt es auch, dass er sich so lange nicht zu Hause gemeldet hat. Und die Frau neben ihm soll eine Krankenschwester sein. Guck dir nur mal den deutschen Staat an! Sie haben ihm eine Krankenschwester mitgegeben, damit sie Hıdır pflegt."

Tante Binnaz erzählte die ganze Geschichte absichtlich so laut, damit meine

Mutter es auch hören konnte.

Als es Abend wurde, wurde im großen Zimmer von Onkel Mehmet und seiner Familie eine Tafel aufgebaut, bei der es an nichts fehlte. An die Spitze der Tafel hatte man die deutsche Krankenschwester gesetzt, und rechts und links von ihr meinen Vater und meine Mutter. Meine Mutter, die nun verstanden hatte, worum es ging, schämte sich sehr. Während sie eine Entschuldigung nach der anderen vorbrachte, schlossen alle sich in die Arme, und so ging alles gut aus. Nachdem sie alle miteinander dem köstlichen Essen zugesprochen hatten, war die wilde Verfolgungsjagd auf dem Dorfplatz vergessen, und alles war eitel Sonnenschein.

NURGÜL EREN *ist am 10. Oktober 1971 in Devrek im Kreis Zonguldak geboren worden. Sie ging im Dorf Örmeci zur Grundschule, besuchte danach die Kilimli-Mittelschule, setzte ihre Ausbildung am Aydınlık Evler-Gymnasium fort und schloss ihr Studium an der Fakultät für Öffentlichkeitsarbeit an der Anadolu-Universität von Eskişehir ab. 1989 hat sie geheiratet und kam nach Deutschland. Sie lebt zurzeit in Essen.*

Nurgül Eren veröffentlicht ihre Texte in verschiedenen Zeitungen und Zeitschriften und hat mit ihrem Gedicht "Das Geheimnis der Schöpfung" den ersten Preis und mit ihrem Roman "Der Käfig" den zweiten Preis beim Literaturwettbewerb der Türken in Europa gewonnen.

Ein Abend

Ein feiner Nieselregen fiel. Es schien, als ob die Kraft der Sonne nicht reichte, die grauen Nebelwolken zu vertreiben. Wenn man hinausblickte, war nicht zu erkennen, ob Morgen, Mittag oder Abend war. Da war das Grün weder grün noch das Blau blau. Es war nur Grau, das den Himmel bedeckte.

Vielleicht herrschte deswegen auch drinnen eine so bedrückte Stimmung. Mit den Händen in den Hosentaschen beobachtete er durch das Balkonfenster den Weg seines Sohnes. Er nahm die Gelegenheit wahr, dass seine Frau immer mal wieder in die Küche ging, hob sachte die Tüllgardine und schaute sich noch aufmerksamer um. Er wollte seine Neugier und seine Besorgnis nicht zeigen.

Doch seine Frau kannte sein Seelenleben in- und auswendig. Das war die kleine Belohnung dafür, dass sie ein Leben lang Gutes und Schlechtes mit ihrem Mann geteilt hatte. Sie konnte es nicht mehr aushalten: "Das reicht aber jetzt, Mann! Du stehst schon die ganze Zeit dort. Als ob es das erste Mal wäre, dass der Junge zu einem Bewerbungsgespräch geht!"

Als ob er die Blamage, dass er ertappt worden war, verstecken wollte, antwortete der Mann: "Mach mich nicht nervös, Frau! Kann ich mich vor lauter Lendenschmerzen etwa hinsetzen? Du hast doch selbst gehört, dass der Arzt gesagt hat, dass ich stehen soll!"

"Das heißt also, du wartest dort gar nicht auf den Jungen?"

"Auf was soll ich denn schon warten, Mensch! Es ist Abend geworden, und wenn er immer noch nicht gekommen ist... Das ist doch klar, dass das

Bewerbungsgespräch nicht gut gelaufen ist."

"Ach! Du weißt ja sowieso schon immer alles im Voraus!"

Er wusste es tatsächlich. Es war im Voraus klar, dass auch aus dem vierten Bewerbungsgespräch, das sein Sohn innerhalb eines Jahres hatte, nichts werden würde.

Für den Jungen bestand das eigentliche Problem darin, dass er den Eltern, die zu Hause mit Spannung auf ihn warteten, Rechenschaft ablegen musste. Probleme, die sich nacheinander stellten… und Kommentare. Und zum Schluss würde es bestimmt zu Diskussionen kommen.

Wie immer würde der Vater damit beginnen, den Sohn zu beschuldigen. Und mit der Mutter würde es weitergehen. Würde er jetzt so herumhängen, wenn er sich gebildet hätte um aus sich etwas zu machen? Auch die Mutter war mindestens so schuldig wie der Sohn, sie hatte ihren Sohn nicht gut erzogen und zu sehr verwöhnt …

Das alles musste er so laut sagen, damit er die Stimme, die aus seinem Gewissen kam, unterdrücken konnte. Für wen hatte er sich denn so geschunden? Er hatte seinem Sohn nie genug Zeit gewidmet, aber er hatte sich für ihren Lebensunterhalt abgestrampelt. Damals, als er in die Türkei ging, wollte er ein Dach über dem Kopf und dass er ein aufrechter Baum würde. War das alles etwa nicht für ihn gewesen?

Einmal hatte er seinem Vater wütend entgegengeschleudert: "Dort bin ich ein Deutschländer! Verstehst du das? Das kannst du nicht ändern, selbst wenn du ein mehrstöckiges Haus baust! Wie oft in deinem Leben bist du in meine Schule gekommen?"

Und danach hatte er sowieso geschwiegen. Egal was sie sagten, jetzt gab er noch nicht einmal mehr eine Antwort. Er zog sich in das Schneckenhaus seiner Ausdruckslosigkeit zurück.

Wann hatte er sein Selbstvertrauen verloren? Oder seine Hoffnung? Wann hatte er die weißen Tauben erschlagen, die in die Zukunft flatterten? War es, als er bei den Prüfungen in der Berufsschule durchfiel und ein ungelernter Arbeiter wurde, oder als er ein ungelernter ausländischer Arbeiter wurde?

Das war vielleicht beim zweiten Bewerbungsgespräch, zu dem er gegangen war. Der Arbeitgeber hatte deutlich gesagt: "Von den Bewerbern werden wir nur drei ausländische Arbeiter nehmen…"

Er hatte noch nicht einmal gesagt, wie viele Arbeiter man insgesamt einstellen würde. Doch er war ja nicht als Ausländer dorthin gegangen. Bis zu diesem Tag war er auch kein Ausländer gewesen. Konnte man denn dort Ausländer sein, wo man geboren und aufgewachsen war? Die Sprache hier war seine Sprache, die Schule seine Schule, die Straße seine Straße, das war der Ort, den er kannte. Und das Wichtigste war, dass es der Ort war, nach dem er sich sogar sehnte, wenn er für einen Monat in sein Heimatland reiste. Er hatte seine Kindheit nicht in den Straßen des Heimatlandes verbracht, das sie "dein echtes Vaterland..." nannten. Auch sein Freund Alex, der vom Rad fiel und dessen Fuß blutete, war an dem Tag, an dem er mit ihm zusammen weinte, kein Ausländer. Mit den Kindern in seinem Heimatland redete er nicht so wie mit seinen deutschen Freunden. Er konnte sich ihnen nicht verständlich machen ... Alles, was sie wussten, war das, was zu dem Ort gehörte, an dem sie geboren und aufgewachsen waren. Und dadurch gehörte er auch dazu. Das hatte er bis zu diesem Tag geglaubt. An diesem Tag sagten sie: "Nein! Du gehörst nicht hierher. Du bist Ausländer!"

In welchem Maße er Ausländer war, hatten sie ihm jedoch nicht gesagt. Woran erkannte man denn nun wirklich einen Ausländer in Deutschland? Am Menschen? An der Luft, am Wasser, an der zarten Sonne ...? Oder an der Haltung, an der Sprache - oder woran denn nur?

Die Sorge, die man aus dem Wirrwarr heraushörte, den die unbefriedigenden Antworten schufen, lautete: Vielleicht war es das einzige Gefühl, das der Junge seit einer ziemlich langen Zeit spürte und dem man einen Namen geben konnte. Das war ein solches Gefühl, dass es sich jeden Tag in eine andere Wahrnehmung verwandelte. Von der Sorge zur Angst, von der Angst in Ekel, von Ekel in Zorn, von Zorn in Gewalt...

Die Frau hörte den Schlüssel im Schloss und rief: "Ach, da ist er ja endlich!" Flüsternd fuhr sie fort: "Ich bitte dich, mein Liebster, fall nicht sofort über den Jungen her! Die Orte wo er dann hingeht um sich abzureagieren sind mir nicht geheuer. Nächtelang mache ich dann kein Auge mehr zu."

"Als wenn ich schlafen würde...", sagte sich der Mann innerlich. Die Worte, die von dort kamen, erreichten sowieso niemals seine Lippen. Es war ein Ort, von dem aus er nicht sprechen, und den er auch niemandem zeigen konnte.

Wenn die Worte, die er eigentlich sagen wollte, doch nur nicht wie ein Knoten in seinem Hals stecken würden... Wenn es nur nicht so schwer wäre, die Arme auszubreiten... Vielleicht würde dies nicht einer der Abende werden, die man wie immer lustlos verbrachte.

BINALI BOZKURT *wurde 1943 im Dorf Kuzuveren geboren, das zur Gemeinde Tercan gehört. Nachdem er die Grundschule abgeschlossen hatte, ging er im Alter von 15 Jahren nach Soma bei Manisa, um in den Bergwerken zu arbeiten. 1971 kam er als Bergmann nach Deutschland. Seit 1973 arbeitet er bei den Düsseldorfer Straßenbahnbetrieben. Seine Gedichte wurden in verschiedenen Zeitschriften veröffentlicht. Er beteiligte sich mit seinen Gedichten an den Bänden "Ren'e Akan Şiirler - Gedichte, die in den Rhein fließen" und "Aydınlığa Akan Şiirler - Gedichte, die zum Licht strömen".*

Ein Teil seiner Geschichten zum Lachen kamen im Jahr 2005 im Önel Verlag unter dem Titel "Alman Dilberi - Deutscher Liebling" heraus.

Kamil Efendi

"Mach doch Schluss mit dem Geschrei des Eselchens! Menschenskind noch mal!"

"Was soll ich machen, es weint doch."

"Gib ihm Brei, gib ihm Wasser! Mach alles, was in deiner Macht steht! Du bist doch die Mutter, oder etwa nicht? Bring es nur zum Schweigen, damit ich schlafen kann!"

Naciye nahm das Baby von sechs Monaten aus dem Bett und umarmte es, drückte es an ihre Brust und ging ins Wohnzimmer. Sie schaute sich die Windel des Babys an, sie war sauber. Dann dachte sie, es könnte Hunger haben und kochte ihm Brei. Während sie das Baby mit Brei fütterte, kam Veli mit der Zigarette in der Hand ins Wohnzimmer.

"Schau nur, Veli, unser Kind isst Brei, drück doch die Zigarette aus!"

Ohne die Zigarette auszumachen, ging Veli auf den Balkon. Nachdem er seine Zigarette geraucht hatte, kehrte er ins Wohnzimmer zurück. Er beugte sich zu dem sechs Monate alten Sohn Erkan herab, der im Arm seiner Mutter schlafen gelegt wurde: "Na, was ist los, mein Junge? Wenn du nicht schläfst, lässt du mich nicht schlafen! Na gut, aber wer wird morgens zur Arbeit gehen?" Er umamte seinen Sohn, küsste und streichelte ihn.

"Was war denn nur los? Jetzt hast du unser Kleines doch auch lieb und streichelst es!"

"Das weiß ich auch nicht, ich hatte einfach zu wenig Schlaf! Wenn ich manchmal tagsüber bei der Arbeit bin, bekomme ich die Augen nicht auf, und sie fallen von selbst zu. Die Kollegen machen sich über mich lustig! ‚Ach, Veli, hast du in der Nacht die Wiege geschaukelt?', sagen sie. Das ärgert mich."

Sie schauten nach. Das Kind war eingeschlafen. Sie standen auf und gingen ins Schlafzimmer. Naciye war mit der Antwort, die Veli ihr kurz zuvor gegeben hatte, nicht zufrieden. Im Bett redete sie weiter:

"Was auch immer du sagst, dir geht es nicht gut. Du trinkst immer wieder Alkohol und kommst nachts spät nach Hause. Und wenn du dann kommst, lässt du mich nicht in Ruhe. Ich weiß nicht, was du hast!"

"Setz dir nichts in den Kopf! Ich habe gar nichts. Es ist doch besser, wenn ich zurückkomme, dass wir uns dann lieben."

Als Naciye noch mehr sagen wollte, küsste Veli sie und versuchte sie zum Schweigen zu bringen.

"Du lässt es doch nicht zu, dass ich noch etwas frage. Für dich ist das ganz einfach. Du schläfst mit mir, danach drehst du mir deinen Rücken zu und schläfst einfach ein, das ist ja toll!"

"Soll ich jetzt etwa Rechenschaft ablegen? Vergiss nicht, in vier Stunden muss ich zur Arbeit gehen."

"Es geht mir nicht um Rechenschaft oder so was. Unsere Eltern haben seit dreißig Jahren sehr viel gearbeitet, und sie haben längst nicht soviel gejammert wie du! Jetzt ist es erst vier Jahre her, seit du mit der Arbeit begonnen hast. Und seitdem ist es mit unserer Ruhe vorbei."

"Was du nicht alles sagst! Unsere Eltern hatten keinen Beruf und sie konnten keine Sprache. Weil sie nicht verstanden, was die Deutschen sagten, hatten sie keine Probleme. Wir aber sind hier aufgewachsen und haben hier einen Beruf gelernt. Nacheinander werfen uns die Deutschen Worte wie Gift nach, komm nur und reg dich nicht darüber auf! Du weißt, dass ich drei Jahre lang einen Beruf gelernt habe, um satt zu werden. Auch wenn ich keinen Job in meinem Beruf gefunden habe, musste ich trotzdem arbeiten! Es ist nicht die Mühe der Arbeit, sondern es sind andere Schwierigkeiten, die mich abgeschreckt haben. Und außerdem steht der Sommerurlaub vor der Tür."

"Veli, wenn dich der Urlaub so bedrückt, müssen wir nicht fahren. Und was sind denn die anderen Schwierigkeiten? Jeder arbeitet doch. Ich habe dir gesagt, lass uns erst einmal eine Weile kein Kind machen, damit ich auch arbeiten gehen kann. Das hast du nicht akzeptiert."

"Das ist ja noch besser! Du bist Mutter von zwei Jungen geworden! Du musst dich freuen, Naciye. Und was die anderen Schwierigkeiten angeht, auch darüber reden wir am Wochenende. Na, los, jetzt schlaf erst mal gut!"

"Du auch, schlaf gut!"

Als Veli zwei Jahre alt war, hatte sein Vater die Familie nach Deutschland gebracht. Hier hatte er mit der Schule begonnen. Nach der Grundausbildung hatte er drei Jahre lang eine Lehre als Maschinenschlosser gemacht, aber keine Arbeit in seinem Beruf gefunden. Ohne darauf zu achten, dass er arbeitslos war, hatte er sich in Naciye aus dem Nachbardorf verliebt. Auch Naciye liebte ihn. Sie heirateten und wollten wegen der Arbeit nicht mehr aus der Stadt wegziehen. Denn ihre Familien, Verwandten und Freunde, alle lebten in dieser Stadt. Schließlich trat er in die Firma ein, in der er arbeitete, aber er musste jede Arbeit, die man ihm zuwies, auch ausführen. Eines der Themen, das ihn mehr als die Arbeit bedrückte, war der Urlaub in der Türkei. Sie hatten beide ziemlich viele Verwandte! Da war die Notwendigkeit, allen Geschenke mitzubringen, und das schien ihm ausweglos.

Wenn er an den Urlaub in der Türkei dachte, erinnerte er sich auch daran, dass einige Türken ihren deutschen Vorarbeitern Geschenke aus der Türkei mitbrachten. Die Vorarbeiter, die Geschenke annahmen, und jene, die Geschenke verteilten, schnitten großartig dabei ab, wenn es um Überstunden am Wochenende ging. Denn am Wochenende wurde ein zusätzlicher Lohn gezahlt. Daher waren ein paar deutsche Arbeiter auf diejenigen, die Geschenke verteilten, wütend, und wenn es sich ergab, behandelten sie sie von oben herab. Veli fand das Handeln seiner eigenen Landsmänner auch nicht richtig, aber er blieb dabei allein. Am meisten bedrückten Veli die materiellen Sorgen. Sein Vater sagte ihm fortwährend - und damit hatte er vielleicht auch Recht -: "Mein Sohn, spar so viel Geld, als ob du Deutschland morgen verlassen würdest!" Veli arbeitete hart, aber er konnte kein Geld sparen.

Der Wecker klingelte unendlich lange. Mit Mühe stand Veli auf, zog sich gähnend an und nahm die Tasche mit dem Proviant, die seine Frau am Abend vorbereitet hatte. Ohne sich zu rasieren, ging er aus dem Haus. Als er zu seinem Arbeitsplatz kam, hatte er noch Schlaf in den Augen. Ercan, sein Arbeitskollege, nannte Veli immer "Onkel". Er konnte es nicht lassen und hänselte seinen Onkel:

"Oh, Onkel, hast du wieder keinen Schlaf gehabt! Die Deutschen haben Recht, und jetzt glaube ich es auch, dass meinem Onkel die Arbeit schwer fällt, und auch das Joch ist vielleicht hart!"

"Hör jetzt endlich auf mit dem ‚Onkel', Mensch! Was für eine Laus ist dir denn am frühen Morgen über die Leber gelaufen?"

"Hast du so viel Kraft? Na, Onkel, stark wie ein Löwe! Wessen Onkel bist du denn?"

"Gott behüte mich! Hast du heute schon wieder damit angefangen? Ich habe sowieso schlechte Laune!"

Sie zogen sich an, holten sich einen Kaffee, tranken ihn und gingen zur Personalversammlung. Die Vorgesetzten sagten, dass sie an diesem Wochenende zwei Deutschen, Ercan und Veli, nachts sechs Überstunden verpassen würden. Er fragte sie, ob sie dazu bereit wären. Sie stimmten alle zu.

"Na, prima, mein lieber Onkel, du hast Überstunden gekriegt! Heute Abend sind wir wieder zusammen! Wenn die Arbeit früh zu Ende ist, spendierst du die Getränke."

"Mensch Junge, hast du keine anderen Sorgen als immer nur umsonst zu essen und zu trinken?"

"Wenn ich es denn sagen muss, nein, ich habe keine anderen Sorgen. Wenn ich nicht umsonst esse und trinke, kann ich in den Nächten nicht schlafen! Da ich aber nicht so verschlafen her gekommen bin wie du, heißt dies, dass alles gut geklappt hat."

"Das ist auch gut, mein Junge, unter der Woche schmarotzt du bei uns, und bei wem schmarotzt du am Wochenende?"

"Am Wochenende ist das kein Problem, da gehe ich zu Hochzeitsfeiern. Ob ich eingeladen bin oder nicht, das ist egal. Rakı, Whisky, Hähnchen, Fleisch, alles umsonst!"

"Mensch, was für ein schamloser Mensch du bist!"

"Onkel, was redest du davon, dass ich schamlos bin? Ich nehme doch keinem etwas weg! Onkel, kannst du wirklich nicht schlafen? Ist das ein Problem mit der Ehe oder mit der Jugend?"

"Schau mal, Ercan! Ich verheimliche dir doch nichts! Ich kann nicht schlafen, mein Freund! Ich bin zum Arzt gegangen, und der sagte, das sei der Stress. Er hat mir Tabletten gegeben. Die Medikamente, die er mir gab, haben mich fast betrunken gemacht, und ich habe sie nicht mehr genommen."

"Onkel, geh zu einem guten Hoca! Der soll dich beschwören! Dann bleibt nichts zurück!"

"Du Saukerl! Jetzt machst du dich wieder über mich lustig! Lass mich nicht auf den Hoca fluchen!"

"Na gut, dann beschwöre ich dich! Wenn du trotzdem nicht schlafen kannst, bin ich mit meiner Strafe einverstanden. Ich mache keinen Spaß, zwei Atemzüge sind genug für dich! Du wirst dann schon sehen was Schlafen ist!"

"Mensch, ich bringe dich noch um! Seitdem du aus dem Urlaub zurück bist, hast du angefangen, nur noch davon zu reden! Oder bist du in einen Derwischkonvent gegangen und hast die Genehmigung vom Scheich bekommen?"

"Was denkst du denn, natürlich bin ich dorthin gegangen und habe die Genehmigung vom Scheich bekommen!"

"Wenn ein Schweinehund wie du die Erlaubnis bekommt, dann wehe uns! Das heißt, wir sind verloren!"

"Na, sei vorsichtig Onkel, sonst wirst du verflucht! Ich habe das Wunder gesehen und daran geglaubt. Wenn du es sehen würdest, würdest du auch daran glauben!!

"Was für ein Wunder hast du gesehen? Erzähl doch mal davon!"

"Mit zwei Atemzügen geht's einem schon besser! Da bleibt weder Kummer noch Stress übrig! Durch zwei Atemzüge wird der wildeste Mensch ruhig. Durch zwei Atemzüge wird der Feige und der Ängstliche zum Löwen!"

Da sie nachts wieder zur Arbeit gehen würden, machten sie zwei Stunden früher Pause. Als Veli nach Hause kam, war seine Frau neugierig, warum er so früh da war:

"Na, so etwas! Warum bist du so früh gekommen? Oder bist du krank geworden?"

"Nein, kein Grund zur Sorge! Wir gehen heute Nacht wieder arbeiten, es gibt Überstunden!"

"Na, dann bringe ich die Kinder mal in den Park, vielleicht willst du ein bisschen schlafen."

"Ja, mach das nur! Der Schlaf ist mir zwar nicht vergönnt! Trotzdem lege ich mich ein wenig hin."

Die Nachtarbeit war nicht schlecht. Auch das Klima war angenehm. Da war nichts, was Ercan zu seiner guten Laune beitragen konnte. Er konnte es nicht lassen, Veli zu hänseln.

"Oh je, mein Löwenonkel, deine Augen sind ja schon wieder blutunterlaufen! Du tust mir Leid, wenn ich dich in einer solchen Verfassung sehe! Kannst du nicht ein bisschen vergnügt sein? Du wirst nicht noch einmal zur Welt kommen!"

"Mensch, mein Junge! Heirate nur mal, und dann will ich dich mal sehen, wenn du die Verantwortung für Heim und Herd hast! Ich habe eine Menge Probleme, und außerdem ist auch der Urlaub da!"

"Um so besser! Du gehst in Urlaub und solltest dich darauf freuen!"

"In Anatolien sagt man, es sei für einen Junggesellen leicht, sich scheiden zu lassen. Für dich ist das alles einfach, für mich nicht. Das Loch ist groß, und der Flicken klein! Da sind eine Menge Geschenke einzukaufen! Jetzt begnügt sich niemand mehr mit einem Hemd wie früher. Nächstes Jahr wirst du heiraten. Heirate nur, dann wirst du verstehen, wie das mit dem Lebensunterhalt läuft!"

"Schau mal, Onkel, warum bin ich denn gegangen und habe eine aus dem Dorf geheiratet? Denn sie wird mindestens drei Jahre brauchen bis sie ihre Augen öffnet und sich hier zurechtfindet. Und bis sie soweit ist, habe ich mich schon etwas aufgerappelt."

"Dann soll sie doch kommen, wir werden ja sehen. Ob sich ihre Augen in einem oder drei Jahren öffnen, das
wird sich schon zeigen."

"Wir werden ja sehen. Aber heute habe ich es dir versprochen, mit der Genehmigung von Scheich Kamil Efendi gebe ich dir zwei Atemzüge und lasse dich zehn bis zwölf Stunden lang schlafen! Ach, du liebe Güte, ach! Nachdem du aufgestanden bist, fühlst du dich wie neugeboren."

"Nun hör mal auf, mich auf den Arm zu nehmen! Es würde doch reichen, wenn ich mich sechs Stunden hinlegen könnte. Dein Atem reicht ja noch nicht mal für dich!"

Alle Kollegen arbeiteten im Akkord und waren eine Stunde früher mit der Arbeit fertig. Nachdem Ercan Veli mit seinem Wagen nach Hause gebracht hatte, würde er zu sich nach Hause fahren. Sie machten sich auf den Weg. Ercan zog ein Päckchen Tabak aus der Hosentasche. Darin lagen zwei fertig gerollte Zigaretten. "Guck mal, Onkel, das sind zwei Zigaretten mit dem Zauberhauch. Nimm dir eine, rauch sie ganz gemächlich und leg dich dann hin und schlaf. Wenn du weniger als zehn Stunden schläfst, bin ich mit einer Strafe einverstanden."

"Mensch, und wer sagt mir denn, dass da kein Schlafmittel in der Zigarette ist?"

"Das gehört sich nicht, Onkel! Schau mal, da sind zwei Zigaretten. Eine davon rauchst du, und ich rauche die andere. Wenn du willst, nehme ich den ersten Zug aus deiner Zigarette! Du hast die Wahl, nimm dir nur die Zigarette, die du haben willst!"

"Gut, aber was für ein Wunder versteckt sich denn in dem Tabak?"

"Was heißt hier ,Was für ein Wunder ist das?' Das ist der berühmte Samson-Tabak aus Holland. Und außerdem wurde er von Scheich Kamil mit seinem Atem behandelt! Das hat nichts mit der Marlboro zu tun, die du sonst rauchst."

"Wo hat denn dein Schmarotzer-Scheich die Zigaretten mit seinem Atem behandelt?"

"Guck mal, Onkel, beleidige meinen Scheich nicht! Als ich ins Dorf fuhr, habe ich fünf bis zehn Zigaretten behandeln lassen und mitgebracht! Hier gebe ich sie nur engen Freunden wie dir, die gebe ich nicht jedem!"

Lächelnd nahm Veli eine der Zigaretten. Die andere Zigarette steckte er Ercan zwischen die Lippen und zündete sich seine Zigarette an. Er ließ Ercan daran ziehen und wurde innerlich ruhig. Er stieg aus dem Wagen. "Fahr vorsichtig! Guck mal, wenn du mit dieser Zigarette getrickst hättest, würde ich dich wahrhaftig umbringen! Na, dann gute Nacht!"

"Kann das denn wahr sein! Wie ich dir schon sagte, rauch die Zigaretten im Vertrauen auf die Wirkung - und ganz langsam! Ich wünsche dir auch eine gute Nacht!", rief Ercan und fuhr davon.

Misstrauisch rauchte Veli die Zigarette. Bestimmt war an dem Tabak etwas verändert. Das könnte sein. Denn er rauchte immer Marlboro. Er öffnete die Haustür und betrat seine Wohnung. Er machte die Zigarette im Aschenbecher auf dem Tisch im Wohnzimmer aus. Naciye, seine Frau, wachte auf. Sie stand auf und kam vom Schlafzimmer ins Wohnzimmer. Sie beglückwünschte ihn für sein Schaffen und fragte ihn, ob er etwas wolle. In dem Moment, als Veli antwortete, fühlte er sich miserabel. Ihm wurde schwarz vor Augen, seine Brust war eingeschnürt und er konnte kaum Atem holen. Er fiel zu Boden. Naciye war zuerst sprachlos!

Sie beugte sich herab und legte Velis Kopf auf ihre Knie. Von Veli war kein Laut zu hören. Sie war fassungslos und schrie laut auf. Sie rannte zum Telefon, wählte die Notfallnummer und gab dort Bescheid. Von Naciyes Geschrei wachten die Nachbarn auf, der Italiener Josef und sine Frau. Sie klingelten an ihrer Wohnungstür und fragten, was passiert sei und ob sie Hilfe bräuchte. Mit erstickter Stimme erläuterte Naciye kurz die Lage. Sie wünschten ihr "Gute Besserung!" und warteten, bis der Erste-Hilfe-Wagen eintraf. Es dauert sechs bis sieben Minuten, bis der Erste-Hilfe-Wagen kam. Der Arzt machte eine erste Untersuchung, und man brachte Veli ins Krankenhaus.

Naciye rief ihren Vater und ihren großen Bruder Yusuf an und gab ihnen Bescheid. Kurz darauf kam auch Yusuf und brachte seine Frau mit. Er ließ seine Frau in der Wohnung, damit sie auf die Kinder aufpasste und fuhr mit Naciye ins Krankenhaus. Sie warteten eine Weile. Der Arzt bat Naciye herein. Er fragte sie, wie es dazu gekommen war, ob sie sich gestritten hätten und ob er danach Drogen genommen habe. Naciye antwortete, dass ihr Mann bestimmt keine Drogen nähme, dass er ab und zu Alkohol trinke und dass sie sich nicht gestritten hätten. Nachdem die Fragen vorbei waren, klärte er Naciye über Velis Zustand auf:

"Ich kann sagen, dass es nichts Gefährliches ist. Er kommt sowieso allmählich wieder zu sich. Du kannst ihn erst heute Nachmittag besuchen. Es ist nichts Beängstigendes."

Naciye war ein wenig beruhigt und ging hinaus. Auch ihr Vater war gekommen. Sie erzählte ihrem Vater und ihrem großen Bruder, was der Arzt gesagt hatte. Ihr Vater meinte sehr ernst: "Mein Tochter, die Ärzte wissen nicht alles. Sollten wir nicht zu einem Hoca gehen? Sobald hier in diesem Land irgendwas los ist, rennen die Leute sofort zum Arzt. Gab es früher etwa einen Arzt im Dorf? Auch die Geistlichen haben ein reiches Wissen! Wenn sie zwei Gebete lasen und einen Zauberspruch aufschrieben, machte der Kranke sofort die Augen auf ..."

Naciye unterbrach ihn: "Vater, was sagst du denn da! Was für ein Interesse kann ein Hoca in unserem Jahrhundert an einem Kranken haben? Der Hoca ist doch ein Mann der Religion!"

"Was für eine Dummheit! Denkst du etwa auch wie dein heidnischer Ehemann? Das ist falsch, ganz und gar falsch! Vergiss nicht, dass Himmel und Erde vom Gebet abhängig sind! Geh du nur nach Hause, ich gehe zum Hoca!"

Im Krankenhaus wurde geröntgt und analysiert. Alles ging gut. Es war alles in Ordnung, wie kam es aber dazu, dass der Patient halbtot war? Der Arzt vermutete, dass es am Drogenkonsum lag. Als er Veli danach fragte, antwortete er definitiv mit "Nein!" Da der Arzt zweifelte, ließ er eine Krankenschwester bei ihm. "Wenn er Drogen nimmt, dauert es nicht lange, dann verlangt er wieder danach und bekommt eine Krise." Doch nichts davon trat ein.

Als Naciye am Nachmittag ins Krankenhaus ging, war Veli aus der Ohnmacht aufgewacht. Man ließ Naciye zu ihm. Er sah ziemlich müde aus. Als er mit Naciye sprach, war das wie im Tiefschlaf.

"Veli, was ist dir nur passiert? Erzähl es, wenn du etwas davon weißt!"

"Ich weiß es nicht. Bis ich nach Hause kam, war gar nichts los."

"Warst du überanstrengt oder hattest du dich über jemanden geärgert?"

"Nein, ich hatte überhaupt nichts!"

Naciye hatte wieder eine Besprechung mit dem Arzt. "Ich kann Ihnen nichts Definitives sagen. Sie müssen bis Montag warten. Sein Zustand ist gut. Es gibt nichts zu befürchten", sagte er.

Naciye kam wieder nach Hause. Ihr Vater rief an und fragte sie, wie es Veli ginge. Naciye erzählte ihm, was sie erfahren hatte. "Er hat die Augen aufgemacht, ist aber noch sehr müde", sagte sie.

"Schau mal, meine Tochter, ich bin zum Hoca gegangen. Der Hoca sagte: 'Er ist durch die Tür gegangen, ohne die Grußformel zu sprechen. Der Schatten eines Dämons ist auf ihn gefallen. Er ist sehr müde.' Er wird eine Zauberformel schreiben, und gegen Abend komme ich zu dir und bringe sie dir."

Am Abend ging Naciye wieder ins Krankenhaus. Veli ging es etwas besser. Sie erzählte Veli, dass ihr Vater zum Hoca gegangen war und was der Hoca gesagt hatte.

"Guck mal, Naciye, ich glaube nicht an Dämonen und Feen. Bring mich jetzt nur nicht dazu, dass ich fluche! Wie soll mich denn der Schatten eines Dämons in so einen Zustand gebracht haben? Oder wenn er mich persönlich überfallen hätte, in welcher Verfassung wäre ich wohl dann?"

"Veli, was ist denn los? Ärgere dich doch nicht! Und fluch auch nicht! Mein Vater hat mir den Zauberspruch gegeben, und ich gebe ihn dir zu Hause."

"Gott behüte! Ich brauche keinen Zauberspruch oder so was! Wohin sollte ich ihn mir denn hängen? An so was Blödes in diesem Jahrhundert noch zu glauben."

"In Ordnung, ärgere dich nicht! Am Montag kommst du nach Hause."

Sie küsste ihn auf die Wangen, wünschte ihm eine Gute Nacht und ging.

Nachdem Naciye gegangen war, kamen Veli Zweifel an Ercans Zigarette. Doch das war ein Freund, dem er vertraute, er konnte ihm nicht so einen Streich gespielt haben. Scheich Kamil Efendi fiel ihm ein. Ob das tatsächlich ein Heiliger war? Auf einmal war er von Angst und Zweifeln bedrückt. Es war vielleicht doch nicht richtig zu fluchen.

Doch Veli hatte Recht mit seinem Zweifel. In jener Nacht hatte Ercan die Lage verstanden, als er ein paar Mal an der Zigarette zog, die er sich angezündet hatte, als er sich seiner Wohnung näherte. In eine der Zigaretten, die er am Arbeitsplatz gedreht hatte, hatte er etwas mehr Haschisch gesteckt. Als ein deutscher Kollege in diesem Moment zu ihm kam, versteckte er die Zigaretten, die er gedreht hatte, und danach konnte er die Zigarette nicht wiedererkennen, in die er mehr Haschisch gesteckt hatte. Und durch Zufall hatte Veli sich diese Zigarette ausgesucht. Ercan sagte sich: "Mensch, Onkel, hoffentlich hast du nicht alles geraucht, sonst bist du aber gemein dran. Am nächsten Tag rief er am Mittag Veli an, doch niemand ging ans Telefon. Als er am Abend wieder anrief, antwortete Naciye.

"Hallo, Naciye, ich bin's, Ercan. Ist Onkel Veli nicht da? Ich würde gern mit ihm reden."

"Frag nicht, Ercan. Veli ging es nicht gut, als er letzte Nacht von der Arbeit heimkehrte. Wir haben ihn ins Krankenhaus gebracht."

"Gute Besserung! Was war denn los?"

"Die Ärzte haben noch nichts Genaues gesagt, allerdings ist mein Vater zum Hoca gegangen. Der Hoca sagte, der Schatten des Dämons sei über ihn gekommen, da er ohne Grußformel durch die Tür getreten sei."

"Das tut mir Leid! Gute Besserung! In welchem Krankenhaus liegt er?"

"Danke! Im Evangelischen Krankenhaus, im dritten Stock, in Zimmer 332."

"Mach dir keine Sorgen! Meinem Onkel geht's in zwei Tagen wieder gut. Morgen komme ich ins Krankenhaus."

Nachdem er den Hörer aufgelegt hatte, zog er die Zigarette aus der Hosentasche, die er gerade gedreht hatte, und streichelte sie.

"Du heiliges Ding. Der Hoca hat bestimmt Recht. Du bist nicht der Schatten eines Dämons, du bist der Dämon selbst!"

Er begann heimlich zu lachen. "Ach, der arme Onkel! Wer weiß, wie er zur Ruhe gekommen und im Krankenhaus gelandet ist!"

Am Sonntag kaufte Ercan einen Strauß Blumen und ging ins Krankenhaus. Als Velis Besucher gingen, betrat er das Zimmer:

"Na, so etwas, Onkel, gute Besserung! Da bist du also hier gelandet! Was ist dir denn passiert?"

"Danke, mein lieber Neffe! Vor dem Unglück ist niemand sicher. So war es nun mal. Ich habe es auch nicht verstanden."

"Onkel, versteh mich nicht falsch, man muss ein bisschen Glauben haben! Wer weiß, ob es ein Dämon war oder eine Fee?"

"Ich bin nicht ungläubig, aber ich glaube auch nicht an Spitzfindigkeiten. Die Ärzte konnten nichts finden."

"Habe ich dir nicht gesagt, lege dich nicht mit Scheich Kamil Efendi an? Guck mal, nachdem er dich zweimal angepustet hat, hast du so lange geschlafen!"

"Mensch, oder war etwas in der Zigarette? Der Arzt hat mich gefragt, ob ich Drogen genommen habe. Wer war denn dieser Scheich Kamil Efendi? Wie alt ist er?"

"Niemand kennt sein Alter. Vielleicht ist er so alt wie der Prophet. Er hat die Zigarette, die du dir genommen hast, etwas stärker angepustet! Eigentlich war diese Zigarette für mich gedacht, du hast dir meine Zigarette genommen."

"Du hast etwas unter den Tabak gemischt, nicht wahr?"

"Ach, Onkel, ich habe es dir doch gesagt. Das ist der berühmte Samson-Tabak aus Holland, aber der Treibstoff war etwas anderes."

"Was war denn der Treibstoff? Sag's nur!"

"Na, Onkel, komm wieder etwas zu dir! Du lebst schließlich in Europa! Der

Treibstoff der Zigarette war Kamil Efendi."

"Du bist wieder zu Scheich Kamil gegangen!"

"Ach, mein Gott, du hast es immer noch nicht kapiert! In Anatolien ist Kamil Efendi der Deckname für Haschisch!"

Veli richtete sich im Bett auf und war nahe daran, Ercan mit einem Sprung anzugreifen. Genau in diesem Moment betrat die Krankenschwester wieder den Raum, und Veli blieb im Bett.

"Ist irgendwas Ungewöhnliches los?", fragte die Krankenschwester.

"Nein. Ein Freund ist zu Besuch gekommen, und ich wollte mit ihm in den Aufenthaltsraum gehen."

"Nein, das kommt nicht in Frage. Heute dürfen Sie noch nicht aufstehen. Erst morgen, nach der Visite."

"Menschenskind noch mal, wie machst du das nur? Ich weiß, ich werde noch zu deinem Mörder!"

"Onkel, ich habe das nicht bewusst gemacht, da ist ein Fehler passiert. Entschuldige bitte."

"Um Gotteswillen, das heißt doch, es war das Haschisch, das mich fast umgebracht hat."

Ercan dachte, es sei besser, wenn er verschwände, so lange die Krankenschwester da war und sagte: "Ich mache mich davon, Onkel, und wir treffen uns, sobald du entlassen bist." Er ging, ohne Velis Antwort abzuwarten.

Als er zur Tür hinausging, rief ihm die Krankenschwester "Tschüss" hinterher.

Die Ärzte untersuchten alle Röntgenbilder von Veli und alle Tests, die man gemacht hatte, ganz genau, konnten keine Krankheit feststellen und fragten den Chefarzt: "Was schreiben wir denn als Diagnose?"

Der Chefarzt antwortete: "Schreiben Sie, es war eine Depression." Viele Jahre später half Veli dieses Attest dabei, das er vom Militärdienst befreit wurde. Als Veli sich den Bericht anschaute, auf dem stand, dass er als Soldat untauglich sei, erinnerte er sich an diese Zeit und sagte lächelnd: "Ach, großer Kamil Efendi, ach!"

SIRRI AYHAN kam 1961 in Adıyaman-Kahta als fünftes Kind einer Familie mit neun Kindern zur Welt. Nach dem Abschluss der Grundschule legte er die Prüfungen für die Mittelschule als Externer ab. 1974 kam er nach Istanbul. Bis er sich im Jahr 1989 in Deutschland niederließ, hatte er seinen Lebensunterhalt mit vielen verschiedenen Arbeiten bestritten.

In Düsseldorf arbeitet er als Taxifahrer und schreibt Kurzgeschichten. Sein deutschsprachiges Buch "Taxi International" wurde 2004 vom Verlag "Neuer Weg" veröffentlicht und ins Englische übersetzt. Im Jahr 2002 wurden Erzählungen von ihm auf Kurdisch unter dem Titel "Jiyane Nivco", 2003 ein türkischer Band mit Erzählungen "Nicht vorhandene Leben" vom Verlagshaus "Peri" herausgegeben.
Der Roman "Der Tanz des Berbers" wurde 2008 vom "Belge" Verlag veröffentlicht.

Was sind schon zwanzigtausend Euro!

Als er am Morgen gegen halb acht bei Minusgraden an der Kolping-Haltestelle auf Fahrgäste wartete, kam ein großer, starker Mann von einem Meter neunzig im Anzug auf das Taxi zu und schleckte ein Eis. Der Typ, der noch vor dem Morgengrauen und auch noch bei einer solchen Kälte ein Eis aß, kam Cemil nicht geheuer vor. Nachdem der Mann eingestiegen war, sagte er, er wolle nach Urdenbach fahren, doch vorher wolle er an einem Laden anhalten und nach dem Einkaufen nach Hause fahren.

Es wäre doch schön, wenn es auch von diesem interessanten Mann einen Eintrag in das Gästebuch gäbe, in das sich die Fahrgäste einschrieben. "Bitte sehr, mein Herr", unterwegs erzählte Cemil ihm davon. Kurz danach reichte er dem Mann das Heft, und als er ihn bat, etwas hineinzuschreiben, antwortete der Mann mit gleichgültiger Stimme: "Lassen wir das erst mal, vielleicht später!"

Als sie an dem Geschäft ankamen, sahen sie, dass es noch nicht geöffnet war. "Dann gucke ich doch mal in das Heft", sagte der Mann. Und nachdem er es sich ein wenig genauer angeschaut hatte, kritzelte er ein paar Zeilen hinein. "Ich lese dir mal vor, was ich geschrieben habe", sagte er und las. "Ich heiße Dieter. Der Taxifahrer, der mich nach Hause bringt, hat Verständnis für uns und hat sich daran gewöhnt, hier zu leben. Für mich ist das okay."

Danach fragte er Cemil: "Sie kommen aus der Türkei, nicht wahr?" Ohne die Antwort abzuwarten, fuhr er fort: "Ich bin dort viel umhergereist. Antalya und Kemer sind unglaublich schön. In Alanya habe ich ein Haus gekauft. Ist Ihr Sommerhaus auch in der Gegend dort?" "Ich konnte die Orte leider noch nicht sehen", sagte Cemil und lachte. "Ich habe weder in der Türkei noch hier auch nur einen Quadratmeter Land."

"Das ist erstaunlich!", antwortete der Mann. "Du musst etwas kaufen mein Freund. Die Türkei wird bald in die Europäische Union eintreten, und die Grundstückspreise werden um das Fünffache steigen. Wenn du Geld hast, nimm sofort einen Kredit bei der Bank auf und kauf ein Haus mit Grund und Boden. Wie kommt es, dass du die Gegend dort nicht kennst? Das dort ist doch dein Land, oder etwa nicht? Du machst dich bestimmt über mich lustig, hab' ich Recht?"

Als Cemil sagte, dass er wirklich weder nach Alanya noch nach Antalya gefahren sei und die Gegend dort nicht kenne, sagte der Mann wieder so, als ob er ihn kritisieren würde: "Das begreife ich nicht. Das dort ist doch dein Land, wie kommt es, dass du nie dorthin gefahren bist und das alles nicht gesehen hast? Ich bin durch alle Länder Deutschlands gereist. Kennt man etwa sein eigenes Land nicht?"

Cemil antwortete, dass nicht nur er selbst, sondern Millionen türkischer Arbeiter, die mit Mühe ihren Lebensunterhalt bestritten, keinen Urlaub machten. Als er erzählte, dass manche Angestellten sogar sehnsüchtig auf ihren Jahresurlaub warteten, doch statt in Urlaub zu fahren sie zusätzlich an anderen Arbeitsstellen arbeiteten, um Winterkohle oder Holz zu kaufen, blickte der Mann ihn mit ungläubigem Staunen an und sagte dann im Befehlston: "Wie auch immer, du arbeitest hier. Was sind schon zwanzigtausend Euro! Geh sofort los und kauf dort ein Haus!"

"Ich habe drei Kinder. Ich bringe die Kosten für die Schule und alles andere nur mit Mühe auf. Zum Glück arbeitet auch meine Frau. Wir kommen gerade so durch, ohne von irgendwem abhängig zu sein. Alles, was wir verdienen, reicht gerade für die Ausbildung der Kinder", antwortete Cemil.

In diesem Moment wurde der Laden geöffnet. Der Mann stieg aus dem Taxi und ging in das Geschäft. Kurz danach kam er zurück und hatte den Arm voller Pakete. Sie fuhren wieder los. Als sie am Haus des Mannes ankamen und der Mann zahlte, sagte er: "Vergiss nicht, was ich dir gesagt habe, ist das klar? Geh sofort los und kauf ein Haus! Später wirst du es bereuen."

Lachend antwortete Cemil: "Zwanzigtausend Euro kann ich mir nur im Traum vorstellen!" Als der Mann zu seinem Haus ging, murmelte er: "Das verstehe ich nicht. Das kann ich nicht begreifen. Was sind schon zwanzigtausend Euro!"

*ILHAN ATASOY wurde 1970 in Kırşehir gebo-
ren. 1980 kam er als Arbeiterkind mit seiner
Familie nach Dortmund. Er besuchte die
Anne Frank-Gesamtschule und schloss den
Schulbesuch mit dem Abitur ab. Eine
Zeitlang studierte er Jura, Germanistik und
Turkologie.*

*Er veröffentlichte Texte in den Zeitschriften
"Gırgır", "Türk Dil Dergisi", "Evrensel", "Taz-
Perşembe", "Anafilya", "Ayrıntı" und "Yankı".
Das Ein-Personen-Stück "Şiir Tadında Bir
Komedi - Eine Komödie im lyrischen Stil"
wurde er in vielen Städten Deutschlands auf-
geführt. Außerdem liegt ein deutsches
Theaterstück mit dem Titel "Walla, ich
schwöre!" von ihm vor. In verschiedenen
deutschen und türkischen Anthologien wur-
den Gedichte und Erzählungen von ihm ver-
öffentlicht. Zudem erschienen zwei
Lyrikbände mit den Titeln: "Tehlikeli Öpü-
cük"/"Das gefährliche Küsschen" (1989) und
"Ağzımdan Kaçan Şiirler"/"Gedichte, die
meinem Mund entfliehen" (2002).*

Die Arbeit und das Altern

12. August

Der Blutdruck meiner Mutter will sich absolut nicht senken. Wir haben sie
heute ins Krankenhaus gebracht. Da sie nicht Deutsch kann, habe ich mich mit den
Ärzten getroffen, um etwas über ihren Zustand zu erfahren. Denn mein Vater war
in der Türkei. In ein paar Tagen wollte er zurückkehren.

"Ihre Frau ist in einer sehr guten Verfassung", sagte der Arzt.

"Das ist nicht meine Frau, sondern meine Mutter", entgegnete ich.

Der Arzt entschuldigte sich. Nicht etwa er, sondern ich wurde aus unerfind-
lichen Gründen rot. Nachdem der Arzt das Zimmer verlassen hatte, fragte meine
Mutter:

"Was hat er gesagt?"

"Weil ihr so früh geheiratet habt, hält alle Welt uns für ein Ehepaar", antwor-
tete ich.

Meine Mutter wurde von einem Lachanfall geschüttelt. Nachdem sie sich
beruhigt hatte, fragte sie:

"Und was hat er über meine Krankheit gesagt?"

"Es gibt nichts zu befürchten … Warum habt ihr so früh geheiratet?"

"Da trifft mich keine Schuld. Dein Vater wollte mich unbedingt."

"Und wenn du dich nicht darauf eingelassen hättest …"

"Das war nun mal Dummheit."

13. August

Ich war wieder im Krankenhaus. Die Krankenschwester kam zu mir und sagte:

"Sie müssen in den zweiten Stock gehen; Ihre Frau wird geröntgt."

"Das ist meine Mutter", entgegnete ich.

"Ach, wirklich?"

"Ja, tatsächlich!"

"Dann entschuldigen Sie bitte."

Als ich mit meiner Mutter die Treppe hinunterging, kam uns ein älterer Patient entgegen. "Was hat denn Ihre Frau?" fragte auch er jetzt noch.

"Mensch, was geht dich das an, bist du der Arzt?" wollte ich schon sagen. Zum Teufel mit ihm, am liebsten würde ich ihn die Treppe hinunter werfen. Sollte ich vielleicht auf mein T-Shirt schreiben: "Die Frau an meiner Seite ist meine Mutter!", damit es alle kapieren?. Wahrscheinlich spürte meine Mutter, dass ich kurz davor war auszuflippen. Sie hakte sich bei mir unter und sagte: "Hör einfach nicht hin!"

Kurz danach kam eine Ärztin mit dunkler Hautfarbe zu uns, die wie ein Mannequin aussah. Als ich dachte "Ja, so sollte eine Ärztin aussehen. Bei ihrem Anblick kehrt meine gute Laune wieder zurück" sagte die Ärztin: "Warten Sie hier, und Ihre Frau soll mit mir kommen." Sie nahm meine Mutter mit. Ich rief ihr hinterher "Das ist meine Mutter! Meine Mutter! Meine Mutter!", aber es nützte nichts. Sie ging hinein und schloss die Tür. Du auch meine schöne Ärztin! Du auch! Hast du etwa dafür den Eid des Hippokrates geleistet?

Während ich auf meine Mutter wartete, ging ich zu dem Spiegel, der dort hing, und blickte lange hinein: "Spieglein, Spieglein an der Wand, sag mir doch, war es meine Mutter, die so früh geheiratet hat oder bin ich es, der so alt aussieht?"

Als meine Mutter zurückkam, war die hübsche Ärztin nicht bei ihr. Der Zorn darüber, dass mir ihr Zustand nicht erklärt wurde, fraß mich innerlich auf. Diesmal fuhren wir mit dem Fahrstuhl in das Stockwerk, in dem das Zimmer meiner Mutter lag. Im Aufzug trafen wir einen jungen Krankenpfleger. Er konnte seinen Blick nicht von uns wenden. Mit einem gekünstelten Lächeln schaute ich dem Mann ins Gesicht und sagte:

"Das Krankenhaus hat meiner Frau genützt."

"Ist das Ihre Frau?", fragte er.

"Nein, meine Mutter!", antwortete ich.

Ich ärgerte mich wieder einmal. Ich wollte jeden, der mich ansprach, nur noch anschnauzen. Ich verließ meine Mutter mit den Worten: "Nun, da sind wir Frau, geh du in dein Zimmer, ich gehe jetzt."

14. August

Heute ist meine Schwester zu meiner Mutter gegangen. Morgen kann sie entlassen werden. Mein Vater hat aus der Türkei angerufen und gefragt, wie es meiner Mutter geht. Ich sagte ihm, es gehe ihr gut. Er antwortete, dass er morgen kommen werde.

15. August

Heute Nacht hatte ich einen Traum. Aber was für einen Traum! Ich wurde Zeuge bei der Eheschließung meiner Eltern …

Nachdem ich am Morgen aufgestanden war, eilte ich zum Krankenhaus, um meine Mutter abzuholen.

Ich ging mit meiner Mutter in das Zimmer des Chefarztes des Krankenhauses, um mit ihm zu sprechen. Der Chefarzt meinte:

"Ihre Frau sollte etwas Sport treiben und vorsichtig sein bei allem, was sie isst und trinkt."

Selbst der Chefarzt hielt meine Mutter für meine Frau. Das war doch wirklich die Höhe! Es war gleichgültig, was wir sagten. Wir achteten nicht mehr darauf. Nach diesem Gespräch würden wir sowieso nichts mehr mit dem Krankenhaus zu tun haben.

Der Chefarzt gab uns dauernd Ratschläge: Ihre Frau sollte dieses nicht tun, Ihre Frau sollte jenes lassen. Wir müssten es noch ein paar Minuten über uns ergehen lassen.

"Sie sollten ihrer Frau keinerlei Stress unterwerfen", sagte er.

"Sie haben Recht", erwiderte ich und gab keine Widerworte.

Plötzlich ging die Tür auf, und mein Vater trat ein. Der Chefarzt ermahnte ihn:

"Würden Sie bitte draußen warten?"

Als mein Vater näher kam, wies der Chefarzt ihn mit scharfen Worten zurecht: "Nur Familienangehörige dürfen hier eintreten!"

"Lassen Sie ihn nur, er kann ruhig hereinkommen", meinte ich.

"Wer ist er?"

"Das ist mein Sohn!"

RACİ HELVALI wurde am 12. August 1963 in İstanbul-Küçükyalı geboren. Die ersten zehn Jahre seiner Kindheit verbrachte er in Adapazarı-Geyve. Ende 1972 fand er sich selbst an einem Wintertag plötzlich in Deutschland wieder. Nach der Grund- und Mittelschule und der Berufsausbildung stürzte er sich in das Leben eines Arbeiters.

Seine Liebe zur Literatur hat ihn seit der Kindheit nicht verlassen. Die von ihm zunächst entworfenen Skizzen verwandelten sich nach und nach in ernsthafte Texte. "Manchmal plaudere ich mit einem Phantasiewesen, dieses Phantom kommt, flüstert mir etwas ins Ohr und geht wieder. Das Flüstern verwandelt sich dann in ein Gedicht", erzählt der Autor über sich, der sein erstes Buch mit 54 Gedichten 1997 unter dem Titel "Aşklar da Tecrübelidir - Auch die Liebe hat ihre Erfahrungen" veröffentlichte. Der Lyrikband "Sevda Yüklü Gemi - Das mit Liebe beladene Schiff", wurde 2008 zusammen mit einer CD veröffentlicht. Zu der Anthologie "Dostluğa Akan Şiirler - Gedichte, die in die Freundschaft fließen", die die "Literaturwerkstatt Fakir Baykurt" im Jahr 2003 herausgab, hat er sechs Gedichte beigetragen..

Schizophren

Als ich mit schweren Schritten durch die Stadt ging, suchte ich einen Platz, an dem ich mich hinsetzen und Kaffee trinken könnte. Ich wanderte lange umher, ging an vielen Cafés vorbei, konnte mich aber für keines erwärmen. Eigentlich suche ich jemanden, der an meinen Gedanken und meinem Leid Anteil nimmt. Ich müsste mit jemandem reden. Auf einmal fühle ich mich mutterseelenallein. Oder sollte ich zu irgendwelchen Bekannten gehen? Mir kommt die schöne Frau in den Sinn, die ich ab und zu im Bus treffe und die ich manchmal beim Wäsche aufhängen in der Sonne gesehen habe. Ich wünsche mir sehr, sie zu sehen. Doch das ist nicht möglich, denn der Himmel ist heute bedeckt und sie kommt bestimmt nicht heraus, um Wäsche aufzuhängen.

Ich überlasse mich wieder dem Menschengedränge der Stadt und gehe spazieren, ohne zu wissen, wohin. Ich möchte auch nicht, dass irgendein Bekannter von mir auftaucht. Denn ich kann mir vorstellen, was er sagen würde, wenn ich ihn träfe:

"Du hast ja immer noch nicht geheiratet! Wanderst ja nur noch herum und vertrödelst dein Leben!"

Oder: "Wenn du so weiter machst, endest du noch als alter Junggeselle. Mensch, du wirst noch verrückt!"

Dann würde ich so tun, als hätte ich die spöttischen Bemerkungen im positiven Sinn verstanden und lachend antworten: "Ich bin seit eh und je ein herum irrender Verrückter, hast du das denn noch nicht mitbekommen?"

Während ich an das alles denke, kommt mir die Einladung in meiner Hosentasche in den Sinn. Ich ziehe sie heraus und blicke darauf. Die Versammlung ist heute. Ob ich wohl dorthin gehen sollte? Ach nein, dort würden die mir sowieso wieder mit ihren überflüssigen Gesprächen den Kopf füllen und mir auf die Nerven gehen. Früher nahm ich an den Wochenenden an den Vereinstreffen teil. An den Gesprächen bei Tee und Kaffee. Die Kinder spielten immer miteinander, die Frauen blieben mit ihren Sorgen unter sich und die Männer bauten Stress ab, indem sie sich die Fußballspiele anguckten. Die Jugendlichen hingegen verschwanden hinter der Mauer.

Wie monoton doch alles war. Selbst die Zeitungen glichen einander, wenn sie die unterschiedlichen Schlagzeilen weglassen würden. Jede Zeitschrift, jedes Buch erzählte etwas anderes. Aber keins war überzeugend. Ein Meister schrieb in seinem Buch: "Liebt das Gedicht!". Haben wir von den Gedichten gelernt, die Melancholie zu lieben?"

Und was ist aus unseren Hoffnungen und unserer Liebe geworden? Während wir für sie kämpften, zerplatzte unsere Utopie wie eine Seifenblase und wir sind auseinandergegangen. Wir haben unsere Lieben vergessen und unsere Freunde verlassen. Was ist nun als Erbe von uns geblieben? Die Liebeslieder, denen wir mit gekünstelter Trauer zuhören oder so tun, als ob wir ihnen zuhören würden?

Ständig warten auf irgendetwas. Das Leben vergeht nur noch mit Warten. Gibt es jedoch etwas Schlimmeres als das Warten auf dieser Welt? Eigentlich ist es am besten, dass hier alles ganz und gar zu verlassen… Meine Beine schleppen mich zum Bahnhof. Eigentlich gibt es viele Gründe, um das hier alles zu verlassen. Zum Beispiel, dass man in diesem Land immer noch als Fremder angesehen wird oder ständig daran erinnert wird, dass man doch hier nur ein Gast sei, dessen Besuchszeit bald zu Ende gehen würde.

Ich komme zum Bahnhof und wende mich der Glasscheibe mit der Informationstafel für die Abfahrtszeiten zu, um nachzuschauen, wohin die Züge fahren.

"Wohin sollte man fahren?"

Ich lese den Namen einer italienischen Stadt, in die ich nie gefahren bin, die ich aber sehr gern sehen würde.

"Ja, genau dorthin sollte ich reisen!", sage ich und wende mich zum Schalter.

Wir blicken einander an, der Schalterbeamte und ich, aber der Mann guckt mich mit etwas Misstrauen an. Ich nenne ihm den Namen des Ortes, in den ich reisen will und gebe ihm das Geld. Mit denselben misstrauischen Blicken überreicht er mir die Fahrkarte.

Es ist noch ziemlich viel Zeit bis zur Abfahrt des Zuges. In der Zwischenzeit könnte ich nach Hause gehen und mich auf die Reise vorbereiten. Auf dem Weg nach Hause komme ich an dem Kino vorbei, in das ich ab und zu gehe. Als ich mir die Anzeigen anschaue, werden seltsame Gefühle in mir wach. Das Kino hat seine Tore geöffnet, als ob es mich einladen würde. Wie verzaubert gehe ich hinein…

War es der Zauber der Hollywoodfilme, dem ich nicht widerstehen konnte? Oder ist es nur die Auslösung von Gedankenfaulheit und schizophrenen Gedanken, die mit jedem Film, den wir uns ansehen wie eine Art Abhängigkeit ins Blut gespritzt wird? Oder erlebe auch ich das Drama vieler Menschen, die sich nicht anpassen in diesem Land? Das Drama unterernährter Seelen, ein Leben aus bruchstückhaften Erinnerungen, Vergessenheit, negativer Gedanken und verletzender Kommentare … Und zum Schluss der Wunsch, von hier zu fliehen… Und an diesem Punkt also trennen sich die Menschen, in diejenigen, die mutig genug sind, um zu fliehen, und jene Feiglinge, die vom Fliehen träumen, aber nicht fliehen können …

CEMAL ÜNAL *wurde am 15. Juni 1964 im Landkreis Göksun in Kahraman-Maraş geboren. Die Grund- und Mittelschule und das Gymnasium absolvierte er an verschiedenen Orten, bevor er seinen Abschluss an der Berufshochschule der Universität von Erciyes machte. 1991 gab er seine Beamtenstelle im Rathaus von Ankara Altındağ auf und kam nach Deutschland. Zwei Lyrikbände mit den Titeln "Güneş Demlerken Sabahı - Als die Sonne den Morgen, ziehen ließ" (1998) und "Tanrılar Boylamı - Die Länge der Götter" (2001) wurden von ihm veröffentlicht.*

Buselik

Diesmal saß ich wirklich in der Patsche. Trotzdem kann ich nicht untätig in dem bunten Bett liegen. Um Gottes willen... Während ich mir die Gegenstände in den bunten Schaufenstern von Yeşilçam vor Augen führte, um mich bei dir und dich bei mir im Stehen mit Wiegenliedern zu trösten, suchte ich jemand Neues, der den Platz im Bett füllen würde, auch wenn er dir nicht aufs Haar gliche. Auch wenn ich dir nicht mit einem Schluck ein Ende bereiten kann; du weißt, mir dröhnt das Herz, und das Blut rast mir bis zum Scheitel. Ich habe den Arzt um Rat gefragt: "Die Wirkung ist dieselbe; ach, oh, o je und ach, das ändert nichts. Selbst wenn es sich nicht einfach zerbrechen lässt, du teilst die neue Tablette in zwei Teile und nimmst jeden Tag eine Hälfte", das ist es, was er mir sagte.

Wir haben uns mehr oder weniger verstanden. Wir werden jeden Tag meines Lebens, der mir noch bleibt, mit jemandem verbringen, der dir gleicht. Ununterbrochen werden wir jeden Tag genau um Mitternacht einschlafen und friedlich schlummern, "wenn unser Verstand nicht verlaust". Unser Liebling, unsere Frau ist wie eine schnurrende Katze mit Feuer speienden Augen. Da kann es niemanden geben, der deinen Platz ausfüllt, doch sei's drum ... Was bleibt uns übrig? Ach ... ach .... Fehlst du mir etwa nicht? Die Zahl Sieben hat mich geschafft! Die entlegenste Ecke meines Herzens ist ein Film über eine Reise zu den Tamilen; dieses Herz soll dir geopfert werden. Der Tod ist ein Stummfilm. Die Füße, die wie bei Charly Chaplin schief und krumm auftreten; manche Leute sind immer unerfahren, von der Wiege bis zum Grab. Es gibt auch Leute, die den Ikarus besteigen und sein Gefieder beschneiden. Wir wandern, mal sehn, wie weit wir kommen. Passt auf den Landsmann gut auf, der in euch schlummert. Nehmt ihn in Schutz! Was auch passiert, noch einmal gelingt es nicht. Bevor sie zu Erde geworden sind, sind die gut aussehenden Toten Menschen geblieben. Und was mich angeht, wie viele meiner Rosen sind in dem Rot, Weiß und dem gelben Himmelblau im hängenden Garten durcheinander gewürfelt! Wie auch immer…

Gott soll uns auf der Rundfahrt beschützen. Wir haben eine Rundfahrt durch Berlin gemacht, und der Preis war enorm. Unser Führer ärgerte sich sehr über mich, weil ich zur Morgenrundfahrt zu spät kam. Woher sollte der arme Kerl, der Führer, denn wissen, dass ich losgegangen bin, um mein Buselik zu holen, das meiner alten ähnelt, und deshalb sieben Minuten zu spät kam. Ich sagte keinen Ton und tat so, als hätte ich meine Verspätung gar nicht bemerkt. Der Kerl hätte zuerst lernen sollen wahrzusagen, bevor er Führer geworden ist. Wie viele dämliche Führer doch aus den Deutschen hervorgegangen sind! Da ist auch die Herde des Volkes; und zu allem Überfluss finden sie prompt ihren eigenen Schäfer. Wie auch immer … Die Luft ist kostenlos, und das Wasser frei… Auch wenn es ein Arzt ist, der an der Rundfahrt teilnimmt, kommt der Arzt nicht mit seiner Tasche. Es wäre wunderbar, wenn die Kaffeefahrt durch Berlin viermal im Jahr für jedermann kostenlos wäre.

Mein Appetit hat sich ziemlich gesteigert. Wenn ich es diesmal spottbillig haben könnte, würde ich mich auch für eine Reise um die Welt entscheiden. In meine Umhängetasche würde ich mein Buselik stecken, das dem gleicht, mit dem ich es gefüllt habe, und würde mich in keiner Weise von den Medina-Bettlern unterscheiden Ich bitte flehentlich um Einlass, und bitte sehr, die Türen sollen sich vor mir schließen, wenn ich hindurchgehe. Überhaupt! Gibt es dort eigentlich ein kostenloses Grab, das frisch gegraben wurde?

Wer ist es, der den armen Dichter wie mich die Geschichte schreiben lässt? Ich wurde trübsinnig und konnte absolut keine Lösung finden. Ich bereite mir ein Auberginengericht zu und esse es, das ist es, was mich an die Geschichte gewöhnt. Bin ich so dumm geworden, dass ich mir Leid tun muss? Ach, war es nicht die AOK, die mich von meinem Buselik getrennt hat. Mir wird ganz musikalisch zu Mute, und selbst meine Gefühle haben sich verändert. Das sollte unter uns bleiben, die neue Frau ist ein bisschen mollig. Man kann sich ihr nicht ohne Messer nähern. Was soll man machen, das ist nun mal meine neue Medizin, ohne sie käme ich nicht aus. Ihr meine Freunde, die ihr mich kennt, sagt nur, hab ich mich wirklich verändert? Wie oft ihr auch gesehen haben mögt, dass meine dichten Haare vom Scheitel nach unten ausgehen, warum habt ihr mich das nicht wissen lassen? Wie auch immer, ich nehme es euch übel.

HIDIR DULKADIR *wurde 1952 im Dorf Kortu (Meşe Yolu) im Regierungsbezirk Tunceli geboren. Die Grundschule schloss er 1967 in seinem Dorf ab, die Mittelschule und die Schulausbildung am zentralen Kalan-Gymnasium von Tunceli im Jahr 1975. 1976 wurde er vor dem Staatssicherheitsgericht von Diyarbakır verurteilt, und im August 1979 ging er ins Ausland. Er lebt in Duisburg, ist verheiratet und hat vier Kinder.*

Im Jahr 2001 beteiligte er sich an der "Design- und Literaturwerkstatt" in Oberhausen und begann, über die Mythen der Gegend um Dersim zu schreiben. Seit 2002 ist er Mitglied der "Literaturwerkstatt Fakir Baykurt". Seine Erzählungen und Essays wurden in den Zeitschriften "Munzur" und "Berfin Bahar" veröffentlicht. In den Zeitschriften "İklim" und "Munzur Haber", die in Dersim erscheinen, sowie in der "Dersim Post" in Köln sind Texte und Artikel von ihm gedruckt worden

Ein gerechte Strafe tut keinem weh

Ahmet Polat, der aus der Türkei stammte, hatte alle Hindernisse überwunden, die sich vor einem Einwanderer auftürmen, und war Polizist geworden. Er arbeitete bei der Polizeidirektion von Köln. Seine Frau Sinem und seine beiden Söhne, die in Deutschland geboren und aufgewachsen waren, liebte er sehr. Wenn die Schicht am Samstagabend zu Ende war, kaufte er ein und kam direkt nach Hause.

Sie aßen zusammen und führten lange Gespräche. Als sich die Müdigkeit einer Woche auf Ahmets Augenlider senkte, stand er auf, um ins Bett zu gehen. Auch Sinem zog ihr Nachthemd an und schlüpfte unter die Bettdecke. Ahmet hatte die rote Nachttischlampe angeschaltet gelassen. Sinem streckte sich auf dem Rücken aus. Ihre langen schwarzen Haare wogten auf dem Kopfkissen. Der einladende Duft von Sinem raubte Ahmet den Schlaf. Mit der Hand fand er die Brüste seiner Frau und begann sie zu streicheln. Er vergrub seinen Kopf an ihrem Hals und fing an sie zu küssen. Er bedeckte den Körper seiner Frau über und über mit Küssen. Kurz danach waren sie ineinander verschlungen. Ihre Hitze, ihr Geruch und ihr Schweiß gingen ineinander über. Mit einer glücklichen Müdigkeit schlummerten sie ein.

Der nächste Tag war ein Sonntag, und Ahmet hatte keinen Dienst. Sie schliefen in den Tag hinein und hatten ihr Vergnügen im Bett. Draußen war schönes Wetter und die Sonnenstrahlen sickerten unter dem Vorhang hindurch ins Schlafzimmer. Sie wachten mit dem Glockengeläut des nahen Doms auf, das zum Gottesdienst rief. Zuerst stand Ahmet auf und begann das Frühstück vorzubereiten. Währenddessen war Sinem aufgestanden. Anscheinend war ihre Taille gelähmt. Sie bückte sich nach links und rechts. Sie kuschelte sich an Ahmet und murmelte: "Mir tut alles weh. Ob ich mich wohl erkältet habe?" Lächelnd zwinkerte Ahmet mit den Augen und meinte: "Vielleicht war dein Kopfkissen nicht in Ordnung!"

Durch die Stimmen ihrer Eltern wachten auch die Jungen nacheinander auf. Sie wuschen sich Gesicht und Hände und setzten sich an den Frühstückstisch. Sinem Hanım hatte sich angezogen, ein leichtes Make-up aufgelegt und kam zu Tisch. "Guten Morgen, Kinder, guten Morgen, mein lieber Mann", rief sie und nahm Platz. Ahmet neckte seine Frau: "Geht es dir gut? Hast du gut geschlafen?" Sinem zögerte. "Ich fühle mich nicht besonders wohl. Aber das Frühstück bekommt mir jetzt gut." Danach machte sie ihrem Mann ein Kompliment: "Großartig! Das Frühstück auf unserem Tisch ist ja wirklich tadellos! Warst du schon immer so geschickt, Ahmet?" Vergnügt frühstückten sie. Als sie damit fertig waren, sagte Ahmet zu den Jungen: "Na, dann mal los! Ich habe den Esstisch gedeckt, und ihr räumt ihn jetzt ab!"

Er fand die türkische Zeitung, die er gestern gekauft hatte, und ging ins Wohnzimmer hinüber. Er setzte seine Brille auf, öffnete die Zeitung und warf einen Blick auf die Schlagzeilen. Dann las er ein paar Nachrichten, die er interessant fand. Danach suchte er die Seite, auf der die Devisenkurse standen. Als er sie gefunden hatte, stand er auf und holte Papier und Stift aus der Schublade des Schrankes. Er berechnete die Kosten für den Urlaub, den sie in diesem Jahr in der Türkei verbringen würden. Er faltete das Papier zusammen, auf dem er sich die Notizen gemacht hatte, und steckte es in die Schublade. Dann machte er sich fertig, um hinaus zu gehen. Bevor er die Wohnung verließ, rief er zur Küche hin: "Sinem, ich gehe ins Café. Die ganze Woche bin ich mit Deutschen zusammen, ich gehe mal los und verbringe auch ein wenig Zeit mit den türkischen Freunden, ich will mal eine Weile mit ihnen plaudern." Danach ging er noch einmal in die Küche und sagte zu seiner Frau: "Du passt auf die Jungen auf, nicht wahr, meine Liebe? Wir sollten sie nicht sich selbst überlassen. Wenn du wüsstest was wir jeden Tag alles erleben! Manchmal mache ich mir auch Sorgen um unsere Kinder." Dann wandte er sich an seinen großen Sohn, drohte ihm mit dem Finger und ermahnte ihn: "Mein Junge, vertrau nur nicht auf deine deutsche Staatsangehörigkeit oder darauf, dass ich Polizist bin. Du bist in diesem Land trotzdem ein Ausländer'. Die Augen sind auf uns gerichtet. Pass gut auf dich auf und häng dich nicht an schlechte Freunde!" In der ruhigen Gewissheit, dass er seine Pflicht getan hatte, ging er hinaus.

Als er hinaustrat, atmete er die kühle Luft tief ein, genauso, wie er es tat, wenn er in der Türkei im Urlaub war. Dann ging er zu Fuß zu dem türkischen Café, in dem sich noch mehr Landsleute von ihm aufhielten. Er war wie immer chic angezogen und hatte eine Krawatte angelegt. Als er das Café betrat, hob er die linke Hand und begrüßte die Café-Gäste, genau wie in Anatolien. Manche standen von ihren Stühlen auf und beantworteten seinen Gruß. Das Café war an diesem Tag nicht sehr voll. Er setzte sich auf einen leeren Stuhl an der Wand. Ein paar Freunde, die an anderen Tischen saßen, standen auf und kamen zu seinem Tisch. Sie fragten einander, wie es ihnen ging. Dann fingen sie an zu plaudern. Die Gespräche drehten sich um den bevorstehenden Sommerurlaub und die Ferien in der Türkei. Manche erzählten von den Abenteuern, die sie im letzten Jahr erlebt hatten. Während die Gespräche weitergingen, blickte Ahmet auf die Uhr. Er bezahlte die Rechnung für die Getränke am Tisch und verabschiedete sich von seinen Freunden. An einem so schönen Tag wollte er die restliche Zeit nicht im Café verbringen. Er hatte vor, seine Frau und die Kinder abzuholen und mit ihnen spazieren zu gehen. Als er an der Tür war, klingelte das Telefon des Cafés. Vielleicht ist der Anruf für mich, dachte er und blieb stehen. Und tatsächlich machte der Cafépächter Ali ihm ein Zeichen, dass er ans Telefon kommen solle. Ahmet wandte sich um, ging hin und nahm den Telefonhörer, den Ali ihm reichte.

Seine Frau war am Telefon. Mit nervöser und bedrückter Stimme sagte sie: "Ahmet, bitte, komm sofort nach Hause!" Ohne jede weitere Erklärung und ohne Ahmet die Möglichkeit zu geben, eine Frage zu stellen, legte sie auf. Ahmet war gespannt. Mit raschen Schritten machte er sich auf den Weg nach Hause. Während er lief, ging ihm alles Mögliche durch den Kopf und seine Erregung wurde größer. Es war klar, dass etwas Schlimmes passiert war. Doch was? Der erste, der ihm in den Sinn kam, war sein ältester Sohn Ismail. Eigentlich hatte er Vertrauen zu seinem Sohn. Aber seine Freunde waren nicht besonders vertrauenswürdig. Er hatte Ismails Freunde kennen lernen wollen, und als er sie kennen lernte, war er nicht besonders beeindruckt. Er hatte seinen Sohn ermahnt, sich von ihnen fernzuhalten. Doch er war sich nicht sicher, ob sein Sohn seine Ermahnungen ernst genommen hatte.

Kaum hatte er die Tür zur Wohnung geöffnet, stand ihm seine Frau mit verweintem Gesicht gegenüber. Ganz außer Atem fragte er: "Sinem, sag, was ist passiert?" Sinem antwortete: "Schlimmer konnte es nicht kommen, es ist etwas Entsetzliches passiert!" Danach erzählte sie ihm mit Tränen in den Augen: "Die Polizisten haben deinen Sohn abgeholt. Einer seiner Freunde wurde erwischt, als er gestohlene Autoradios verkaufen wollte. Er hat zugegeben, dass er den Diebstahl zusammen mit Ismael begangen hat. Zwei Polizisten, die von deiner Polizeiwache kamen, haben Ismail abgeholt. Sie erwarten dich auf der Polizeiwache..."

Ahmet kam sich so vor, als hätte man ihm einen Eimer kochendes Wasser über den Kopf gegossen. Plötzlich schwitzte er am ganzen Körper. Er sagte sich: "Mein lieber Gott, musste mir das passieren? Mein Sohn - ein Dieb? Was wird jetzt passieren? Wie kann ich meinen Kollegen in die Augen schauen?" Er setzte sich auf einen Stuhl, und während er versuchte, sich zusammenzureißen, bestellte er telefonisch ein Taxi, um zur Polizeiwache zu fahren.

Als er die Polizeiwache betrat, wäre er fast zurückgeprallt. Als er mit Mühe hineinging, bemerkte sein Kollege Hans, wie erschöpft und verstört er war. Er nahm ihn am Arm und zog ihn in den Raum. "Setz dich Ahmet, und reg dich nicht gleich auf", sagte er. Danach bot er ihm eine Zigarette an, füllte zwei große Tassen mit Kaffee und reichte Ahmet eine davon. Dann begann er in einem ruhigen Tonfall zu sprechen: "Schau mal, Ahmet, so etwas könnte uns allen passieren. Ja, das ist eine verflixte Angelegenheit. Aber zum Glück ist dein Sohn noch im Kindesalter. Er bekommt keine Strafe. Er bekommt einen ‚Mahnbrief', man legt eine Akte über ihn an, aber wenn er sich nicht noch einmal etwas zu Schulden kommen lässt, wird die Eintragung gelöscht … Du musst dich nicht quälen und dir nicht selbst die Schuld geben! Nimm ihn dir zu Hause vor und red mit ihm, ohne dich aufzuregen, und ermahne ihn immer wieder. Hoffentlich wird so etwas nicht noch einmal passieren!" Er schlug Ahmet ein paar Mal auf die Schulter. Danach stand er auf und holte den Aktenordner, der aufgeschlagen auf dem Tisch lag.

Er blickte in die Akte und erklärte Ahmet, was passiert war: "Der Junge, der beim Stehlen des Autoradios erwischt wurde, ist Deutscher. Auf seine Aussage hin haben wir den Jungen verhört und er hat seine Schuld zugegeben. Ich habe das Protokoll geschrieben. Da Ismail nicht volljährig ist, musst du es unterschreiben." Ahmet bedankte sich bei Hans und unterschrieb das Protokoll. Dann gingen sie in den Nebenraum. Als Ahmet seinen Sohn mit gebeugtem Kopf traurig auf einem Stuhl sitzen sah, schwoll ihm das Herz. Es fiel ihm schwer, ihn nicht anzuschreien und ihm eine Ohrfeige zu verpassen.

Dann fasste er ihn am Arm und ließ ihn aufstehen. Sie verließen die Polizeiwache, als ob nichts passiert wäre. Vater und Sohn liefen nebeneinander her, ohne ein einziges Wort miteinander zu reden. Sie kamen nach Hause und setzten sich an den Tisch, an dem sie am Morgen miteinander gefrühstückt hatten. Ismail war so angespannt, als fürchtete er, sein Vater würde jeden Moment explodieren. Ahmet merkte das und begann in einem möglichst ruhigen Tonfall zu sprechen: "Sieh mal, mein Junge, in unserem Land sagt man: ‚Der Finger, den das Gesetz abgeschnitten hat, tut nicht weh.' Das ist ein Sprichwort. Das heißt, wer schuldig ist, muss die Strafe über sich ergehen lassen. Auch du hast Schuld auf dich geladen. Doch weil du noch jung bist, wirft man dich hier nicht ins Gefängnis. Vielleicht wirst du mit einer ‚Erziehungsstrafe' oder einem ‚Mahnbrief' davonkommen. Aber danach musst du dich zusammenreißen. Glaub ja nicht: "Mein Vater holt mich da wieder heraus". Vertraue auf keinen Fall darauf dass ich Polizist bin. Bei jeder Straftat, die du begehst, musst du mir Rede und Antwort stehen. Wir müssen uns an das Gesetz halten…"

Ismail hörte seinem Vater zu, ohne einen Ton von sich zu geben. Als sein Vater schwieg, hob er schüchtern den Kopf und blickte seinen Vater an. Als Ahmet das Gefühl von Reue in den Augen seines Sohnes erkannte, war er ein wenig beruhigter ... Genau in diesem Moment läuteten die Glocken des Doms. Ahmet blickte auf die Uhr. Sie zeigte 22:00 Uhr. Ein langer und harter Sonntag ging zu Ende.

KEMAL YALÇIN *wurde 1952 in Denizli gebo-ren. Er studierte am Lehrerseminar von İsparta-Gönen, absolvierte ein Studium an der Pädagogischen Hochschule und studierte Philosophie. 1978 gab er den Lehrerberuf auf und widmete sich einem Leben als Journalist und Herausgeber.*

1981 kam er nach Deutschland. An der Universität Bremen arbeitete er an Themen wie der Wissenschaftstheorie, der Entwicklung des philosophischen Denkens in der Türkei und Scheich Bedreddins. An der Universität Essen hielt er Seminare für Türkischlehrer ab. Bis heute unterrichtet er Türkisch als Muttersprache in Deutschland. Er schreibt Gedichte, Erzählungen und Romane.

Kemal Yalçın veröffentlichte bis heute 20 Bücher, von denen einige ins Deutsche, Englische, Italienische, Spanische, Griechische, Französische und Armenische übersetzt wurden.

1998 erschienen die drei Dokumentarromane "Emanet Ceviz", "Seninle Güler Yüreğim" und "Sarı Gelin", den autobiografischen Prosaband "Anadolu'nun Evlatları - Yüz Yılın Tanıkları" und die Gedichtbände "Sürgün Gülleri", "Geç Kalan Bahar" und "Barış Sıcağı", für die er verschiedene Auszeichnungen bekam.

Achtung! Achtung!

Es war kurz vor Schluss der fünften Stunde der Giraffenklasse im zweiten Stock der Sonnenschule. Im muttersprachlichen Türkischunterricht beschäftigten wir uns mit den Schülern und Schülerinnen der zweiten Klasse mit den Jahreszeiten. Unsere Unterrichtseinheit war "Die Zeit und der Mensch".

Den Winter hatten wir abgeschlossen, und ich schrieb die Frühlingsmonate an die Tafel.

Von draußen hörte man:

"Achtung! Achtung!"

Die Kreide stockte mir in der Hand. Auch ein paar Schüler spitzten die Ohren.

"Achtung! Achtung! Eine Bombe wurde entdeckt! Bitte, bleiben Sie in Ihren Wohnungen! Kommen Sie nicht heraus!"

Neugierig und gespannt riss Deniz die Augen auf: "Herr Lehrer! Man hat eine Bombe gefunden!", rief sie. Im Nu verbreitete sich ein Klima der Angst im Klassenraum. Noch ein paar Schüler und Schülerinnen standen auf:

"Herr Lehrer! Man hat eine Bombe gefunden!", schrieen sie.

Als ich sagte: "Kinder! Die Bombe wurde ganz woanders entdeckt! Macht euch keine Sorgen!", hörte man wieder die Warnung der Polizei:

"Achtung! Achtung! Eine Bombe wurde entdeckt! Bitte, bleiben Sie in Ihren Wohnungen! Kommen Sie nicht heraus!"

"Kinder! Die Polizisten warnen: ‚Eine Bombe wurde entdeckt! Bitte, bleiben Sie in Ihren Wohnungen! Kommen Sie nicht heraus!' Auch wir dürfen den Klassenraum nicht verlassen! Wir machen einfach weiter mit dem Unterricht. Wir haben die Namen der Frühlingsmonate aufgeschrieben. März, April und Mai!"

Das Klima der Angst verzog sich aus dem Klassenraum. Still und leise begannen die Schüler, die Namen der Frühlingsmonate aufzuschreiben.

Es klopfte an der Tür. Gespannt blickten die Schüler dorthin. Herr Zappalâ, der Direktor der Schule, trat in Panik ein und kam zu mir. Er flüsterte mir ins Ohr:

"Es hat Bombenalarm gegeben! Gehen Sie bitte sofort mit den Schülern ins Kellergeschoss! Aber bitte schnell!"

Unter den neugierigen Blicken der Schüler verschwand Herr Zappalâ aus dem Klassenzimmer.

Das Flüstern hatte die Schüler neugierig gemacht. Sie rissen die Augen auf und begannen zu fragen:

"Herr Lehrer, was ist denn nur los?"

"Herr Lehrer, was hat Herr Zappalâ gesagt?"

Ich legte die Kreide in das Fach vor der Tafel.

"Kinder! Als man in der Nähe unserer Schule ein Fundament ausgehoben hat, hat man eine Bombe aus dem Zweiten Weltkrieg entdeckt. Bis die Experten die Bombe unschädlich gemacht haben, gehen wir alle still und leise in den Keller. Es gibt keinen Grund, sich zu fürchten! Lasst eure Ranzen hier!"

Hätte ich nur nicht gesagt: "Es gibt keinen Grund, sich zu fürchten!" Manche Kinder wurden kreidebleich. Manche klammerten sich weinend an mich. Manche standen wie versteinert da. Der schlimmste Frechdachs der Klasse jedoch, Deniz, machte sich über die Angsthasen lustig und versuchte, ihre eigene Unerschrockenheit unter Beweis zu stellen. Auch Efkan und Mert taten es Deniz nach, lachten, machten sich über die Kinder, die weinten, lustig und klapperten mit ihren Pultdeckeln.

Mit Vertrauen erweckender, entschlossener Stimme wiederholte ich:

"Kinder! Ohne zu rennen gehen wir jetzt still und leise, immer zu zweit und Hand in Hand, hintereinander in den Keller hinunter. Lasst eure Ranzen hier! Eure Hefte, Bücher und Stifte sollen an Ort und Stelle bleiben! Lasst alles auf dem Tisch liegen!"

Kein Laut war mehr zu hören. Ich stellte die Schüler und Schülerinnen hintereinander auf. Eilig und konzentriert zählte ich sie. Vierzehn Schüler und Schülerinnen! Zwei fehlten! Ich zählte sie noch einmal. Efkan und Mert waren nicht da! Wie ich vermutet hatte, versteckten die beiden sich unter dem Computertisch, ganz hinten.

"Was macht ihr denn da?"

Die beiden lachten sich ins Fäustchen. Keine Zeit sich über sie zu ärgern und die Schlingel zu bestrafen! Auch die beiden stellte ich in der Reihe auf.

Paarweise zählte ich die Kinder und holte sie aus dem Klassenraum. Im Flur und im Treppenhaus wimmelte es von Schülern. Die Lehrer und Lehrerinnen taten alles, um Furcht und Aufregung, Panik und Hast ihrer Schüler einzudämmen und die Kinder so schnell wie möglich ins Kellergeschoss zu bringen.

In die drei Klassenräume und um die Tische im Speisesaal im Kellergeschoss drängten sich 180 Schüler und zwölf Lehrer und Lehrerinnen. In jeder Klasse waren fünfzig bis sechzig Schüler und Schülerinnen. Es gab nicht genug Stühle. Manche Schüler standen, manche setzten sich auf die Bänke. Lärm und Getöse… Brüllende, schreiende Kinder… Die Kinderstimmen ließen alles widerhallen…

Die Fenster der Klassenräume im Keller lagen zwei Meter unterhalb des Niveaus des Schulhofs. Wenn es zu einer Explosion käme, wäre es sinnvoll, sich vor den Bombensplittern in Sicherheit zu bringen. Wenn man hinausblickte, erkannte man nur die Blumen, die den Hang vor den Fenstern bedeckten, das Grün des Rasens und die Stämme der Platanen. Den Schulhof und die Umgebung konnte man nicht sehen. Unsere Klasse hatte drei Lehrer. Wir versuchten, die Schüler zu beruhigen. Die einzige Lösung bestand darin, sie spielen zu lassen! Dann würden sie sich auf das Spiel konzentrieren. Wir drei Lehrer waren uns darin sofort einig.

Frau Peters ließ die Schüler mit einem Wortspiel beginnen, mit dem "Galgenmännchen". Für jeden Buchstaben zeichnete sie einen Strich und fragte: "Wer findet den Namen dieser Stadt mit sechs Buchstaben?"

Im Nu wurde es mucksmäuschenstill in der Klasse. Die Schüler nannten nach und nach die Buchstaben der Stadt:

"B"

"E"

"R"

"BERLIN"

Anastasia fand den Namen der Stadt.

Wer den Namen der Stadt herausfand kam an die Tafel und fragte nach dem Namen einer neuen Stadt.

Das Spiel dauerte eine Viertelstunde.

Deniz und Mert fingen an, miteinander zu kichern und sich gegenseitig hin und her zu stoßen. Dann balgte sich Sonja mit Marcel.

Die Kinder waren zerstreut, und das Spiel war zu Ende.

Die Schüler begannen zu fragen:

"Herr Lehrer, ist das eine große Bombe?"

"Kinder, das weiß ich doch nicht."

"Herr Lehrer, wer hat die Bombe abgeworfen?"

"Man hat sie im Zweiten Weltkrieg vom Flieger aus abgeworfen, aber sie wird wohl nicht explodiert sein. Bis heute war sie vergraben!"

"Herr Lehrer, warum haben Sie uns hierher gebracht? Warum sind wir nicht im zweiten Stock geblieben?"

"Wenn die Bombe explodiert, könnte sie durch das Fenster im zweiten Stock kommen und uns alle verletzen. Doch weil das Kellergeschoss unter der Erde liegt und die Bombensplitter nach oben spritzen, kann uns das nichts anhaben. Deshalb sind wir in den Keller gegangen."

"Herr Lehrer, wann dürfen wir nach Hause gehen?"

"Keine Ahnung, Kinder. Sobald die Bombe entschärft ist, gehen wir alle nach Hause."

Es läutete. Die fünfte Schulstunde war zu Ende. Ein paar Kinder rannten miteinander zur Tür. Sie waren kurz davor, wegzugehen. Wir haben es verhindert. "Kinder, in der Pause bleiben wir hier. Bitte, setzt euch auf eure Plätze!"

Deniz sagte:

"Herr Lehrer, ich muss mal!"

Mert meinte:

"Ich auch!"

Efkan schrie:

"Ich auch!", hielt sich beide Hände vors Gemächt und kam zur Tür.

Das machte er sowieso immer so. Wenn er sich langweilte und den Stoff nicht verstand, rief er: "Ich muss mal!", hielt sich die Hände vors Gemächt und fing an sich zu winden. Jetzt verhielt er sich genauso.

"Kinder, wie schade, aber es ist verboten, auf die Toiletten im Untergeschoss zu gehen!"

"Warum denn?"

"Wenn die Bombe explodiert, ist das für alles schädlich, was oberhalb der Erde ist. Falls sie explodiert, während ihr auf die Toilette geht, könnte sie euch verletzen und töten!"

Diese Erklärung jagte den Schülern einen noch größeren Schrecken ein. Und vor lauter Angst, dass sie nicht pinkeln gehen konnten, fingen sie an, ein dringendes Bedürfnis zu verspüren. Deniz und Mert wanden sich hin und her. Claudia begann zu weinen. Efkan hielt beide Hände vors Gemächt und verzog sein Gesicht.

"Ach du meine Güte, Herr Lehrer, jetzt geht nichts mehr! Ich halte es nicht mehr aus!"

"Efkan, es ist verboten, auf die Toilette zu gehen! Bitte, hab noch ein wenig Geduld!"

Wir drei, zwei Lehrerinnen und ich, suchten nach einem Ausweg. Mit einem Verbot war das Bedürfnis der Kinder, auf die Toilette zu gehen, nicht aus dem Weg geschafft. Jedes Verbot stieß bei den Kindern auf eine Gegenreaktion. Das wissen wir. Aber was sollten wir tun? In der Schule gab es nur eine Lehrertoilette.

Frau Trippler meinte:

"Wir sollten die Kinder, bei denen es besonders dringend ist, auf die Lehrertoilette bringen."

Frau Petersen erwiderte:

"Woher wissen wir denn, ob es dringend ist?"

Frau Trippler:

"Das entscheiden wir!"

Unter den Kindern, die sich am meisten hin und her wanden, begann sie jene auszuwählen, bei denen es ernsthaft wirkte. Die Kinder stellten sich sofort in einer Reihe auf. Bei allen war es dringend! Alle waren nahe daran, in die Hosen zu pinkeln!

Wir wählten fünf Schüler und Schülerinnen aus!

Efkan, Sonya, Deniz, Claudia und Anastasia …

"Ich bringe sie mal zur Toilette", erklärte ich.

Die Lehrer bildeten zwei lange Schlangen vor der Toilette. Als ich in der Reihe stand und wartete, sah ich Herrn Zappalâ.

"Wann wird dieser Alarm zu Ende sein? Wann können wir die Kinder nach Hause schicken?", fragte ich.

"Das weiß ich auch nicht", antwortete er.

Die Kinder, die in der Reihe standen, um zur Toilette zu gehen, tänzelten hin und her.

"Macht schnell, Kinder, da warten noch viele in der Schlange. Beeilt euch!"

Die fünf Schüler und Schülerinnen, die ich zur Toilette gebracht hatte, hatten endlich ihr kleines Geschäft erledigt, und wir kehrten zusammen in den Klassenraum zurück.

Frau Peters ließ die Kinder ein Lied singen.

Nach ein paar Liedern wurden die Stimmen leiser und verstummten.

Die Stille in der Klasse wurde durch eine Stimme verstört, die aus den hinteren Bankreihen kam: "Ich habe Durst!"

"Ich habe Durst!"

"Ich auch!"

"Ich auch!"

Frau Trippler antwortete: "Aber Kinder, hier gibt's doch kein Wasser!"

Offensichtlich hatte die Aussage "es gibt kein" den Durst gesteigert.

Die Kinder begannen durcheinander zu schreien.

"Ich habe großen Durst!"

"Ich komme um vor Durst!"

"Herr Lehrer, ich habe einen enormen Durst!"

"Kinder, wie schade, aber hier gibt's kein Trinkwasser! Bitte, habt ein bisschen Geduld!"

Anscheinend hatten sie meine Worte nicht gehört. Es wurden immer mehr Kinder, die riefen: "Ich habe Durst!"

Wir drei Lehrer blickten einander an: "Was können wir nur tun?"

Frau Trippler meinte:

"Schauen wir doch mal in der Küche nach! Wenn wir Fruchtsaft finden, geben wir den Kindern etwa davon!"

"Ich gucke mal nach", sagte Frau Peters und ging in die Küche. Als sie zurückkam, breitete sie die Arme aus und rief. "Wie schade! Alles, was in den Schränken war, haben die Kinder in der Küche aufgegessen und ausgetrunken! Da ist nichts übrig geblieben!"

Diese Nachricht regte den Durst der Kinder umso mehr an.

"Frau Lehrerin, Wasser!"

"Mein Kind, der Saft ist alle, und Wasser gibt es nicht!"

"Wann dürfen wir nach Hause gehen?"

"Das wissen wir auch nicht, Kinder!"

"Frau Lehrerin, ich will Wasser trinken!"

Frau Trippler fand eine Lösung:

"Kinder, es gibt keinen Fruchtsaft und kein Mineralwasser mehr. Den Kindern, die das wollen, kann ich Wasser aus dem Wasserhahn geben."

Das Kind, das sich am meisten vor Durst krümmte, zog die Nase hoch: "Ich trinke kein Hahnwasser!"

Das hieß, es war gar nicht so durstig!

Frau Trippler gab den Schülern, die es wollten, ein Glas Wasser nach dem anderen.

Gerade als man dabei war, den Durst zu überwinden, hörte man wieder die Polizeiwarnung:

"Achtung! Achtung! Niemand darf auf die Straße!"

Diese Stimme trug dazu bei, dass viele noch mehr Angst bekamen und noch ungeduldiger wurden.

Ausgerechnet Deniz, die gesagt hatte, dass sie überhaupt keine Angst hätte, ausgerechnet das Mädchen, das sich über die weinenden Kinder lustig gemacht hatte, fing an zu weinen und meinte: "Herr Lehrer, ich fürchte mich!"

Dann wurde Efkan blass. Auch er fing an zu weinen: "Ich habe Angst!"

Nach Efkan kullerten auch Maria, Erika und Nico Tränen aus den Augen.

"Ich will zu meiner Mama!"

"Wo ist meine Mutter?"

"Ich habe Angst!"

Frau Peters versuchte die weinenden Kinder zu trösten:

"Kinder, ihr habt doch gerade die Ansage der Polizei gehört! Die Bombe ist noch nicht entschärft. Es ist verboten, auf die Straße zu gehen! Eure Mütter dürfen nicht hierher kommen. Und ihr dürft nicht nach Hause gehen. Schaut doch mal, uns geht es genauso wie euch! Macht euch keine Sorgen!"

Es läutete. Die sechste Schulstunde war zu Ende. Es war genau 13:35 Uhr.

Wenn es ein normaler Tag gewesen wäre, wären jetzt Eltern und Großeltern gekommen, um ihre Kinder und Enkelkinder abzuholen, und hätten miteinander am Schultor gewartet. Und die Kinder hätten ihre Tische aufgeräumt, ihren Ranzen in die Hand genommen, hätten eilig ihre Straßenschuhe, die im Flur im Schuhschrank standen, angezogen und wären zu ihren Müttern und Vätern gerannt, die am Schultor auf sie warteten.

Was für ein schöner Moment das doch ist!

Das Rennen eines Kindes zu seiner Mutter, die auf ihren Sohn oder ihre Tochter wartet - und die Umarmung!

Wie schön ist das doch, das Warten einer Mutter auf ihr Küken am Schultor, wie schön es doch ist, das Küken zu umarmen, das etwas Neues gelernt und seine Pflichten erledigt hat!

Am meisten liebe ich diesen Moment, den Augenblick, in dem Mutter und Kind einander umarmen! Das ist doch der Augenblick, in dem die Sonne der Liebe über dem Schulhof aufgeht! Das ist so, als ob die Sonne der Liebe zwischen Mutter und Kind auch mir das Herz erwärmte und die Müdigkeit eines Tages wegwischte.

Doch heute war alles ganz anders! Weder waren da Erziehungsberechtigte, die auf dem Schulhof auf ihre Sprösslinge warteten, noch gab es Kinder, die losrannten, um ihre Mutter zu umarmen…

Vor der Schule war es still! Das Schultor war verwaist!

Es war zwei Stunden her, seit die Schüler und Schülerinnen sich auf die Klassenräume im Kellergeschoss verteilt hatten. Die Kinder richteten sich nach dem Läuten, und das war die Stunde, zu der sie bei ihren Eltern waren.

Das erste war das Läuten zur großen Pause und ließ Hungergefühle aufkommen. Die Kinder würden im Klassenraum frühstücken und danach zwanzig Minuten lang nach Herzenslust auf dem Schulhof herumrennen und spielen.

Aber das Läuten zum Schluss der sechsten Stunde rief bei den Kindern die Liebe zur Mutter hervor, und die Begeisterung, dass sie wieder Zuflucht zu ihrer Mutter nehmen konnten.

Sobald es ein Uhr mittags wurde, bekamen die Mütter Tag für Tag das Gefühl, dass es Zeit würde, ihre Kinder zu umarmen… Sie würden sich anziehen, auf die Straße hinausgehen, zur Schule wandern und ihren Sprössling in die Arme schließen!

Aber heute war alles anders!

Die Kinder hielten es nicht in den Klassenräumen im Kellergeschoss aus, und die Eltern nicht zu Hause. Das Schultelefon klingelte ununterbrochen. Und es war stets die gleiche Frage:

"Wie kann ich mein Kind abholen?"

"Wann wird dieses Verbot aufgehoben?"

Nach dem Klingelzeichen zum Schulschluss hielt es die Kinder nicht mehr auf ihren Plätzen. Es gab niemanden mehr, der dringend pinkeln musste.

Ein Schüler sagte: "Ich habe Hunger!"

Im Nu waren alle Kinder hungrig.

"Herr Lehrer, ich habe Hunger!"

"Ich habe Hunger!"

"Ich bin hungrig!"

Frau Trippler und Frau Peters versuchten, die deutschen Schüler und Schülerinnen zu beruhigen, und ich die türkischen. Den Kindern, die Fragen auf Türkisch stellten, antwortete ich auf Türkisch.

"Kinder, wartet noch ein wenig! Die Bombe ist noch nicht entschärft! Es ist verboten und gefährlich, auf die Straße zu gehen!"

"Bis wann?"

"Das wissen wir doch auch nicht, Kinder!"

Arzu saß am Fenster und begann zu weinen.

Ich ging zu ihr und streichelte ihr über den Kopf:

"Ich will zu meiner Mama", wimmerte sie, und leise tropften ihr die Tränen.

Ich konnte das Weinen der Kinder nicht mehr aushalten, zwang mich aber zur Ruhe.

"Natürlich wirst du zu deiner Mutter gehen, Arzu!"

"Wann denn?"

"Warte noch ein Weilchen! Sobald die Bombe entschärft ist."

"Ich will jetzt zu meiner Mama!"

"Wein doch nicht, Arzu! Ihr dürft jetzt nicht gehen! Komm nur, nimm das Taschentuch und wisch dir die Tränen ab!"

Sie wischte sich die Tränen mit dem Taschentuch ab, das ich ihr gab, umarmte mich und lehnte ihren Kopf direkt an mein Herz. Ich streichelte ihre schwarzen Haare. Die warme Liebe eines Kindes strömte mir genau ins Herz.

Während ich versuchte, Arzus Tränenstrom zu stillen, überschwemmte eine Woge des Weinens die Klasse. Sonya kam und umarmte mich von rechts. Leise flossen ihr die Tränen aus den Augen. Ich gab ihr das Taschentuch, und sie wischte sich die Tränen ab. Links Arzu und rechts Sonya! Ich war von weinenden Kindern umringt. Welches sollte ich zuerst trösten?

Marcel weinte vor Angst.

"Arzu, rück ein wenig zur Seite, damit ich Marcel mal in die Arme nehmen kann!"

Arzus Platz übernahm nun Marcel. Er stützte seinen Kopf auf mein Herz.

"Wein doch nicht, Marcel!"

"Ich will nach Hause! Ich will zu meiner Mama!"

"Ihr werdet bald gehen dürfen! Nimm dir doch bitte das Taschentuch und wisch dir die Tränen ab!"

Ich streichle Marcel über den Kopf. Seine Tränen sind noch nicht versiegt. Meine Hand ist feucht geworden von Marcels Tränen. Eine warme Liebe floss mir ins Herz. Es gibt keine Farbe der Liebe und der Tränen, keine Rasse und keine Nationalität! Rechts von mir weint Sonya, und links Marcel; beide schluchzen miteinander.

Auch Frau Trippler hat ein deutsches und ein türkisches Kind in die Arme genommen.

Und Frau Peters hat Babila aus Afrika auch Ahmet aus Ankara umarmt. Sie weinen miteinander.

Frau Trippler hatte ihr Telefon bei sich. Es klingelte.

Kaum hatten die Kinder das Klingeln gehört, wurden sie still.

Einer der Erziehungsberechtigten fragte nach seinem Kind.

"Machen Sie sich keine Sorgen! Ihr Kind ist hier! Sobald das Ausgehverbot aufgehoben ist, können Sie kommen und Ihr Kind abholen!"

"Wann denn?"

"Das weiß ich doch auch nicht!"

Die Aufregung, die Angst und das Weinen der Kinder, welche die Worte "Das weiß ich nicht" und "Ausgehverbot" hörten, wurden noch größer.

Es waren ständig andere Schüler und Schülerinnen, die von den Lehrern und Lehrerinnen in den Arm genommen wurden. Deniz nahm Marcels Platz ein. Sie schluchzte. Ach, Deniz, du Frechdachs! So hatte ich dich noch nie gesehen!

Jetzt hatte es keinen Sinn mehr, zu sagen: "Hab keine Angst! Wein doch nicht!" Wenn man zu ihr sagte: "Hab keine Angst", wurde sie nur umso ängstlicher.

Schauten wir Lehrer und Lehrerinnen einander in die Augen? Wir verständigten uns mit Blicken. Die Kinder beobachteten uns. Wir mussten sehr konzentriert sein! Wir ließen die Kinder, die wir in den Amen hielten, sachte auf ihre Plätze nieder. Wir drei Lehrer und Lehrerinnen kamen einander näher.

"Was sollen wir tun? Bis wann müssen wir warten? Wie können wir die Kinder am besten hüten?"

Unsere Blicke blieben ohne Antwort.

Wir befanden uns in einer Wartestellung von unbestimmter Dauer.

Lange Wartephasen, langwierige Zeiten gehen rasch vorüber. Doch eine unbefristete Zeit will und will nicht zu Ende gehen!

Es war fast drei Stunden her, seitdem wir in den Keller gegangen waren. Die Kinder, die gesagt hatten, "Ich muss mal!", jene, die gesagt hatten, "Ich habe Durst!" und "Ich habe Hunger!" weinten jetzt nur noch und riefen. "Mama! Mama! Ich will zu meiner Mama!"

Wieder klingelte Frau Tripplers Telefon. Sie ging sofort hinaus und redete auf dem Flur. Gespannt warteten die Kinder auf neue Nachrichten.

"Frau Lehrerin, wann dürfen wir gehen?"

"Das weiß ich nicht", gab Frau Trippler zur Antwort.

Die Zeit wollte und wollte nicht vergehen. Ein paar Kinder legten ihre Köpfe auf die Tische. Auch das Lärmen, das aus den benachbarten Klassenräumen kam, nahm ab. Die hilflose Stille eines unbefristeten Wartens beherrschte die Klassen.

Es war nach 15:00 Uhr. Lachend betrat Herr Zappalâ die Klasse. Da er lachte, nahmen die Kinder an, dass er gute Nachrichten brächte. "Kinder, die Polizei hat angerufen. Jetzt dürft ihr nach Hause gehen. Geht jetzt leise …"

Freudengeschrei übertönte die Stimme von Herrn Zappalâ. Nur wir Lehrer konnten sie hören.

"Geht jetzt leise in Zweierreihen mit euren Lehrern in die Klassen. Räumt eure Sachen auf. Eure Mütter kommen bald."

"Seid leise, Kinder! Vergesst eure Ranzen nicht! Rennt nicht!", mit diesen Worten brachte ich meine Schüler und Schülerinnen bis zum Schultor.

Eltern und Erziehungsberechtigte waren gekommen und suchten ihre Kinder mit besorgten Blicken.

Vor Freude breiteten die Kinder ihre Arme aus, riefen "Mama, Mama! Und rannten los und mit ihren zarten Armen, die Frühlingszweigen glichen, wurden sie von ihren Müttern umarmt.

Als die Mütter ihre Kinder liebevoll küssten, schwirrten Liebessterne über den Schulhof.

Eine Bombe, die nicht explodiert war und von einem Krieg übrig geblieben war, der vor genau 60 Jahren zu Ende ging, hatte uns das alles erleben lassen. Und wenn wir einen echten Krieg erlebt hätten, wenn Alarm gegeben worden wäre, wenn wir in die Luftschutzkeller hätten fliehen müssen, wenn die Bomben auf unserem Schulhof, in unserem Viertel, in unserem Haus explodiert wäre - wer weiß, was wir getan hätten?

Ich dachte an die schönen, fröhlichen, glücklichen Tage und verließ die Schule.

Es war sehr schön, ohne Krieg und Angst im Frieden zu leben.

OĞUZHAN YOLDAŞ *ist 1962 in İzmir geboren und kam als Kind nach Deutschland. 1982 wurde er als Absolvent des Fachbereichs für Elektronik an der Technischen Hochschule Aachen Diplom-Ingenieur. Von 1989 bis 1993 war er Abteilungsleiter bei Philips Medical Systems in Dortmund. Seit 1994 ist er Direktor der Abteilung für medizinische Technologie in einem Düsseldorfer Krankenhaus.*

Seine Fotos, die er als Amateur macht, werden ab und zu in der Zeitschrift "Foto Color" veröffentlicht. Als zweiter Vorsitzender von TURKUAZ, der Neusser Gesellschaft für türkische Kunstmusik, befasst er sich intensiv mit Musik.

Indem er sich von den Bildern inspirieren ließ, die er seit dem Jahr 2000 in Anatolien aufnimmt, hat er begonnen, Gedichte und Kurzgeschichten zu schreiben. Im Jahr 2001 ist er der "Literaturwerkstatt Fakir Baykurt" in Duisburg beigetreten. Seine Texte werden in den Internetzeitschriften "Anafilya" und "Yankı" veröffentlicht.

Berlin

Die breiten Straßen, die prachtvollen, riesigen Museen und die Doppeldecker-Busse kamen uns interessant und schön vor, abends erst merkten wir dass wir hundemüde waren.

Diese Stadt war einst durch eine Mauer gespalten. Das Herz des Landes war offenbar geteilt. Manche hatten ihr sofort einen Namen gegeben: "Schandmauer".

1989 machte Berlin eine große Operation am Herzen durch. Danach gab es keine Mauer mehr und auch keine "Schande". Wie mit einem Bypass war die Stadt mit großen, breiten, prachtvollen Straßen ausgestattet. Als ich viele Jahre zuvor zum ersten Mal nach Berlin gekommen war, waren mir die Richtungen in Ost-Berlin anhand der Statuen von Marx, Engels und Lenin erläutert worden.

"Vier Straßen hinter dem großen Marx-Denkmal gehst du nach links, und wenn du dich am ersten Lenin-Mal nach rechts wendest, siehst du das Pergamon-Museum...", so lauteten damals die Wegbeschreibungen.

Und jetzt?

Wo waren die Spuren der großen Kommunisten? Die Plätze der Statuen von

Marx und Lenin hatten die Reklametafeln der großen Kaufhäuser eingenommen. Man hatte sogar damit begonnen, den Palast der Republik von Ost-Berlin Schicht um Schicht abzutragen. Anscheinend versuchte man, die Spuren der Vergangenheit Berlins zu verwischen und seine Wunden zu schließen.

Zwischen den breiten Straßen konnte ich die Stelle, zu der ich gehen wollte, absolut nicht finden. Eigentlich war ich vor lauter Suchen sehr müde. Ich bat einen Polizisten um Hilfe, der auf der Straße stand.

Der Polizist beschrieb mir den Weg: "Ja, durch diese Straße geht es zum Brandenburger Tor. Nach ungefähr 200 Metern wenden Sie sich nach links. Dort, wo die großen Reklametafeln stehen."

Als ich den typischen Berliner Dialekt hörte und begriff, dass er die "Sch"s dehnte, wollte ich das Gespräch ein wenig fortsetzen:

"Sie kennen Berlin gut. Sie sind Berliner, nicht wahr?"

"Ja, ich bin in West-Berlin geboren und hier aufgewachsen." "In West-Berlin? Aber ist es denn nicht schon lange her, seit die Mauer abgerissen wurde? Die beiden Teile sind doch längst wieder zusammengewachsen. Ist Berlin etwa nicht eins geworden? Sprechen Sie immer noch von Ost- und West-Berlin?"

Ja, die Mauer ist abgerissen, und natürlich haben sich die Straßen vereint. Und jetzt versucht man auch, alle Spuren von damals zu verwischen und zu vergessen. Aber so wird die Stadt nicht eins."

"Das kann ich nicht verstehen. Können Sie das etwas näher erklären?", fragte ich und versuchte das Thema zu vertiefen.

"Sehen Sie, Sie kommen als Tourist und in ein paar Tagen besichtigen Sie die historischen Werke und die Museen. Leute wie wir aber sind ein Leben lang in der Stadt. Wer im Osten aufgewachsen ist, wurde mit den Gefühlen von Marx und Lenin erzogen. Jetzt ist das nicht mehr ihr Land, die Orte, an denen sie hängen, existieren nicht mehr. Das sind Menschen, denen die Wurzeln gekappt wurden.

Wir glauben noch nicht einmal an denselben Gott. In Berlin steht das berühmte Pergamon-Museum. Vor zweitausend Jahren haben die Menschen an viele Götter geglaubt, die in diesem Museum ausgestellt werden. Da haben wir nun also verschiedene Götter.

Sichtbar ist die Mauer nicht mehr, aber in unseren Köpfen besteht sie scheinbar immer noch. Unsere Herzen schlagen einen anderen Takt. So lange unsere Herzen sich nicht vereinen, wird diese Stadt nicht zu einem Ganzen und auch nicht zur Hauptstadt."

Ich bedankte mich bei dem Polizisten für die Wegbeschreibung. Es begann zu dämmern. Ich musste rechtzeitig zum Brandenburger Tor kommen…

LATİF SARI *wurde am 10. Oktober 1969 in Ortaköy im Landkreis Aksaray geboren und besuchte dort das Gymnasium von Ortaköy. 1991 kam er als Student nach Deutschland und lebt heute in Düsseldorf. Latif Sarı, der Kurzgeschichten und Gedichte schreibt, veröffentlichte 2002 einen Lyrikband mit dem Titel "Gedichte für die Einsamkeit".*

Sich halten

Die Melancholien, von denen er dachte, sie seien im Nu verschwunden, kamen und gingen irgendwoher und verwandelten sich in eine feuchte, schwere Einsamkeit.

Der Mann war kurz vor einem kindischen Seufzer. Früher jedoch war er nicht auf die Einzelheiten eingegangen, und das Leben hatte sein Gesicht ohne Leid und Kummer gestreift.

Und das Schweigen in diesem Moment wurde größer und verwandelte sich in Tränen, und seine Hand schaffte nichts, außer eine Zigarette auszudrücken und die nächste anzuzünden. Wie sollte er sich wieder ans Leben halten, welcher Trost könnte ihm seinen Sohn zurückbringen? Er hatte weder den Mut noch die Kraft, sich diese Fragen zu stellen.

Ein paar Mal streckte er seine zitternden Hände zur Tür aus und öffnete sie. Seit Tagen betrat er zum ersten Mal das Zimmer seines Sohns. Er schaute sich unendlich lange die Schulbilder über dem Bett an und die Fotos, die er beim Spielen im Park aufgenommen hatte. Er wollte den Schmerz über seinen Verlust der Leere in seinem Inneren überlassen und verstreuen. Er schaffte es nicht. Und trotzdem versuchte er, sich zusammenzureißen. Er machte den Kleiderschrank auf, dachte daran, an der Kleidung seines Jungen zu schnuppern, seine Hefte durchzublättern und auch das Tagebuch zu lesen, das er geführt hatte. Er ging zu dem Vogel, der müde im Käfig am Fenster zwitscherte. Er nahm ihn in die Hand, berührte seinen Schnabel mit der Fingerspitze und streichelte ihn.

Er streichelte ihn, indem er seine Fingerspitzen ein paar Mal über die Flügel des Vogels gleiten ließ ... Er dachte daran, dass der Tag, an dem sein Sohn gestorben war, fast sogar das Verderben des Vogels bedeutet hatte. Seine Frau war zu einer Zeit weggegangen, in der er sie am dringendsten brauchte. Sie war auch nicht zur Bestattung gekommen. Vielleicht wusste sie noch nicht einmal etwas davon. Zuerst wollte er vor lauter Abscheu fluchen, dann seufzte er und ließ es bleiben.

In welcher Hölle sie auch brennen mag, soll sie doch brennen, es rührte ihn noch nicht einmal. Er ließ den Vogel wieder in den Käfig, stellte ihm Futter in den Futternapf und gab ihm frisches Wasser. Es kam ihm so vor, als wäre auch er hungrig, und dann legte sich der Schmerz wieder auf seine Seele. Er fühlte sich müde und schwach. Er dachte, er komme vielleicht wieder zu sich, und wollte einen Kaffee trinken. Er kam in die Küche. Er machte den Schrank über dem Spülbecken auf, da war kein Kaffee, und er blickte in die anderen Schränke ... Im Haus gab es weder Brot, noch Zucker noch Kaffee. Er musste losgehen und etwas kaufen. Er ging zur Tür. Er lief mit müden und scheuen Schritten nach vielen Tagen zum ersten Mal über das Straßenpflaster. Als ob er unter einer schweren Last auf seiner Schulter litt, ging er mit eingezogenen Schultern und beugte den Kopf. Obwohl er die Zigarette längst gelöscht hatte, lag sie ihm immer noch zwischen den Lippen. Ein Bekannter, der an ihm vorüberging, grüßte ihn und schüttelte leise den Kopf. "Da ist weder Schatten als Zuflucht noch ein Zweig zum Festhalten", dachte er bekümmert. Die Leere, die in seinen Blicken immer größer wurde, zeigte ihm, dass die Wunde immer noch ganz frisch war. Auf einmal überkam ihn der Wahn, dass er von jemandem verfolgt werden würde. Vielleicht sagte man auch etwas Verletzendes über ihn: "Sein Sohn wird nicht wiederkommen, und seine Frau ist verschwunden, der arme Kerl!" sagte man. Er wollte den Kopf heben und die Balkons aus den Augenwinkeln mustern, dann ließ er es bleiben. Vielleicht interessierte sich ja auch gar niemand für ihn, und jeder kümmerte sich nur um sich selbst. Ohne etwas zu kaufen, wandte er sich von der Tür des Lebensmittelladens ab und ging an den Laternen vorbei in den Park gegenüber. Er ging unter den beiden Reihen von Kiefern entlang und setzte sich auf eine Bank. Er sagte sich: "Es ist gut, dass ich nicht nach Hause gegangen bin". Je mehr er sich die Zimmer und die Möbel ansah, umso schwermütiger wurde er.

Die angenehme Kühle der Bäume und das Zwitschern der Vögel streichelte ihm die Seele. Ein angenehmes Wehen in seinem Haar und auf seinem Gesicht hinterließ Spuren von der Schönheit des Lebens und verging. Fünfzehn, zwanzig Meter weiter vorn lag ein kleiner Teich. Gänse, Enten und das Schnattern umarmten das Leben mit allen Sinnen, und die Vögel versuchten, etwas in Stücke zu reißen, das sie im Wasser gefunden hatten. Für sie gab es nur den Augenblick. Indem er alles, was er in der Vergangenheit erlebt hatte, wieder und wieder bedachte, bluteten die Wunden und es war nicht möglich, dass sie vernarbten. Er dachte daran, dass die Erlebnisse in der Vergangenheit das Leben erstickend und düster gemacht hatten, dass er zur Einsamkeit verurteilt war, und dass sich auch vor einem Wunsch für die Zukunft tiefe Abgründe öffneten, während er das aufgeregte Schnattern der Vögel betrachtete. "Ich könnte mich irgendwo am Leben festhalten und wieder losgehen", sagte er sich. Ein wenig neidisch und verträumt betrachtete er die Vögel ziemlich lange. Dann wollte er am liebsten so aufgeregt wie die Vögel schreien und davonrennen. Er stand auf, ging zum Ufer des Teichs, nahm ein paar Brocken Brot und überlegte, ob er sie mit den Vögeln teilen sollte.

Er ging durch einen kleinen Tunnel und betrat die breite Hauptstraße, zu deren beiden Seiten Märkte lagen. Er setzte sich dorthin, wo man Kaffee trank, bestellte, und während er seinen Kaffee trank, dachte er, er sollte ein Blumengesteck anfertigen lassen und zum Grab seines Sohns gehen. Als die schwermütigen Gefühle wieder in ihm rumorten, murmelte er: "Ich sollte mit irgendetwas anfangen!"

MEVLÜT ÂSAR schloss sein Studium an der Fakultät für Politikwissenschaften an der Universität von Ankara im Jahr 1974 ab. 1978 kam er in die Bundesrepublik Deutschland um zu promovieren. 1980 begann er als Lehrer in Duisburg zu arbeiten. Er ist Mitarbeiter der Regionalen Arbeitsstelle zur Förderung von Kindern und Jugendlichen aus Zuwandererfamilien (RAA) der Stadt Duisburg.

Mevlüt Âsar, der nach dem Tod von Fakir Baykurt den Vorsitz des Duisburger Literaturcafés und der Werkstatt übernommen hat, ist Mitglied des Ausschusses für Multikulturelle Politik in der Gewerkschaft Erziehung und Wissenschaft in Nordrhein-Westfalen.

Von ihm liegt ein Lyrikband "Gurbet İkilemi-Das Dilemma der Fremde" und ein Band mit Erzählungen vor: "Yürekte Kalan İzler-Spuren im Herzen".

In einigen deutschen und türkischen Anthologien, die in Deutschland herausgegeben wurden, sind seine Erzählungen und Gedichte veröffentlicht worden, in Zeitungen und Zeitschriften hingegen seine Beiträge zu kulturellen und pädagogischen Themen.

Die Flucht in den Westen

Je näher er dem Kontrollpunkt zum Übergang nach West-Berlin kam, umso mehr nahm Erhans Aufregung zu. Durch die Lichthupen, die der Fahrer hinter ihm machten, merkte er, dass er unbewusst das Tempo gedrosselt hatte. Er drückte seinen Fuß noch etwas mehr aufs Gaspedal. Kurz später tauchten vor ihm Grenzpunkte auf, Barrieren im Zickzack-Kurs. Wieder wurde er von schlimmen Gefühlen gepeinigt. Janets Stimme war nicht zu vernehmen. Sie hockte in einem Versteck zwischen dem Rücksitz und dem Kofferraum, das er mit seinem Freund Aykut, einem Kfz-Mechaniker, gebaut hatte. "Geht es dir gut?" fragte er. Mit kaum hörbarer Stimme antwortete Janet: Ja." Erhan ermahnte sie: "Wir kommen jetzt zum Grenzübergang. Bleib ganz ruhig!"

Dabei war er doch selbst aufgeregt. Eine innere Stimme sagte ihm, er werde es nicht schaffen, Janet in den Westen zu bringen und er müsse umkehren. Wenn sie nun zurückkehren würden und Janet wieder in ihrer Wohnung absetzten ... Wie schön wäre es doch, einander dort zu lieben, wo sie geblieben wären. Die Steifheit ihrer Brustwarzen und ihre Hitze spürte er immer noch in den Handflächen. Nein, jetzt konnte er nicht mehr zurück. Das konnte er der schönen Frau, die er sehr liebte, nicht antun. Sie würden im Westen zusammen wohnen, jeden Tag zusammen sein, zusammen spazieren gehen, einander nach Lust und Laune lieben. Diese Bilder, die ihm lebhaft vor Augen standen, stärkten ihm den Mut.

Er kam zum Kontrollpunkt. Auf das Signal des blonden Polizisten mit den grünen Augen in der grauen Uniform hin hielt er an. Er stellte den Motor ab. Kaltblütig und mit fester Stimme sagte er: "Guten Morgen, Genosse!" Als er merkte, dass seine Stimme nicht so natürlich klang wie immer, lief ihm ein Schauer über den Rücken. So grüßte er die Grenzpolizisten immer, als "Genosse". Nicht, um sich über sie lustig zu machen, sondern er sagte dies, weil er sich selbst für einen Sozialisten hielt. Das kalte, trockene "Guten Morgen" des Grenzpolizisten ließ ihn innerlich nur umso mehr zittern.

Der junge Polizist sagte: "Steigen Sie aus und kommen Sie mit!" Er stieg aus und ging hinter dem Polizisten in die Baracke, in der Passkontrolle und Durchsuchungen stattfanden. Er holte tief Atem und versuchte, sich zu beruhigen. Außerdem sprach er sich Mut zu. Was würde denn passieren, wenn man sie erwischte! Schließlich wäre es doch nicht der Tod. Es liefe höchstens auf ein paar Jahre Gefängnis hinaus. Allein schon wegen ihrer grünen Augen und des blonden Seidenhaars war es Janet wert. Für sie würde er sogar ins Gefängnis gehen. Auf einmal fiel ihm der frühere Revolutionär Saffet ein, der ständig hin und herfuhr; er hatte ihn in dem Arbeiterverband kennen gelernt, in dem er seine sozialistischen Ideen erworben hatte. War nicht auch Saffet, sein großes Vorbild, in der Türkei jahrelang inhaftiert gewesen? Als eine innere Stimme einwandte: "Aber er war nicht im Knast, weil er eine Frau aus einem sozialistischen Land geschmuggelt hatte, sondern wegen seiner revolutionären Haltung!" wurde Erhan der Ernst der Lage bewusst. Würde man ihn wirklich erwischen und einsperren, wie könnte er dann den Freunden im Verband ins Gesicht sehen? Wie stünde er vor ihnen da? War das, was er tat, nicht so etwas wie ein "gegenrevolutionärer Akt"?

Die harte Stimme des Polizisten, der seinen Pass verlangte, brachte ihn wieder zu sich. Er zog den Pass hastig aus der Hosentasche und sagte: "Bitte schön, Genosse." Der Polizist war ziemlich jung. Das bedrückte Erhan umso mehr, denn vor allem die jungen Polizisten nahmen ihre Arbeit sehr ernst. Um ihn zu beschwichtigen, meinte er: "Die Arbeit von euch Genossen muss sehr schwer sein! Ihr schützt die DDR!" Der junge Polizist, der Erhans Pass höchst aufmerksam kontrollierte, fuhr ihn an: "Warum nennen Sie mich dauernd Genosse?" Lachend antwortete Erhan: "Weil ich auch Sozialist bin." Es hatte nicht den Anschein, als ob der junge Polizist von dieser Erklärung sonderlich beeindruckt war. Als er fragte: "Warum fährst du so oft nach Ost-Berlin?", fuhr Erhan erschrocken zurück. Mit einem Lachen versuchte er zu antworten: "Ich sagte ja schon, dass ich Sozialist bin. Ich liebe Ost-Berlin, gehe in die Museen und kaufe Bücher und Kassetten." Der Polizist unterbrach ihn: "Leeren Sie alles aus, was Sie in den Hosentaschen haben und ziehen Sie Ihr Jackett aus!"

Obwohl er früher schon solche Durchsuchungen durchgemacht hatte, begann Erhan das Herz bis zum Hals zu schlagen. Er schwitzte. Die Schweißtropfen, die sich ihm auf der Stirn sammelten, wischte er sofort mit der Hand ab. Da er fürchtete, der Polizist könnte seine verzwickte Lage bemerken, steigerte sich seine Aufregung umso mehr. Der junge Polizist sagte durch die Fensterscheibe irgendetwas zu seinem Kollegen draußen, wandte sich wieder Erhan zu und sagte ihm, er solle seine persönlichen Dinge so liegen lassen und zum Wagen gehen.

Erhans Knie wurden ganz weich. Er zitterte am ganzen Körper, und seine Füße trugen ihn nur mit Mühe. Als er fragte: "Warum denn nur, Genosse? Gibt es ein Problem?", konnte er ein deutliches Zittern in der Stimme nicht vermeiden. "Ja", antwortete der Polizist, "wir durchsuchen den Wagen. Lenken Sie das Auto dorthin!" Als Erhan zum Wagen ging, blieb er plötzlich stehen. Dann nahm er seine ganze Kraft und seinen ganzen Mut zusammen und begann zum Ausgangstor zu rennen. Kaum hatte er ein paar Schritte getan, hatte er den Lauf der Kalaschnikow eines großen, starken Grenzwärters zwischen den Rippen. Hilflos blieb er stehen, erschöpft und mit tränenüberströmtem Gesicht, und hob die Hände. Als er in Handschellen in den Militärjeep steigen musste, überlegte er, wie er nach all dem, was passiert war, nach den Ereignissen um Janet, vor den vielen Freunden im Verband und vor Saffet dastehen würde.

ZEHRA BİLTEKİN *wurde 1948 in Tokat-Niksar geboren und hat dort die Grund- und Mittelschule besucht. In Kars hat sie die Pädagogische Hochschule für Lehrerinnen absolviert. Nachdem sie sieben Jahre lang in der Türkei als Lehrerin gearbeitet hatte, kam sie 1972 als Arbeiterin nach Deutschland. Nach einem Jahr Tätigkeit als Arbeiterin besann sie sich auf ihren Beruf als Lehrerin und fing an in ihrem Beruf zu arbeiten.*

Für den Unterricht in Türkisch als Muttersprache hat sie zwei Lehrbücher verfasst. "Dilimiz Türkçe - Türkisch, unsere Sprache" und "Güzel Dilimiz Türkçe - Türkisch, unsere schöne Sprache". An dem Lyrikband "Aydınlığa Akan Şiirleri - Gedichte, die ins Licht fließen" des Literaturcafés hat sie sich mit Gedichten beteiligt. Ihre Gedichte wurden in verschiedenen Zeitschriften publiziert Mit der folgenden Erzählung erhielt sie den ersten Preis des Programms "Memleket Saati" (Heimatstunde) von TRT-int .

Der Deutschlandsturm

Als sie auf dem Liegestuhl vor dem Sommerhaus lag, war die Stimme der Nachbarin Ferhan Hanım vom Balkon nebenan zu hören. "Ach, die schönen Tage gehen rasch vorbei. Wann fliegst du?"

Als sie diese Frage hörte, war es mit ihrer Ruhe vorbei, und sie stieß einen tiefen Seufzer aus:

"Frag nicht! Morgen um diese Zeit bin ich im trüben, nebligen Himmel über Deutschland", antwortete sie.

"Nächstes Jahr kommst du wieder!"

Ja, sie würde wiederkommen.

Doch seitdem sie sich mit Mühe von dem Land verabschiedet hatte, in dem vier Jahreszeiten herrschten, hatte sie das jahrelange Hin und Her schließlich satt. Aber indem sie unter schwierigsten Bedingungen die gefährlichsten und billigsten Arbeiten übernahm, musste sie in dem Land, dem sie ihren stabilen jungen Körper, ja sogar Geist und Seele überlassen hatte, arbeiten, bis sie fünfundsechzig Jahre alt war. Was würde wohl von ihr übrig geblieben sein, wenn sie fünfundsechzig wäre? In der letzten Zeit traute sie sich kaum noch in den Spiegel zu schauen. Sie war von Angst geschüttelt. Wenn sie die Augen schloss, kam sie - aus welchen Gründen auch immer - auf den Gedanken, dass auch der Gesundheitsdienst dort besser war …

Am Ufer des Marmarameers hatte sie ein Sommerhaus kaufen können, aber auch dort fand sie keine innere Ruhe. Ihr ging die geringe durchschnittliche Lebenserwartung der Türken durch den Kopf, und sie dachte an den Ehemann von Ferhan Hanım. Wegen einer Herzerkrankung, die er durchgemacht hatte, hatte er das Meer in dieser Hitze seit Jahren nur vom Balkon aus betrachtet. In diesem Jahr war der Stuhl auf dem Balkon leer. Wieder wurde ihr melancholisch zu Mute. Ach, warum hatte Ferhan Hanım ihr das nur zugerufen! Doch es gab keine Flucht vor der Wirklichkeit, flieh nur vor ihr, und schon hat sie dir aufgelauert. Sie versenkte ihre Augen in das Blau des Meeres … Und lächelte melancholisch. "Was wäre denn, wenn ich lange leben könnte?", fragte sie sich … Jetzt hatte sie Geld, aber sie war mutterseelenallein.

Es war, als ob ein Sturm, der von Deutschland aus an die Küsten des Marmarameers schlug, sie dreißig Jahre zurückversetzte. Die Mühsal, die sie erlitten hatte, um ihren Verlobten nach Deutschland zu bringen, den Schmerz um das Bewusstsein ihres Wertes - trotz allem -, und die Wunde, die ihr Ehrgefühl betraf. Sie hatte die Wunde mit schwarzen Binden verbunden, sah sie nicht, selbst wenn sie blutete, fühlte aber immer noch schmerzlich das Rinnen des Bluts. Die Ereignisse gingen ihr wie ein Film durch den Kopf. Sein langes Lernen der Sprache, dann die kurze Phase des Militärdienstes, dann Antrag und Bewilligung von Aufenthalts- und Arbeitserlaubnis und sofort danach sein Verschwinden mit einem jungen, strohblonden deutschen Mädchen …

Sie hatte es sich weder als junges Mädchen gut gehen lassen können, noch konnte sie das Glück auskosten, Braut zu sein. Ihr war noch nicht einmal Zeit geblieben, das Gefühl der Mutterschaft zu genießen. Als es darüber hinaus auch noch zur Witwenschaft kam, war der Film, der sich in den blauen Wassern des Marmarameers spiegelte, vollkommen. Die Tränen in ihren Augen, die sich hinter der Sonnenbrille verbargen, kamen nicht vom Wind …

Eigentlich hatte sie nie übertriebene Illusionen gehabt. Auch einer ihrer Träume war gewesen, mit jenem, den sie liebte, in einem Sommerhaus auf Liegestühlen nebeneinander zu liegen und nach Herzenslust zu plaudern … Ihr war bewusst, woher und wohin sie gekommen war, und wohin sie ging. Ja, alles hatte seinen Preis. Aber konnte man alles mit Geld kaufen? Sie holte tief Atem und dachte an die Dinge, die ihr Leben bestimmten: SEHNSUCHT, GELD und GESUND-HEIT. Das also nannte man das "DREIECK DES MENSCHEN" in Deutschland! In der letzten Zeit hatte sie funkelnagelneue Bilder geschaffen. Auch dieses Bild gefiel ihr, bestätigte sie sich.

Vor vielen Jahren hatte sie ihre weinende Mutter zurück gelassen und das Sonnenland verlassen, um die Armut noch im Frühling ihres Lebens zu überwinden, und war am 11. September 1972 nach Deutschland gekommen. Dort hatte sie ihren Magen gefüllt, aber ihre Gesundheit verloren. Sie konnte jedoch nur für ein paar Wochen in das Sommerhaus am Marmarameer kommen, auch wenn ihre Mutter nicht kam. Und so ging auch diese Zeit im Nu vorbei…

Sie wurde wieder wütend auf Ferhan Hanım, die sie daran erinnert hatte, dass die Zeit zu Ende war. Doch sie hatte sich versprochen, dass sie in den Ferien nicht an Bedrückendes denken wollte. Was sollte es heißen, dass ihr Geist in ganz anderen Regionen war, während ihr Körper in dieser schönen Landschaft lebte, in der er im gleichen Blau wie der Himmel und das Meer war? Auf einmal erinnerte sie sich an das Sprichwort "Die Sonne kann man nicht mit Lehm verputzen!" "Das muss man bestimmt erklären", murmelte sie. Wie sehr der Schmerz sie auch wirklich zwang, sich auf ihr Unterbewusstsein einzulassen, so fand er doch eine dünne Stelle und entschwand.

Sie streckte sich wieder auf dem Liegestuhl aus und blickte unmerklich auf die Uhr. Vor lauter Reisefieber hielt sie es nicht mehr aus, sie bezwang ihren Körper, der von der Sonne noch nicht genug bekommen hatte, stand auf und ging hinein. Wohl oder übel begann sie mit den Reisevorbereitungen. Wie immer verstaute sie zuerst eine Strickjacke und ein paar Socken in der Handtasche…

DİLEK ÂSAR *kam 1953 in Ankara zur Welt. Nach zwei Studienjahren verließ sie die Hochschule für Presse und Publizistik. Sie ist verheiratet und Mutter zweier Kinder.*

"Mein Leben in Deutschland - im Alter von vierundzwanzig Jahren kam ich hierher - ist manchmal mit Arbeit, oft aber auch arbeitslos verlaufen, so oder so, in jedem Fall war ich Hausfrau und habe mich sehr oft vor Frost geschüttelt."

Ihre Beziehung zur Literatur beschreibt sie wie folgt:

"Als ich studierte, wurde mir warm ums Herz und seit meiner Kindheit lese ich gern. Die einzige Nebenwirkung des Lesens ist bei mir, dass ich mich beim Schreiben zurückgehalten habe. Vor lauter Lesen ist keine Zeit zum Schreiben geblieben. Außerdem ist so viel geschrieben, so viel Gutes geschrieben worden, dass ich es nicht lassen konnte zu denken: ‚Was und wie könnte man denn noch besser schreiben?' Heute denke ich nicht mehr so. Alles, was aus dem Inneren kommt, sollte man so aufschreiben, wie es kommt. Wenn manche mir das Herz erwärmen, möchte auch ich vielleicht manchen das Herz erwärmen. Ist das klar? Allein schon die Vorstellung davon ist schön!"

Meine Anna

Unser erstes Baby haben wir in der Türkei verloren und deshalb großes Leid erlebt. Als deutlich wurde, dass ich zum zweiten Mal ein Baby erwartete, stellten wir den Antrag, zu meinen Eltern zu gehen, die in Deutschland lebten, und das Baby in Deutschland zur Welt zu bringen.

Die ersten Monate in diesem kalten Land, in das wir Hals über Kopf aufgebrochen waren, vergingen rasch mit der Freude, dass ich wieder mit meiner Familie zusammen war, nach der ich mich sehr gesehnt hatte, mit dem neuen Leben, mit den Mühen des Gewöhnens an die neue Umgebung und der Begeisterung, wieder Mutter zu sein.

Meine Begegnung mit Anna fiel zufällig in eine Phase, in der ich begann, mich nach meinen Freunden in der Türkei zu sehnen, und die Sehnsucht nach der Türkei so groß geworden war, dass es mir das Herz zerriss. Sie war gerade in unsere Nachbarwohnung eingezogen. Eines Tages stand sie, von mittlerer Größe, sehnig, mit langen blonden Haaren, aber doch mit dunkelblauen, lachenden Augen wie die Meere unseres Landes an unserer Tür. Anna blieb nicht vor der Tür stehen, sondern trat ein. Und mit ihrem Eintreten ließ sie sich auf meinen, ja sogar auf unseren Lebensstil ein. Mit ihrem lachenden Gesicht, ihrer Herzlichkeit und ihrem Interesse wurde sie der ganzen Familie sympathisch. In kurzer Zeit gehörte sie zu meiner Familie. Wir aßen und tranken, lachten und weinten miteinander.

Von unseren Speisen war sie begeistert und wollte lernen, wie sie zubereitet wurden. Die einfachste Methode war, mit uns zusammen zu kochen. Auf diese Weise lernte sie von mir die Zubereitung der Spiesen, die sie am meisten liebte. Weinblätter mit Olivenöl, Kichererbsen, Mürbeteigpasteten und gedünsteten Reis ... Auch ich lernte viel von ihr. Kartoffelsalat, Pfannkuchen, Schnitzel... Auch das Wichtigste lernte ich von ihr, die Koch- und Backrezepte mutig anzuwenden. Ich vergesse nie, dass wir uns mit einem solchen Mut auf ein spezielles Köfte einließen, ein türkisches Essen, das ich noch nie gemacht hatte, dass es jedoch explodierte und wir die Köfteteile, aus denen das Innere nach außen spritzte, zerteilten und mit dem Löffel aßen.

Auch Anna war von weither gekommen, weit aus dem Süden Deutschlands. Auch sie war von ihrer Umgebung und den Leuten, die sie liebte, getrennt. Das aber war es nicht, was uns näherbrachte. Sie hatte ein Herz voller Liebe. In meinem schwierigstem, ja in meinem traurigsten Moment stand sie vor mir, rief mich und kam zu mir. Wenn das Wetter schön war, überredete sie mich, mit ihr zusammen hinauszugehen. Und jedes Mal sagte ich verblüfft: "Woher hätte ich denn wissen sollen, wie eingeengt ich war!"

Jahr für Jahr wurde unsere Freundschaft enger. Inzwischen machte sie mit uns Urlaub in der Türkei. Auch die Türkei liebte sie sehr. Als sie eines Tages plötzlich sagte, sie wolle von Düren fortgehen, um ihr Studium fortzusetzen, verkrampfte sich mir das Herz. Ich kann nicht erzählen, wie traurig ich war, als sie weit fortzog, nach Würzburg, in eine Universitätsstadt. Ich fürchtete, die drei Jahre, die wir zusammen verbracht hatten, wären nur ein Traum gewesen. Doch die Entfernung, die zwischen uns lag, konnte uns nicht trennen. Wir blieben ständig in Kontakt.

Eine Weile später verließen auch wir Düren. Wir zogen zuerst nach Köln und dann nach Duisburg. Einmal kam Anna in den Weihnachtsferien mit ihrem Freund Franz nach Duisburg. Wir schmückten den Tannenbaum, den sie mitbrachten. Am Heiligen Abend spielte Franz Flöte. Das war die schönste Weihnachtsnacht, die wir je erlebten. Wir besuchten sie auch in Würzburg. Sie zeigten uns die historische Stadt und ließen uns unvergessliche Tage erleben.

In den Jahren, in denen Anna mit Franz zusammen war, trafen wir sie immer wieder. Die beiden kamen fast jedes Jahr im Urlaub in die Türkei. Sie besuchten meine Verwandten und Freunde, die selbst ich viele Jahre lang nicht gesehen hatte.

Ein paar Mal waren wir auch mit ihnen zusammen in der Türkei. Einmal reisten sie im Sommerurlaub an die Küsten des Schwarzen Meers. Weil das Wetter dort kalt und regnerisch war, flohen sie und erholten sich in Didim, wo wir waren, und machten uns allen eine Freude mit dieser schönen Überraschung.

Eines Tages teilte Anna uns mit, dass sie sich von Franz getrennt hatte. Das stimmte uns traurig, weil wir Franz sehr mochten. Aber da war nichts zu machen... Kurz darauf heiratete Anna Roland aus Regensburg, und sie zogen dorthin. Als wir Roland kennen lernten, mochten wir ihn auch. Wir hielten weiter Kontakt und trafen uns. Manchmal waren wir zusammen in Deutschland und manchmal in der Türkei. Regensburg ist eine Kostbarkeit, und ebenso, wie die Schönheit der Stadt uns unersättlich werden ließ, war Roland ein geistreicher Fremdenführer. Zu dieser Zeit bekamen sie eine Tochter, die sie Selma nannten. Unsere Selma war wunderschön. Auch wenn unsere Freundschaft, die wir mit Franz geschlossen hatten, nicht so intensiv war, hielt sie dennoch an. Neulich klingelte das Telefon. Er ist mit seiner Frau für anderthalb Monate in die Türkei gereist.

In diesem Jahr sind wir dreißig Jahre lang mit Anna befreundet. Immer wenn die Leute meines Landes etwas Negatives über die Deutschen sagen oder ein paar Gemeinplätze von sich geben, erwidere ich: "Wenn auch ihr eine Anna hättet, würdet ihr nicht so reden!"

Es ist gut, dass es euch Annas, Franz' und Rolands gibt!

Es ist gut, dass es euch gibt...

ÜMRAN KARTAL ist 1973 in İstanbul geboren. An der Universität von İstanbul studierte sie im Forschungszentrum für Frauenfragen amerikanische Kultur und Literatur. Mit der Zeitschrift "Varlık - Das Sein" setzte sie einen Fuß in die Welt der Publizistik. Im Jahr 2002 erschien die Untersuchung "Mit der Pinzette", die sie gemeinsam mit Müge İplikçi verfasst hat. Von 2001 bis 2004 war sie Herausgeberin von "Radikal Kitap". Seit Februar 2004 lebt sie in Deutschland. An der Ruhr-Universität Bochum arbeitet sie im Fachbereich Soziologie und Frauenfragen an ihrer Dissertation und ist die Mutter von Mathias Can.

Der Tumult

Über niemanden beschwere ich mich
Und weine still vor mich hin...
(Kemani Serkis Efendi)

Es ist August, aber der Himmel will das nicht wissen. Es regnet in Strömen. Ein Paar Füße eilen über das Pflaster. Ein kleines Mädchen, das nicht auf die Worte der Mutter hört, tritt - patsch, patsch - in die Pfützen. Die Schöße des alten braunen Ledermantels fallen ihm bis auf die Knie. Es meidet die Regentropfen, auch wenn es nur ein paar sind. Hoffentlich werden ihr die Knie heute Abend nicht wehtun. Seit sie in dieses Land gekommen ist, schmerzen ihr die Knochen. Seit ihre Koordinaten auf Norden stehen. Tief innen drin.

Das hier ist eine ganz gewöhnliche Straße einer kleinen Stadt. Das Straßenpflaster ist breit. Die Häuser sind gepflegt. Trotz des Regens hängen Blumen aus den Fenstern und von den Balkons. Farbenprächtig. Und dennoch durchbohrt dies Vergnügen nicht den grauen Himmel. Von gegenüber kommt eine Frau, die auf ihr Rad gestiegen ist. Sie trägt ein Kopftuch aus Nylon. Es ist deutlich, dass sie vom Einkaufen zurückkehrt. Wie schön passt doch das Rot des Lippenstifts zu dem weißen, faltigen Gesicht. Autos fahren über die Straße. Die Scheibenwischer schieben sich unaufhörlich von einer Seite zur anderen:

Das-hört-auf-das-geht-zu-Ende-das-hört-auf-das-geht-zu-Ende-das-hört-auf-das-geht-zu-Ende.

Sie fährt mit den Händen über ihre Brust, bückt sich und beschleunigt ihre Schritte noch mehr. Und dennoch vergisst sie nicht, immer, wenn sie vorbeigeht, den alten Onkel zu grüßen, der am Fenster sitzt. Nach ein paar Schritten geht sie durch die Eisentür. Ächz, ächz... Wieder beginnt alles von vorn... Wisch es dir aus dem Kopf! Warme Luft schlägt ihr ins Gesicht. Drinnen riecht es ein wenig nach Zigaretten und Parfüm. Herr Kakaman sitzt direkt gegenüber der Tür an seinem Tisch am Computer. Als er Meriç eintreten sieht, blickt er sie eindringlich unter den Augenbrauen an. Soweit, so gut.

Meriç hockt sich auf die Spitze eines kleinen schwarzen Lederschemels vor den Tisch. Und alles läuft so wie immer. In großen Buchstaben steht auf der Wand hinter Herrn Kakaman "Kakamans Fahrschule". Zwei riesige Poster sind nebeneinander aufgehängt, mit Bildern und Zeichnungen, die sämtliche Verkehrsregeln beinhalten. Auf einer Tafel zwischen zwei Metallschränken kleben Fotos. Mallorca, Mallorca, Ibiza, Mallorca, Sardinien, Alanya, Mallorca, Side... Es ist klar, dass man sich nach der Sonne sehnt.

"Unterschreibst du das hier?"

"Weißt du, Herr Kakaman, ich will die Prüfung gar nicht machen."

"Schau mal, du bist nun soweit gekommen! Jetzt gibt es kein Zurück mehr!"

"Ich weiß, aber..."

"Da gibt es kein Aber. Wenn du den Führerschein erst Mal in der Tasche hast, ist alles überstanden..."

"Das ist doch das Problem! Ich habe meinen Führerschein doch sowieso schon, warum soll ich mich noch mal für die Prüfung anstrengen? Das will mir nicht in den Kopf! Das begreife ich nicht!"

"Schau mal, das alles haben wir doch schon in den letzten Unterrichtsstunden besprochen, und ich dachte, wir hätten es gelöst... So und so oft habe ich dir gesagt, wenn du beschlossen hast, anderswo als in deinem Land zu leben, musst du dich an die Gesetze dort halten. Das gilt nicht nur für dich, sondern alle Migranten müssen sich ans Gesetz halten. Dein Führerschein ist hier ungültig, und man muss ihn erneuern. So ist das nun mal. Komm nur, wir sollten den Prüfer nicht länger warten lassen... Er sitzt im Wagen."

Alle Migranten... Sag nur, die Migranten, die aus der dritten Ecke der Welt kommen. Sag nur, ungültiges Leben, ungültige Personalausweise! Kleine Verkehrsungeheuer fuhren zu ihnen, sag nur, es kam die Zeit für den Führerschein! Herr Kakaman streckt die Autoschlüssel aus. Sie gehen hinaus. Es regnet immer noch, es ist Nieselregen. Meriç öffnet zuerst die hintere Wagentür. Sie zieht ihren Regenmantel aus und legt ihn auf den Sitz. Nervös begrüßt sie den Prüfer. Er wirkt ruhig und hat einen sanften Kopf. Und dennoch versteckt sich irgendwo hinter seinem Gesicht eine andere Bedeutung und ein anderer Ausdruck. Wie auch immer, bei Meriç's erstem Fehler, ja, bei ihrem ersten Fehler ist das die Person, welche die Macht hat, die Prüfung zu beenden.

Meriç setzt sich ans Lenkrad. Ihr Gesicht ist feucht, und sie trocknet es ab. Herr Kakaman sitzt neben ihr. Wie in den Fahrstunden, die sie seit ein paar Wochen zusammen machen. Und der Prüfer sitzt auf dem Rücksitz, den Laptop auf den Knien. "Kann ich Ihren Personalausweis sehen?", fragt er. Sie holt ihren Pass aus der kleinen Handtasche und gibt ihn ihm. "Bitte sehr", sagt sie. Immer wenn sie jemandem ihren Ausweis gab, kam es ihr so vor, als würde ihre Fremdheit gespalten; krumm und schief war sie in das kleine dunkelblaue Heft eingeklemmt.

Ach, wenn der Regen doch nur heute eine Pause einlegte! Der Sommer, den ich kenne, ist heiß. Heiß. Eine Hitze, welche die Knochen erwärmt. In Perlen sollte der Schweiß das Gesicht hinabströmen. Genauso wie damals, vor vielen Jahren, an dem Tag, als sie, Anfang zwanzig, die Fahrprüfung ablegte. Damals hatte Meriç es ein wenig bereut, dass sie aus ihren langen Haaren keinen Pferdeschwanz gemacht hatte. Sie hatte auch keine Schnalle bei sich, um die Haare zusammenzubinden. Sie hatte ihre Haare ein wenig mit den Händen durchwühlt, damit ihr Nacken Luft bekäme. Sie hatte auf die Straße geblickt, die sich vor ihr erstreckte, und auf den Hügel, der sich sanft erhob. Auf die blassgelbe Ebene, die sich zu beiden Seiten der Straße erstreckte.

Sie war fünf Meter vorwärts und fünf Meter rückwärts gefahren. Das war die Prüfung. So weit, so gut. Das war eine oberflächliche Methode, aber was sollen wir machen; ist es unsere Schuld, hatte sie gedacht, das wir in dieser Ecke der Welt geboren sind? Ihr Blick hatte sich auf die Baracken auf beiden Seiten der Straße gerichtet. Auf streunende Katzen und Hunde. Auf die weiße Wäsche auf den Leinen. Sie hatte gedacht, bei diesem Wetter müsste sie längst getrocknet sein. Wie seltsam, hier, in diesem Land, hängte fast niemand die Wäsche draußen auf. Auf den Balkons kannst du keine Wäsche sehen, und man spannte keine Leinen von Haus zu Haus, um die nasse Wäsche aufzuhängen. Man musste den Privatbereich schützen. Die Luft hier war allerdings so feucht, dass die Wäsche nicht trocknete, wenn du sie draußen aufhängtest. Wie das Klima doch auch die Kultur erklärt.

Der Prüfer kontrolliert, ob Meriç's Ausweis mit seinen Informationen übereinstimmt. Als er bestätigt findet, dass die Person auf dem Foto dieselbe ist, welche die Fahrprüfung ablegt, gibt er ihr den Pass zurück. Meriç lässt den Wagen anspringen und klebt fest am Lenkrad. In diesem Moment kann sie fast nichts sehen. Sie stellt die Scheibenwischer an:

Das-hört-auf-das-geht-zu-Ende-das-hört-auf-das-geht-zu-Ende-das-hört-auf-das-geht-zu-Ende.

Sie schaltete den Winker nach links ein und vergaß nicht den Blick über die Schulter. Herr Kakaman war beruhigt. Meriç holte tief Atem. Das war der Blick über die Schulter. Und wenn der Wagen neben ihr den blinden Fleck im Spiegel traf, war es nötig, einen kurzen Blick über die Schulter zu werfen! Das musste sie tun. Meriç wurde eins mit dem strömenden Verkehr. Sie fuhr hundert Meter weit und hielt an. Die Ampel zeigte Rot. "Wir wenden jetzt bitte nach rechts!", meinte der Prüfer. Sie wartete etwa eine Minute an der Ampel. Dann leuchtete Gelb auf und kurz danach Grün. Ohne sich ganz umzudrehen, wandte sie den Kopf kurz vorher vorsichtig nach rechts. Auf dem Straßenpflaster war weder ein Radfahrer noch ein Fußgänger. Sie konnte weiterfahren. Als sie den Fuß von der Kupplung nahm, gab sie ganz langsam Gas.

Auf dieser Straße war nur ein Tempo von 50 km erlaubt. Sie hatte Vorfahrt. Das da in der Mitte war anscheinend eines von den Firmenschildern in Form von Baklava-Scheiben. Man sollte es nicht übertreiben, aber offensichtlich fällt alle paar Schritte ein Schild herab. Als ob die Straßenränder mit jedweder regelmäßigen Sorgfalt mit einem Firmenschild beklebt worden wären. So fährt Meriç ein paar Kilometer weit. Auf der linken Seite kommt sie an der Konditorei vorbei. Ihr Blick bleibt an einem alten Mann und einer alten Frau hängen, die an einem Tisch an der Schaufensterscheibe sitzen. Sie frühstücken um diese Zeit. Ganz gemächlich. Schluck für Schluck trinken sie bedachtsam ihren Kaffee. Das kleine Brötchen teilen sie der Breite nach, streichen Marmelade auf die eine Hälfte, legen Salami auf die andere und beißen hinein. Beim Frühstück isst Meriç dieses kleine, frische Brötchen immer noch Bissen für Bissen, indem sie es wie das große Brot in Scheiben schneidet. Wie viele Jahre es auch her ist, seit sie eingewandert ist, ihre Hände suchen am Frühstückstisch immer noch die Gabel, und ihre Fingerspitzen sehnen sich nach dem feinen, durchsichtigen Teeglas. Sie möchte, dass es mit Tomaten und Gurken beginnt. Der Geschmack ihres Gaumens akzeptiert immer noch nicht, dass Oliven und Schafskäse nicht auf den Frühstückstisch gehören, sondern Grillpartys vorbehalten sind. Ach, wenn sie jetzt nur in einem Teegarten sitzen, einen Sesamkringel essen und Tee trinken würde!

Von der Stimme des Prüfers fährt Meriç erschrocken zusammen. "Wir biegen mal in die zweite Straße links ein, bitte sehr!" Sie betätigt sofort den Blinker nach links und steuert den Wagen direkt nach links. Drei Wagen sind vor ihr, und sie wartet darauf, dass sie sie nacheinander überholen kann. Dann wendet sie behutsam. "Sie sehen den roten Wagen dort vorn, auf der rechten Seite, hinter dem blauen Auto. Dazwischen parken wir mal, bitte sehr!"

Meriç fürchtet sich nicht vor dem Parken. Denn wenn sie falsch parkt, kann sie das korrigieren. Sie hält parallel zu dem blauen Wagen. Und wendet nach rechts. Sie schaltet den Rückwärtsgang ein. Beinahe will sie ihren rechten Arm in die Armbeuge werfen, so wie sie es seit Jahren gewöhnt ist aber im letzten Moment fällt es ihr doch noch ein. Sie wird nur ihren Kopf nach hinten wenden und sich mit beiden Händen am Lenkrad festhalten. Hier ist das so. Als die Vorderseite des Wagens hinter dem blauen Auto angekommen ist, hält sie an. Sie steuert das Lenkrad ganz nach links und parkt in zwei Sprüngen. Herr Kakaman wirkt glücklich und noch etwas mehr erleichtert.

Sie fährt aus der Parklücke heraus. Weil es auf einer kleinen Straße ist, auf der man Tempo 30 einhalten muss, fährt sie eine Weile mit 30 km pro Stunde weiter. Sehr konzentriert und aufmerksam. Wenn sie allerdings nicht mit 30 km pro Stunde, sondern mit 31 führe und wenn ihr Fuß versehentlich, ohne es zu wollen, auf das Gaspedal drücken würde, würde der Prüfer von hinten sagen: "In Ordnung!

Fahren Sie bitte an den Straßenrand. Die Prüfung ist zu Ende." Ihre inneren Organe, ihre Adern und ihre Nervenenden können nicht mehr an diesem Krieg teilnehmen. Und wenn das nicht mehr ihre Haut ist, wie bedeckt die Haut dann die Ruine darunter? Sie verbirgt den Tumult.

Bis sie auf die Hauptstraße fuhr, musste sie jetzt dem von rechts kommenden Verkehr Vorfahrt gewähren. Deshalb wendet sie den Kopf an jeder Straßenkreuzung, die auf der rechten Seite liegt, nach rechts und stellt den Fuß auf die Bremse. Reine Konzentration. So hat sie dem Prüfer gezeigt, dass sie diese Regel kennt. Meriç muss auf eine höfliche Art und Weise dafür sorgen, dass der Prüfer mit eigenen Augen sieht, dass sie diese Regel begriffen und verinnerlicht hat, dass sie sie auswendig gelernt hat. Es rührt ihn überhaupt nicht, dass sie die Fahrprüfung vor unendlich langer Zeit so oder so abgelegt hat, und dass sie das Lenkrad auf den unübersichtlichen, krummen und überfüllten Straßen ihres Landes jahrlang in der Hand hatte. Diese Prüfung hat etwas von einem Spiel an sich. Meriç muss sich selbst beweisen.

Sie fährt auf die Hauptstraße. Die Ansiedlungen bleiben allmählich zurück. Die Häuser stehen weiter auseinander. Von weitem tauchen nach und nach Fabrikschornsteine auf. Auf beiden Seiten der Straße liegen große, weite Felder, und ein enormer Sturm peitscht die Rosen mit aller Gewalt. Sie sieht ein Schild, auf dem 70 steht. Sie darf die Geschwindigkeit erhöhen. Drei, vier Kilometer fährt sie mit diesem Tempo. Auf dem Radweg rechts und links der Straße fahren Leute auf ihren Rädern. "Bist du bei mir?", fragen sie nicht; diese Leute haben sogar bei diesem regnerischen, nebligen, bedrückenden Wetter, das einen schwermütig stimmt, wenn man zu Hause bleibt, Lust, Fahrrad zu fahren. Meriç kann nicht Rad fahren. Woher sollte sie das können? Die sieben Hügel der riesigen Stadt, in der sie geboren und aufgewachsen ist, lassen das nicht zu. Wie sehr doch auch die Landschaft, die hier eben ist, die Kultur bestimmt!

Auf der rechten Seite fällt ihr ein Schild ins Auge. Achtung! Straßenbauarbeiten. Auf 50 km. Sie geht mit dem Tempo sofort auf 50 km pro Stunde herunter. Herr Kakaman ist zufrieden. Meriç macht alles so, wie es nötig ist. Wie schwer es doch ist, ein bestimmtes Tempo einzuhalten. Schwerer noch als die Tatsache, dass dich jemand auf dem Rücksitz beobachtet. Anscheinend lenkt Meriç den Wagen mit seinen Augen, seinen Händen und seinem Körper. Anscheinend ist sie selbst in diesem Moment gar nicht da. Alles ist ein enormes Anscheinend.

Ein paar Meter, nachdem die Straßenbauarbeiten zu Ende sind, zeigt ein Schild wieder 70. Während sie im vierten Gang fährt, kommt sie etwas weiter vorn zu einer kleinen Straßenkreuzung, und die Ampel steht auf Rot. Sobald sich ein Wagen von rechts oder links nähert, funktioniert die Ampel automatisch. Das alles ist für die Sicherheit der Wagen, die auf die Hauptstraße fahren, und noch mehr für die Autos auf der Hauptstraße. Das ist gut und schön, alles ist genauestens durchdacht und bestimmt auch dafür, dass die Wolken da sich nicht zerstreuen. Die Scheibenwischer kommen nicht zur Ruhe:

Das-hört-auf-das-geht-zu-Ende-das-hört-auf-das-geht-zu-Ende-das-hört-auf-das-geht-zu-Ende.

Diese Straße führt auf die Autobahn. Nach dem, was gesagt wurde, heißt es, Hitler soll so viele Autobahnen in diesem Land haben bauen lassen. Für einen sicheren, schnellen und vertrauenswürdigen Verkehr. Das ist interessant. Die schlechten Pläne von damals verkürzen heute den Abstand zwischen den Städten und dienen guten Bestrebungen. "Fahren Sie auf die Autobahn 31, Richtung Oberhausen", sagt der Prüfer. Meriç fährt auf den Zubringer zur Autobahn. Sie muss das Lenkrad gut beherrschen. Wenn sie das hier schafft, ist bald das Ende der Prüfung da. Wie ein Fragezeichen streckt sich die Kurve vor ihr aus: "Warum bist du denn nur hierher gekommen?"

Sie denkt nach.

Als sie in der ersten Klasse der Grundschule war, hatte sie eine Freundin namens Semiha. Sie saß neben ihr. Auf einmal sagte sie: "Eines Tages gehen wir nach Holland." "Warum?", fragte ich. "Mein Vater will das." antwortete sie. "Liegt dieses Holland in Istanbul?" Vielleicht nicht … "Wirst du dort zur Schule gehen?" "Ja, mein Vater hat dort sogar schon eine Schule gefunden … und er soll mich dort angemeldet haben." "Und wer wird jetzt neben mir sitzen?"

Das fragte ich. Und war ganz verdutzt. Jahrelang war ich wie erstarrt. Mit meinem Kinderverstand. In die Ferne ging es.

"Das ist so einfach! Du hast dich nach deinem Kinderverstand gerichtet. Mit dem Kinderverstand! Früher oder später!"

"Warum gab es damals nur einen solchen Widerstand?"

Ihre Augen füllten sich mit Tränen.

Ich konnte keinen Platz für mich finden. Ist das nicht genug? Seit ich mich kannte, spürte ich, dass ich immer irgendwo eingeschlossen war. Eingeschränkt. Sind wir es dennoch nicht, fragte ich, die immer solche Länder und solche Landkarten schaffen? Sind diese Länder, diese Landstriche denn nicht alle, aber wirklich alle, ein Ort auf dieser Erde? Was ist denn der Unterschied, ob du auf dieser oder jener Erde gelebt hast, sagte ich. Aber ein Unterschied war es dann doch! Jetzt habe ich es verstanden. Das, was du Heimat nennst, muss unsere unvergessliche Kindheit gewesen sein. Das, was sich bei uns eingenistet hat, sind unsere Gewohnheiten und noch mehr unsere Erinnerungen gewesen, aber…

"Aber!"

Ihre Handflächen schwitzen.

Wenn es ein Aber gibt, gehört ihr Verstand eher der Erde als dem Körper. Ich wusste das nicht. Wusste das nicht. Wusste es nicht. Mach alles noch einmal von Anfang an, sagten sie, das sind nun also die Männer, die neben mir sitzen, oder sie also und Leute wie sie, und die Vertreter dieser Erde, die ich nur wie ein "post it" darauf erleben konnte, sagten, wir werden dich ermahnen. Vergiss es, sagten sie. Wozu? Um der Harmonie willen, damit alles harmonisch wird, alles! Alle Kilometer, die ich auf mich genommen hatte, schaltete ich auf Null. Meine ganze Geschicklichkeit verlor ich. Ich verlor sie und fand keine neue Fasson für mich. Ihre Stirn zittert.

Ich schwieg. Ich drehte mich dauernd um und strömte zu mir. Der Regen fügte meinen Wassern Wasser hinzu. Ich konnte es nicht tragen. Ich konnte es nicht erklären. Ich konnte nicht in einer anderen Sprache leben. Ich floh zwischen die Zeilen des Lebens. Und ging leer aus. Hier ging dauernd die Sonne unter, und mir konnte nicht warm werden. An dieser ordentlichen, ruhigen, friedlichen Stelle, an der alles fast hervorragend war, begann ich, die ich die Hälfte des Weges längst überwunden hatte, wie ein Baby zu frieren, das keine festen, warmen Windeln hat. Vor allem war ich winzig klein. Vor allem schmolz ich dahin. Vor allem war ich ein riesiges Nichts. Vor allem war ich nicht mehr da.

Als Meriç an das Ende der Kurve kam, begann sie ganz langsam Gas zu geben, um über die Hauptspur der Autobahn zu fahren. Sie blickte Herrn Kakaman einen kurzen Moment lang an. Auf dem Rücksitz beobachtete der Prüfer schweigend die Straße. Meriç tritt ziemlich stark auf das Gaspedal. Je mehr sie beschleunigt, umso schneller

fällt der Regen. Fällt schneller. Schneller, schneller. Prasselt gegen die Scheiben. Mit aller Wucht. Gegen die Vorderscheibe. Die Scheibenwischer murmeln durchdringend:

Das-hört-auf-das-geht-zu-Ende-das-hört-auf-das-geht-zu-Ende-das-hört-auf-das-geht-zu-Ende.

Durch den linken Außen- und Innenspiegel kontrolliert sie die Seitenspur. Ein Lastwagen kommt von hinten. Ein riesiger Lastwagen kommt näher und näher und näher und öffnet sein großes Maul. Oberflächlich blickt Meriç über die Schulter. Und lenkt das Steuer nach rechts. Der Lastwagen schluckt Meriç.

OSMAN ULUTAŞ *wurde 1976 in Ereğli bei Konya geboren. Die Mittelschule und das Gymnasium hat er in derselben Gegend absolviert. Von 1995 bis 1997 hat er bei verschiedenen Zeitungen und Zeitschriften gearbeitet. Als politisch Verfolgter verließ er sein Land 1997 und kam als Flüchtling nach Deutschland. Er hat bei verschiedenen Zeitschriften und demokratischen Organisationen gearbeitet.*

Osman Ulutaş, der seit 2002 Mitglied des "Fakir Baykurt Literaturcafés" ist, schreibt freiberuflich Gedichte, Erzählungen und Romane.

Seine Erzählungen und Gedichte wurden in verschiedenen Zeitschriften und Internet-Publikationen veröffentlicht, vor allem auch in "Varlık - Das Sein" und in "İmkansızlar - Die Unmöglichen".

Das Traumgespinst

Zuerst die Angst, die die Stille in mir schuf. Und dann, als dein Schweigen sich in mir ausbreitete, wuchsen meine Zweifel, die erst wie ein Funke zündend, dann in großem Brand ausarteten .

Am Morgen betrete ich euer Haus unwillkürlich durch die Gartentür. Ich komme zu dir. Es muss geregnet haben, bevor ich zu dir kam. Hier und da ist es nass, und als ich die feuchten Mosaiksteine der Treppe hinaufsteige, streift die Kühle des grünen Efeus meine Stirn. Ich bin sehr aufgeregt. "In diesem Moment könnte ich also sterben!", sage ich mir, während ich mich der Tür nähere. Wunschlos und unbewusst ist dieses Kommen zu dir, genauer gesagt, meine Annäherung. Sehr seltsam, ich weiß. Doch vergiss nicht, nur im Traum bin ich auf dem Weg, im Traum befangen. Ich komme zu dir.

Hinter der ersten Tür, die ich öffne, finde ich mich in einem großen Raum wieder. Wenn ich dich doch sofort sehen könnte! Ich blicke mich um. Kein Tisch im ganzen Raum. Nur ein langes Sofa vor dem großen, breiten Fenster. Dann bemerke ich die Tür, die Tür, die zur Terrasse führt. Dann eine Frau. Sie geht an mir vorbei zur Terrassentür, eine Frau mittleren Alters, die mir teils vertraut, teils unbekannt vorkommt, und feindselig ruht ihr Blick auf mir. Ich überlege, ob diese Frau deine Mutter ist oder ein Gast bei euch zu Hause. Nein, das ist nicht deine Mutter. Sie ist sehr alt, hast du gesagt. Mitten im Menschengewühl, mitten im Tohuwabohu hattest du das eines Tages geflüstert.

Ich bin wütend, voller Pein und voller Vorwürfe. Ich suche dich und will deine Stimme hören. Der Moment der langen Trennung und des Schweigens rast mir einmal mehr durchs Gehirn, und unwillkürlich öffne ich eine Tür. Ich mache die Tür auf und will dich finden, will dich sehen, will die Genehmigung dazu haben, und wenn es nur ein Stück wäre. Hinter der Tür, die ich erregt einen Spalt weit geöffnet habe, ist ein Fenster mit einer weißen Tüllgardine, die meiner Stirn wie die Sonne entgegenkommt. Was für ein schönes, bemerkenswertes Zimmer ist das? Es ist nach Süden gelegen, und in der Morgendämmerung strahlt das erste Licht herein. Mitten im Zimmer steht ein Bett, und mitten auf dem Bett liegst du mit deinem zarten Körper als Feuerfunken. Und wie viele Babypuppen in allen möglichen Stellungen, rechts und links von dir, wie viele kunterbunte Kordeln, die an Fransen herabhängen.

Das frische Licht des Morgens strahlte dir ins Gesicht, deine Augen sind lebhaft, ich glaube, sie sind ziemlich groß geworden, seit du gegen Morgen aufgewacht bist, deine Haare sind dir auf die Schultern gefallen, aber schwarz und braun sind sie schlaflos und aufgelöst. Du hast anscheinend gar nicht geschlafen, doch deinem Gesicht fehlt nichts, und es trägt auch nicht die Schwermut der Nacht. Auf deinem Äußeren hat sich das Dunkel zerstreut, und unsere Blicke begegnen sich. Du schaust stark und voller Selbstvertrauen drein. Neben dir liegt ein Mädchen von sieben oder acht Jahren. Es gleicht dir, und würden wir uns um ein paar Jahre verjüngen, wäre es genauso wie du!

Du hattest keine kleine Schwester. Vielleicht war es eine deiner Cousinen in Berlin. Vielleicht war das kleine Mädchen auch das andere Du in dir, das mit dir, so liebenswert und verträglich, ganz Harmonie mit dir war, das heißt, herübergerettet aus deiner Kindheit.

Wir sagen kein einziges Wort, und ich schäme mich, weil ich so überraschend in dein Zimmer eingedrungen bin. Und ich bin verlegen wegen der ungeheuerlichen Unbekümmertheit. Das alles kostet mich sehr viel Anstrengung, ich bin bedrückt und schäme mich. Wusste ich doch, dass ich nicht hierher kommen durfte! Dann bitte ich dich um Verzeihung, verlasse vorsichtig das Zimmer und gehe in den großen Raum des Hauses. Wozu bin ich hier, warum bin ich gekommen? Ich befinde mich mitten in einem schweren Schweigen. Alles, was ich innerlich gegen dich vorbringen wollte, löst sich auf.

Wofür ist dieses Schweigen, das sich jeden Moment vergrößert und vertieft, ein Indiz? Wohin führt es? Mit der Angst, die mich überwältigt hat, sitze ich vor eurem Haus, auf der kalten Betonschwelle meines Wahnsinns.

Ziellos gehe ich in dem großen Raum umher. In eurem Haus, das sich plötzlich mit Menschen füllt, gehen Gesichter, die ich nicht kenne, unter meinen erstaunten Blicken ziemlich nervös von Zimmer zu Zimmer… Da ist eine alte Frau, und wieder geht die Frau mittleren Alters mit dem Verhalten, das mir teils vertraut, teils unbekannt vorkommt, an mir vorbei. Dann dein liebenswerter Zwilling, das liebenswerte kleine Mädchen, das ich verdoppelt habe, und gleich danach, in einer ganz und gar anderen Erscheinung - du und neben dir eine junge Frau, die dir gleicht. Reif, ein wenig selbstherrlich, sehr erfahren, mit der Keckheit einer Frau, die sehr viel im Leben durchgemacht hat, gehst du lächelnd an mir vorbei. Als ob wir uns nie begegnet wären, uns nie kennen gelernt hätten; mit einem unbekümmerten Blick gehst du schweigend an mir vorbei. Dann mein Versuch, mich zu fassen, mein Schweigen - wie versteinert stand ich da.

Mit dir in dem Zimmer, das ich betrat, ohne es zu wissen, du, als ich durch den großen Raum ging, dein Verhalten war ganz anders, ja, du scheinst dich verändert zu haben. Du bist etwas größer geworden, bist schlicht gekleidet, und deine Brille auf deinen Augen - doch ich hatte dich nie mit Brille gesehen. Du hast eine Haltung, mit der du dich und deine Umgebung beherrschst. Warum ist es nur so, dass du dich so sehr anstrengst, wenn du versuchst, so widerstandsfähig und aufrecht zu bleiben. Daher denke ich in diesem Moment, dass du in deinem Leben immer noch das frühere Unglück trägst, das dich beschwert.

Du trägst nicht die schwarz-grün karierte Hose von unserem ersten Treffen. Auf deiner Nase ist kein Lorgnon. In deinen Blicken liegt nicht die erste Lebhaftigkeit. Das Gift deiner Augen ist neblig-grün. Diese Augen beherrschen nicht die suchenden Blicke, du hast scheinbar alles in der Hand und suchst nichts. In eurem müden Haus, einer Bastion, wache ich in einem Zimmer auf. (In einem Traum aus einem Schlaf erwachen). Wie seltsam, wie sehr es doch meinem jetzigen Zimmer gleicht, dem Zimmer, in dem ich in eurem Haus aufwache. Die Kleider, die tagelang inmitten des Zimmers verstreut herumliegen. Staub liegt auf dem Fenstersims. Blumen, die vor Durst in den Töpfen vertrocknet sind, die leere Parfümdose, ein paar Zigarettenkippen im Aschenbecher, das kalte Eisen des Bettgestells, auf der Seite einer alten Zeitung, die auf dem Tisch liegt, das Bild eines hässlichen Politikers mit dem Gesicht eines Mörders. Die Luft, die durch das stets halb geöffnete Fenster dringt, das Getöse der Autos, das den Menschen in seiner Einsamkeit tröstet, und das hin- und her Gerenne der Leute. In meiner üblichen, unglaublich trägen Müdigkeit ist das der Traum, der sich kaum mehr von der Wirklichkeit unterscheidet. Die beiden Frauen sind im Zimmer.

"Was ist denn hier nur los? Wem gehören diese Sachen? Wie unordentlich und schmutzig es hier doch ist!", sagt die Frau mittleren Alters. Sie fragen jedoch nicht weiter, wer ich bin, obwohl ich dort fremd bin. Wer hatte mich denn in dieser Nacht besucht? Ich stehe wie versteinert da und schweige.

Ich gehe dort weg, verlasse euer Haus, um nicht noch einmal wiederzukehren! Ich breche auf, zufällig, wieder, ohne zu wissen, wohin. Ich mache mich also auf den Weg, ohne Nachricht von mir. Wie bedrückt ich auch bin und vom Schweigen in jenem Haus in die Zange genommen.

Mein Weg führt mich in die Kleinstadt, aufs Land. Ich komme näher. Staubige Straßen, Häuser, die voneinander entfernt stehen, menschliche

Silhouetten, weniger als die Finger einer Hand, die auftauchen und verschwinden. Ich komme noch etwas näher und dränge mich heran. Hier scheint sich jeder in seiner Schale verkrochen zu haben. Sie setzen ihr Leben ohne Glück und Unglück fort. In einem Moment der Nervosität, den die Einsamkeit schafft, nähere ich mich mit der Hoffnung, Zuflucht zu finden, der Tür des ersten Hauses, das mir als Rettung begegnet, und öffne sie. Ich weiß nicht, wessen Haus das ist. Hinter der Tür, die ich aufmache, sind wieder Einsamkeit und dunkles Schweigen, die mir entgegen prallen. Eine junge Frau ist im Zimmer, und sie schaut mich mit einem teils vertrauten, teils unbekannten einsamen Verhalten an. Sie sagt kein Wort und fragt nicht, wer ich bin. Sie wendet den Kopf ab und fährt mit der Arbeit fort, die vor ihr liegt. Drinnen sind Kinder verschiedener Größe, die keine Ahnung von meiner Existenz haben, kein Geschrei hören lassen und für die Welt des Spiels geschaffen sind. Doch auch ich bin an einem solchen Ort aufgewachsen. Als meine Kindheit damals voller Stimmen verging, ließ mein Geschrei die Ohren dröhnen. Manchmal mit den Spielen, die ich in der Verlassenheit der Einsamkeit erfand, außerdem mit den Träumen, die ich in jedem Sommer in den Nachbargärten schuf.

Ich wachte auf, und du warst nicht da.

SULTAN ALTAN ABUT wurde 1958 in Aksaray geboren. In Adana hat sie das Internat besucht und ihre höhere Schulbildung in Konya abgeschlossen. 1981 kam sie nach Deutschland. Als Sozialpädagogin hat sie an Schulprojekten mitgewirkt und Alphabetisierungskurse für Erwachsene geleitet. An der Universität Duisburg-Essen hat sie eine Zeitlang Philosophie und Soziologie studiert. Im Jahr 2000 hat sie begonnen als Lehrerin für Türkisch als Muttersprache zu arbeiten.

Sultan Altan Abut, die in ihrer Freizeit Erzählungen und Gedichte schreibt, wurde mit ihren Gedichten an den Anthologien "Gedichte, die in den Rhein fließen", "Gedichte, die zum Licht strömen" und "Gedichte, die zur Freundschaft strömen" beteiligt, die das "Fakir Bakurt Literaturcafé" herausgegeben hat.

Todesangst

Ich werde von Antalya nach Düsseldorf fliegen. Ich weiß nicht, ob es wegen der Angst ist, an geschlossenen Plätzen eingeschlossen zu sein, jedenfalls sitze ich im Flugzeug nicht gern am Fenster. Ich fühle mich eingeklemmt. Wenn ich die Chance habe, mir den Sitzplatz auszusuchen, will ich den Platz am Gang haben…

Ich erledige die Formalitäten und gehe in den Warteraum. Ach, du meine Güte, was ist denn das! Auf einmal finde ich mich unter Menschen einer Welt und eines Landes wieder, in das ich reisen werde, nach dem ich mich jedoch nicht sehne. Alle sind von der Sonne verbrannt, ihre Haut glänzt, und sie sehen so gut aus, als ob sie gemästet worden wären. Unter ihnen fühle ich wieder das Joch des Lebens in Deutschland auf meinen Schultern. Mir wird melancholisch zu Mute. Auch wenn ich einen Monat lang von dem Land mit seinen Gesetzen und des Menschen des Landes entfernt war, so war es doch schön.

Ich habe es nicht eilig, ins Flugzeug zu steigen. Wie auch immer, mein Platz ist geklärt, 16 G, am Gang. Mit den letzten Passagieren betrete ich die Maschine und schaue mir meine Sitzreihe an; zwei junge deutsche Mädchen haben dort Platz genommen. Beide sind große, schöne junge Mädchen. Und beide haben lange, blonde Haare, eins von ihnen hat die Haare hinten zusammengebunden. Beide strahlen Jugend, frische Energie und auch ein wenig Naivität aus. Eines der jungen Mädchen fragt mich aufgeregt: "Meine Freundin hat ein verletztes Bein. Darf sie am

Gang sitzen?" Zuerst bin ich verblüfft und sehe mir das Mädchen am Fenster etwas genauer an. Es hat den verbundenen Fuß bequem unter dem Vordersitz ausgestreckt. Das sieht nicht besonders unbequem aus. Ich habe eigentlich nicht die Absicht, auf meinen Platz zu verzichten: "Wenn Sie auf dieser Seite sitzen, wird sich nicht viel ändern. Sie können den Fuß sowieso nicht in den Gang strecken, da gehen dauernd die Stewardessen vorbei. Und wenn das so wichtig ist, warum haben Sie nicht vorher darauf bestanden? Für mich ist es genauso unangenehm wie für Sie, am Fenster zu sitzen, es tut mir Leid", sagte ich. Ich bin froh, dass es mir auf Anhieb gelungen ist, "Nein" zu sagen. Das junge Mädchen wird ärgerlich. Statt sofort zu sagen "Schon gut, bitte sehr", wird sie wütend, meint entschuldigend "Okay! Okay! Ich habe ja nichts gesagt" und wendet sich ihrer Freundin zu. Ich wollte nicht auf Konfliktkurs mit ihr gehen und das auf Deutsch diskutieren.

Früher war ich vom Reisen im Flugzeug hellauf begeistert, und es freute mich wie ein Kind. Ich war gespannt, wer neben mir sitzen würde. Es machte mir Spaß, mit meinen Platznachbarn Höflichkeiten auszutauschen und mit ihnen zu plaudern. Mit der Zeit reiste ich oft hin und her, und mit der Begeisterung war es vorbei. Nachdem ich mich auf meinem Platz niedergelassen hatte, merkte ich, wie müde ich war. Eigentlich war es nicht mein Körper, der müde war, sondern meine Seele. Seit acht Uhr morgens war ich unterwegs, aber ich hatte eine schöne Reise gehabt. Der Bus hatte auf den Hochebenen von Korkuteli an winzigen, idyllischen Rastplätzen gehalten. Unter dem friedlichen Licht der Hochebene, fern von der Hektik, wirkten die Menschen ganz glücklich. Während ich die reine Luft einatmete, spürte ich den Strom des Blutes in meinen Adern. Und jetzt lehnte sich mein ganzer Körper und meine Seele dagegen auf, nach Deutschland zu fliegen.

Unfreiwillig schnalle ich mich an. Zur gleichen Zeit streichelt das junge Mädchen neben mir seine Freundin mit großer Herzlichkeit, redet ein paar Worte, hebt dann ihren Fuß hoch und legt ihn sich auf den Schoß. "Ach, mein Gott, wenn ich den Platz wechseln würde, könnte man deinen Fuß dann wohl auf meinen Schoß legen? Oder man würde den linken Fuß auf dem Gang rechts ausstrecken?" Wie man sah, war der Platz am Fenster eigentlich ideal für sie. Dies verringerte meine Schuldgefühle. Doch ich weiß, dass ich sie beleidigt habe. Ich messe der Sache weiter keine Bedeutung bei, doch ausgeschlossen zu werden, als eine, die einer Kranken nicht hilft, das ist kein gutes Gefühl.

Das junge Mädchen neben mir ist so herzlich, dass ich neugierig werde, weil ich so etwas noch nie angetroffen habe: Ist dieses Verhalten echt oder aufgesetzt oder legt sie es nur an den Tag, um mich zu ärgern? Ich überlege mir sogar, dass so viel Herzlichkeit und Liebe von Schuldgefühlen herrühren könnten. Vielleicht war sie der Grund dafür, dass ihre Freundin sich den Fuß gebrochen hatte, und versucht, sich von der Schuld rein zu waschen. Indem sie ihrer Freundin die Haare streichelt, stellt sie ihre Zuneigung zur Schau. Auch die Tatsache, dass der Fuß verletzt ist, ruft das Vergnügen am verwöhnt werden hervor, und man entspannt sich vor Wonne. "Wie schön!" Eigentlich gefällt es mir, die beiden so zu erleben. Das gibt mir in gewisser Weise inneren Frieden.

Als das Flugzeug aufsteigt, hefte ich mir die Stöpsel in die Ohren und schalte den Kanal für klassische Musik ein. Ich habe vor, meine Spannung zu verringern und mich etwas zu lockern. An nichts will ich denken, weder an die Türkei, noch an Deutschland, noch an die beiden jungen Leute, die einander neben mir streicheln, noch an die Schuldgefühle, die ich empfinde, weil ich die beiden verletzt habe. Nach einer Weile verliere ich mich und fliege davon. Als ich irgendwann einmal die Augen öffne, erkenne ich das Essen, das man vor mich hingestellt hat, aber ich habe keinen Appetit. Ich trinke nur etwas Wasser, dann schließe ich die Augen unter der schwarzen Schlafmaske, und während ich der Musik lausche, die mich entspannt, nicke ich wieder ein.

Irgendwann einmal spüre ich im Schlaf, dass die Maschine erschüttert wird, aber ich kann die Augen nicht öffnen. Halb schlafend, halb wachend, glaube ich, das Flugzeug fällt. Und mir geht durch den Sinn: "Mein Gott, wenn das Flugzeug noch einen größeren Satz macht und am Boden zerschellt, sind wir vernichtet." Eine große Angst befällt mich. Dann tröste ich mich: "Was soll's, wenn wir nicht so sterben, sterben wir sowieso anders. So will es wohl das Schicksal." Mit den Worten "Wir fliegen nur in die Finsternis hinein und werden vernichtet" bereite ich mich auf die Leere und den Tod vor. Während ich mir überlege, dass es mich beruhigt, wenn ich den Tod akzeptiere, umfasse ich plötzlich die Hand des jungen Mädchens neben mir. In der Todesangst, die mich wieder befällt, kommt mir noch nicht einmal in den Sinn, dass ich ihr vorher böse war. Obwohl ich ihre Hand drücke, zieht sie sie nicht zurück und hält mir die Hand, um mich zu beruhigen. Ein angenehmes Gefühl der Ruhe überkommt mich. Die große Angst schwindet. Ich werde nicht allein sein, wenn ich sterbe, und gemeinsam mit einem Menschen in den Tod gehen, der mir die Hand hält. Zu jenen, die meinten "Alles ist schön, wenn man es zusammen unternimmt", sagte ich jedoch immer: "Ich liebe die Einsamkeit."

Als das Flugzeug den Boden berührt, staune ich, dass keine Panik, kein Geschrei ausbricht. Ich nehme die Schlafmaske ab und mache mit Mühe die Augen auf. Wunder über Wunder, jedermann sitzt friedlich auf seinem Platz. Es lodern keine Flammen, nein, wir leben…

Anscheinend habe ich keine Ansage gehört, weil ich der Musik mit Ohrenstöpseln lauschte, und hatte gar nicht wahrgenommen, dass wir landeten. In diesem Augenblick merke ich, dass ich immer noch die Hand des jungen Mädchens halte. Verschämt lasse ich ihre schöne, zarte Hand los. Vor Scham wende ich den Kopf ab und kann ihr nicht ins Gesicht sehen. Sie aber fragt mich: "Was war denn los?", ganz ohne Zorn, sondern mit einem liebevollen Blick. Ich kann nicht antworten. Was könnte ich sagen? Ihr gegenüber bin ich ganz verschüchtert. Ich habe noch nicht einmal den Mut zu lächeln und stehe nur mit einem Abschiedsgruß auf.

Als das Flugzeug landet, sind meine Gefühle wie verwandelt; ich empfinde jedermann gegenüber ein unendliches Vertrauen, endlose Liebe. Ich fühle mich glücklich. Das Leben ist wunderbar!

■▮■